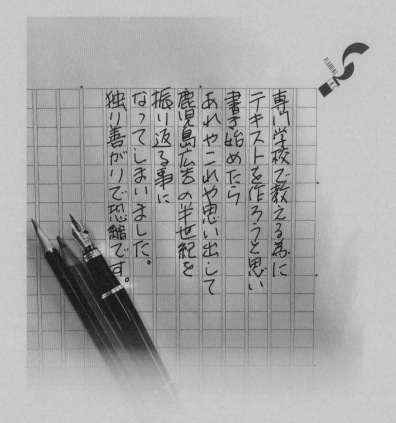

専門学校で教える為に
テキストを作ろうと思い
書き始めたら
あれやこれや思い出して
鹿児島広告の半世紀を
振り返る事に
なってしまいました。
独り善がりで恐縮です。

鹿児島の広告半世紀を振り返る

俺たっが広告論

深尾兼好

RUSTIC
ADVERTISING

南方新社

目 次

序文
古き良き時代の広告稼業

　私は田舎の広告屋という仕事が結構気に入っています。東京やニューヨークといった広告のメッカでハイテクを労してクリエイティビティを競うのもカッコいいが、それでは実際にモノを買ってくれる消費者と腹を割って語り合うことなど出来ない。やっぱり気の置けない呑み屋で、愚痴を肴に市場調査しているのが性に合う。なんて負け惜しみじゃなくてそう思うのです。地域広告は都会の押し売りを、よかぶって受け入れることではなく、同じ空気を感じて、同じ味わいを共有できる地元の広告屋に創らせるのが一番。何故なら東京と鹿児島はマーケットが違います。東京発の広告は1億人が対象。鹿児島はたかだか160万人。東京でセグメントされたターゲットに発信される尖鋭で個性的な表現は僅か1％の共感者を相手にしても100万人というでっかい市場を形成します。鹿児島ではたった1万6千人、同じターゲットを相手にしていては商売になりません。地域には地域にしかない媒体論や制作論があります。マーケティングリサーチを盾に、地方都市を全国の平均値でしか見られない都会の広告屋が提案する見映だけのCM案を、「さすが東京、センスが違う」と有難がるクライアントが多いのも鹿児島の特徴とか…一緒に酒呑んで、何を誰にどう共感して欲しいのか、企業の意志や志向をとことん語り合うことが、案外消費者と通じ合う近道かもしれませんね。

　かつて広告は「押し売り、広告お断り」と張り紙されるほど怪しい商売で、「広告みたいなこと言って!」と非難されるに及んでは法螺吹きの代名詞に然り。呑み屋で「広告の電通です」と言うと「あぁ、毎日電柱に張り付くのも大変でしょう?」ま、確かに当時、電々公社と言った電話屋さんの労組は全電通といい、はるかに知名度が高かった…。その詐欺師まがいの商売がマスメディアの急激な普及で一躍世に出て「広告は科学です」なんてことを言い始め、テレビでCMすればお客さんが殺到する。となると、愈々コピーライターの出番。広告の基本はコンセプトメイキング。そのためには市場を分析し商品や店舗の特性を明確化して差別化を図る。養成講座で敲き込まれたCM作法が水を得た魚のように世間を泳ぎ始めました。衣・食・住の広告が「お買い得品がいっぱい」「安くて美味しい」「快適な住み心地」といった決まり文句で事足りていた時代ですから、その商品にしかない魅力を新鮮な言葉で伝えれば話題になるわけです。流行語はCMから生まれるとまで言われました。

広告屋という日陰者は日本経済の躍進と供に、法螺吹きから販売促進の救世主へ、図案家はグラフィックデザイナー、文案家はコピーライター。CMの世界では制作責任者がプロデューサー、演出家がディレクター、名刺に横文字が入るだけで、何やら偉くなったような気がしたものです。月に100本以上のCMをこなし、新聞、チラシからイベントまで手を広げ、季節の先取りと称して田舎のクリエーターまで海外ロケに繰り出しました。今思えば、日本がバブルに突入した頃です。舶来のマーケティング論を振りかざし市場調査や消費者分析といった都合のいいデータを基に「広告すればするほど、ものが売れる」という風潮を作り上げました。余裕が生まれた大企業は「この繁栄よ永遠なれ」と商品訴求に加えて企業イメージの構築に着手。みんながサントリーや資生堂のイメージ広告に文化論を開花させました。その結果が企業市民という考え方です。

企業は市民の一員として社会に貢献する企業理念と行動指針を持たなければならない!」これにも広告屋は一枚かんで、CIS(Corporate Identity System)なる企業イメージの統合戦略を推奨、老舗のメーカーや商社が挙ってマークやロゴタイプを変更しました。実を言えば、CISは、源平の時代から日本のお家芸、紅白の色分けは源氏と平家のコーポレートカラー、旗印はマークロゴ、アメリカさんに教えてもらわなくてもVisual Identityくらい確立されていたはず、ですよね。

広告屋は時代の寵児と持て囃されていた頃です。CISは全国に波及、鹿児島でも企業理念の構築や従業員の意識改革、将来的事業計画の策定、そしてこれらをアピールする企業のデザイニングが話題になり始め、その先鞭をつけて山形屋さん、南日本放送さんが世界のトップデザイナーに発注しマークロゴを改定、数億、数十億を投下して企業の新しいビジョン創りと取り組みました。勿論我々田舎のクリエーターも指を銜えて見ていたわけではありません。吹上庵のフェニックスさん、焼肉のなべしまさん、産科婦人科ののぼり病院さんなど業界の牽引企業に働きかけ、数年かけてCISを導入、お酒のALLIQさんや内村建設さん、鹿児島県のロゴマーク策定にも関わらせていただきました。そうなると広告屋は最早、経営コンサルタントや評論家扱い、本来裏方、陰の仕掛人であったはずのコピーライターやCMディレクターがコメンテーターなどと煽られ、タレントの如く表舞台に登場。無署名の広告作家がいつの間にか流行作家になったりして…

ところがこの頃から日本経済に翳(かげ)りが見え始め、いつの間にか**広告しても売れない時代が到来**、マスメディアが全盛を極めた大量消費の時代は夢のように過ぎ去りました。

6

進化するメディア、変貌する広告

　バブルの崩壊。それでも広告屋は足掻きます。「売れない時代の広告戦略」などと手を変え品を変えプレゼンテーションに明け暮れる辛い時代が到来したのです。平成の始まりとともに市場に商品がだぶつき、情報の氾濫による広告効果の衰退が叫ばれ始めました。ところが広告屋は頑としてそれを認めない。イベントやPOPといったSPツールに着目し、マスメディアと組み合わせるメディアミックスを提案、メディア論や販促論が体系化され、テレビ 新聞 ラジオ 雑誌といったマスメディアとチラシ ポスター イベント POP等 販促メディアの**メディアミックスによる相乗効果**が広告の新戦略として導入されました。技術革新が進み、商品のクオリティが均一化し、画期的な新製品など望めなくなっても、広告の基本は商品の差別化だ、と制作現場はゆるぎなし。商品訴求で硬すぎるなら、商品特性が生み出す消費者利便(夢とか恩恵)にスライドして、商品イメージを人気タレントに負んぶすれば取り敢えずOK!という時代が猶も継続。気分だけはバブリーな世の中でした。

　ところが時代の変化はもっと過激、一瞬にして後生大事に守ってきた広告論を吹き飛ばしてしまったのです。その切掛けとなったのが**Webの業界参入**。当初、インターネットはアクセスしなければ情報が開示されない、関心を持つ人には効果があるが、マスメディアのように多数は取り込めない。一方的に大衆に情報を拡散し、その中から見込み客を抽出する広告とは本質的に異なる。などと高を括っていたら、いつのまにかWeb広告は雑誌、ラジオを凌いで第3のメディアに浮上、楽天、YahooといったON=LINE市場が数百万のアクセスを欲しいままにするとなれば、最早伝統的マスメディアは影を失うことになるわけです。

　インターネットの急速な進展によって、従来、購買行動の指標とされていたAIDMAの法則、注意<Attention> 関心<Interest> 欲望<Desire> 記憶<Memory> 行動<Action>という流れに沿って物が売れるとされていた購買心理の法則が、AISAS、注意<A> 関心<I>から、検索<Search> 行動<Action> 共有<Share>という流れに変化、つまり、関心を持ち記憶していた情報が、何かの切掛けで購買に結びつくのではなく、関心を持つ同じ次元で検索され、購入され、シェアされる時代になりました。更に、誰でも簡単に動画が掲出できる「YouTube」リアルタイムで動画中継できる「ニコニコ動画」「Ustream」といったサイトもスマートフォンやタブレット端末の一般化により最も手軽なマスメディア?として機能するようになり、FB等SNSに転載してシェアも可、書き込みによってInteractive〈双方向性〉まで持つとなれば、いかに専門性に固執する広告屋とて180度方向転換を図らなければ、**時代から置いて行かれる**という危機感を抱くようになるわけです。YouTubeの動画が国家機密を暴露したり、動画サイトでアクセス数、1千万を記録した踏切事故撲滅キャンペーンが世界の広告コンテスト〈カンヌライオンズ〉でグランプリを取ったり、総理大臣までもがニコニコ動画で若者とのコミュニケーションを図ろうとしたことも周知の通りです。

最早、マスメディアで商品の特徴や効能を伝え、差別化することが広告の使命、なんて言っている場合じゃない時代になったのです。業界を代表するクリエイティブディレクター佐藤達郎さんは、人は機能的差別化だけでモノを買うのではなく「何となく気に入ったから」で買ってみる、というスタイルに変わってきたと指摘されています。そういえば機能的特徴を綿密にチェックして買う人なんて今では稀、機能はマネされた瞬間から特徴でなくなります。確かに「世界一軽量」と言っても、そのうたい文句の寿命は僅か数ヶ月、なくならないのは、商品開発の意志〈ブランド・ウィル〉、つまり商品が開発される、店舗なら企画される背景にある作り手の願い、意志や志向性です。と、もう一つは消費者の本音<Consumer Insight>佐藤氏は**「ココロのツボ」**と表現されています。そのココロのツボに訴えるメッセージを広告コミュニケーションの根幹に据えて賛同者を取り込むのが今後の広告作法のセオリーとなるということです。Doveという基礎化粧品ブランドの「リアルビューティスケッチ」という動画は、FBIの似顔絵描きが、本人の顔は見ずに、まず本人の自供をもとに似顔絵を描き、次に他の人の目撃証言をもとに描きます。するとどれもが後者の方が美しい。驚く女性にメッセージ、**「あなたは自分が思うより、ずっと美しい」**。この動画も1億以上の視聴を確保してカンヌで賞を総なめにしました。商品特性や効能書きなど一切なし、女性の隠れた本音へのアプローチだけで大ヒットしたわけです。勿論それがブランドウィルであったことは言うまでもありません。「売りたい」を捨てて始まる「メディア×Web×リアル」の繋げ方が新しい広告の目指す戦略となりました。

　もう少し新しい広告論について考えてみたいと思います。広告の現場では、**USPという言葉**がプランニングの基本とされ、しっかりと広告を学んだ企画屋の殆どがUnique〈その商品にしかない〉Selling〈売り込みの利く〉Proposition〈主張〉を探すのに頭を悩ませてきました。だけど売れるかどうかなんて、大金を叩いて綿密な調査を行うか、極端な話、広告してみないことには分からないのです。当然SとPは置いといてUnique〈他社では言えない主張〉が中心になります。特に地方では調査する予算など到底見込めないため、クライアントの商品に対する思い入れ（売る側の主張）だけでプランを練るしかないわけです。ともあれ、USPをベースに考えられたコピーライティング。例えば「牛乳は骨を強くする」とか「薫りが違う本格焼酎」とか「世界最軽量の一眼カメラ」といった表現で商品が売れたかと言うと答えは否。USPをだけで購入欲を刺激することが難しい時代になったからです。食欲をそそる食物があって初めて「牛乳ないの?」、珍しい肴が手に入って「焼酎欲しいね?」、愛する人を際立たせたいから「簡単にアウトフォーカスのできる一眼カメラ」、つまり**購入動機となり得るポイントが最早USPには無くなった**のです。消費者の本音<Consumer Insight>ココロのツボは何か、を柔軟な頭でしっかりと検討するのが現代の広告戦略といえそうです。

最後にメディアについて、従来の広告の常道が大きく様変わりしたことを上げておきます。

かつて、テレビ 新聞 チラシ 看板といったメディア毎に担当者が異なり、それぞれが勝手に表現を考え、金を掛けた割に、ちぐはぐな広告していた時代がありました。その状況の中で20年ほど前に、広告革命とも言われた**IMC<Integrated Marketing Communication>**統合型マーケティング・コミュニケーションの考え方がアメリカから導入され、ワンルック、ワンボイス、つまり同一ビジュアル、同一コピーによるオール媒体の表現統一が主流となりました。メディアミックスによって相乗効果を上げようというものです。が、ちょっと考えれば、メディアにはそれぞれ異なった特性があり、記録性の有る説得媒体〈例えば新聞〉と臨場感のある感覚媒体〈例えばTV〉が同じ表現でいいわけがない。商品認知を目的とするマス媒体と売りを目的とする販促媒体〈例えばパンフレット、チラシ〉が同じ表現でいいわけがない。**統一すべきは表現ではなく、広告の帰結点、コンセプトの統一**ということであったわけです。それでもWebが広告に参入し、雑誌もラジオも新聞もついにはTVも飛び越えて最有力メディアとなるまでは、それなりの効果を上げてきました。広告主からのメッセージを一方的に消費者に届けるのが、広告というものであったからです。Webが登場してもIMCにインターネットによる検索や購入といった機能を付加したクロスメディアとしてIMSの考え方は生き残りました。ところがWebはアクセスするという能動的動作をともなって初めて開示させます。テレビや新聞を見ている時とインターネットに向かっている時は、明らかに意識が違っています。Webでは記事や番組のついでではなくCM自体が見たいと思わせるもの、尚

「紬deダンス」Webを使った大島紬の販促キャンペーン

且つそのCMに共鳴した消費者自身の手で情報をシェアさせるものでなければなりません。IMCは最早広告のセオリーではなくなりました。**消費者との接点によって伝え方は全く異なります。**

ロッテのガム、フィッツはTV-CMで若者受けのするダンスをネタにして「噛むんとふにゃん、噛むんとやわらか」というふにゃんダンスで、ふにゃっとしたガムの噛み心地を漠然と紹介。ネット<YouTube>では動画による「ふにゃんダンスコンテスト」を実施、再生回数でNO1を決める戦略で2100万回の再生回数を記録しました。表現の統一ではなく表現の連動を図った新しい広告戦略。広告はまだまだ進化します。

To be continued

9

第1章

広告を論ずる前に

言葉の魔術

「じぇじぇじぇ」「倍返し」「おもてなし」と「いつやるか、今でしょう」が平成25年の流行語大賞に選定された。言葉は社会に大きな影響を与えるコミュニケーション手段。言葉は人を、時代を左右する、と言っても過言ではない。

「言の葉」「言霊」とも謂われ命が宿ると信じられた処から、古代では、邪馬台国の卑弥呼のように、神の意思を伝達する巫女が国を支配したこともあった。

天と地の自然現象の猛威を神の力とするシャーマニズムの中にあっては、出産という命を生み出す機能を持った女性は神の使いとされた。邪馬台国の女王「卑弥呼」オオヒルメノムチ、つまりアマテラスと同一人物だとも謂われている巫女が、言葉を巧みに操り、神の意思を伝える役割を担って大衆の心を支配した。雷、台風、地震といった自然の猛威を神の為せる業と信じる神代の時代にあっては、荒々しき男たちでさえ、か弱き女性にひれ伏したのも無理からぬことである。これに対して、日本神話のイザナギ、イザナミの国産みに際しては、高天原、天の浮橋からおのころ島に降り立った二人が島を一周した後、**女神から先に言葉を掛けた時、あらゆる災いが生まれた**。リテイクして男神から言葉を掛け、この世の諸々のものが生まれたとの記述がある。

男中心の国家、大和朝廷の正当化ともいえる古事記の記述である。

また言葉は祭りごと＝政治のみならず、宗教に於ける布教にも一役買った。広告史でいうイエスや釈迦の宣伝術がそれ。聖書の冒頭には**「初めに言葉ありき 言葉は神とともにあり」**との記載がある。キリストは(釈迦も)言葉の持つ力をよく知り、これを布教に活用したのである。**「内緒だよ」の一言が強力な伝搬力をもつ**ことを理解していたのだろう。大声で喧伝するのではなく、「お前だけに言っておく。他言無用」の一言で起こりうる奇跡を予言することが、信頼できる事実として拡散するのは、キリスト教、仏教の興隆を見ても明らかである。「王様の耳はロバの耳」の童話もまた然り。人は秘密を黙っていられないという心理を突いた宣伝術といえる。**意思を伝えるもう一つの手段が手紙**。明治維新、文明開化の時代に一円切手の顔の主、前島密が通信網の整備に着手、欧米に学び郵便切手を発行しポスト(書状収集箱)を設置。それまでは飛脚というマラソン選手を大量に抱えたような商いを政府の事業としていたため、政府の猛反対を押し切り断行した。庶民にとっては慣れぬことで封筒に1銭硬貨を貼り付けたり、**宛名を「東京の叔母様へ」とだけ記載して投函する**といった笑い話のような事態もあったと聞く。笑い話といえば、東京見物に訪れた男が小用をもよおし「東京には公衆便所があると聞いた」と思い立ち、あたりを見回し「郵便」と書かれた箱を発見。「便」と書かれてあることから郵便ポストで用を足そうとしたところ、巡査から「こら！」とばかりに咎められた。その時の男の弁「巡査さん、やっぱり舶来のもんだね、日本人には高すぎる」と応えたとか…言葉や文字は、かように社会に大きな影響を与える。病院とて競合する時代。「じぇじぇじぇ」と感動させる斬新な計画と、信頼には「倍返し」で応える感謝の気持ちと、病院の原点ホスピタリティを大事にした「おもてなし」が肝要。で、それをいつやるか？「今でしょう」。来年からのご活躍を祈念します。お後がよろしいようで……。

平成25年12月12日　のぼり病院(忘年会)にて

企みこそ地域の財産
鶴丸城御楼門復元に思う

デザイニングという言葉がある。辞書で引くと、図案とか意匠という意味の他に「**企む**」と記されている。一般的には図案家とか設計士の事をデザイナーと呼ぶが、創作するという観点から見れば、あらゆる専門職がデザイナーの範疇に入る。

旅をデザインするのが旅行代理店。もてなしをデザインするのがホテルマン。食をデザインするのが調理人。この人たちは皆時間のデザイナーと言ってもいいだろう。**一流のデザイナーとは、常に新しい企て、企みを持った人**という事にもなる。企てる、どちらかといえば、悪い事というニュアンスの方が強いが、良い企み、素晴らしい企てもある。

今、鹿児島で鶴丸城御楼門の復元運動が起きている。これは素晴らしい企みと言える。明治6年の焼失から実に150年後の発議である。私は45年前から鹿児島に住みついたが、鹿児島には天守閣が無いと聞いていた。それは、「**薩摩は城を以て守りと成さず、人を以て城と成す**」人材の育成に重きを置いているからだ、と教えられた。でも「門くらいは要るでしょ?」と疑問を持っても、鶴丸城正面の橋を渡ると、石垣に突き当たって右に上る。楼門があったなどとは誰も教えてくれない。その姿が当たり前の姿だと鹿児島の人も思っていたのではないかとすら思える。御楼門の焼失は廃仏稀釈とは無関係だが、神仏分離令という新政府の政令は、たった2、3年の歴史的な愚挙で、貴重な仏教関係の文化財を悉く焼き尽くした。同時期に焼失した御楼門を含めて「ちょしもた」と思った人がいたとしても、復元しようとした記録も国家への提言もなかったようである。京都や奈良を始め歴史ある町は仏像仏閣の復元に町を挙げて取り組んだが、郷土鹿児島を踏み台にして、中央政権の要人となった薩摩の英傑たちに、そんな薩摩を国の予算で支援しようとした記録も残されていない。悲しいことに、鹿児島は郷土の文化に愛着をもたない県民性と言われても致し方ない歴史を刻んできた。

誰かが企まなければ伝統も文化も生まれないし、復活もしない。

デザイニングという言葉を理解する若者を育てなければ、そして鹿児島に留めなければ鹿児島の将来は無いと言っても過言ではない。出世するための処世術や錬金術を教えるのではなく、日本の未来のために明治維新を企んだ郷中教育のような伸び伸びとした教育環境を作って欲しい、と切に願わざるを得ない。

平成29年 タラデザイン専門学校作品発表会

命について考える I-3

言葉にちょっと拘ってみた。「ご清聴ありがとうございます」の清聴という言葉、静聴とどう違うのか?静かに聞くのは、眠っていてもできる。清しく聞くには共感がなければならない。

興味や感動がなければ聞き入る事は出来ない。そういった意味で、今回の各部署、委員会の発表は素晴らしいと感じた。すべての発表者が自分でまとめ理解したプログラムを自分の言葉で語っておられたからだ。のぼり病院は「クレド」という自己啓発プログラムを取り入れ患者から信頼される病院を目指しているが、そもそも病院、Hospitalの語源はHotelと同じHospitality=心を癒す場、ということ。一流ホテルでの豊かなキャリアを持つ林田先生が病院のクレドを指導されるのも肯ける。語源を辿ると言葉のもつ本来の意味が浮かび上がる。**言葉には人の心を動かす力がある、それが「言霊」、魂というか命である。**

「命」という言葉を考えてみよう。**いのちの語源は息の内、**いきのうちが詰まって「いのち」になったらしい。命は呼吸、にある。また命は「みこと」とも読む、スサノオノミコトの命である。

「みこと」とは御言、詔とも書く。高貴な方のお言葉が命だとすると、**いのちはコミュニケーションの原点**という事になる。さらに「命」という漢字を分解してみると口と令で出来ている事が解る。口で伝えること、成る程コミュニケーションに違いない。広辞苑で調べてみると、「いのち」とは「生物の生きていく原動力」という意味以外に**「最も大切なもの」**という意味がある。ACのコマーシャル「心は見えないけれど、心遣いは見える」に擬えると命は見えないけれど、君こそ命の「命」は見えるということか。

仏教でも悟りを得るためには「身・口・意」を清浄に保つことが大切と謂われる。印を結び、真言を唱え、仏を観想すること。実生活では、行いを糺し、偽りのない言葉を話し、邪念を持たないということだろう。特に言葉は「愛語」即ち偽りのない、思いやりのある言葉で話せばすべてが上手くいく、**言葉は命に輝きを与えるもの。**今日、命ある言葉で発表されたすべての皆さんに深甚なる敬意を表したい。

平成23年3月24日 のぼり病院進発式にて

15

「偲」について考える（精霊流し）

T-4

人を思うと書いて偲ぶ。初盆を迎える家では旧暦の7月13日、迎え火を焚き3日間精霊と一緒に過ごし、16日、極楽浄土に見送る。この時の送り火が、灯篭流し、精霊流しで灯される灯明であり、京都や奈良の大文字の送り火である。

精霊は生前はセイレイと読み、死後はショウリョウと読む。鐘楼流しの字も充てられるが、ショウリョウとトウロウが合わさりショウロウと読むようになったのではと考える。

精霊流しは長崎が有名で、中国の彩舟流し（さいしゅう）が長崎に伝わり精霊流しとなったと伝えられる。また灯篭流しは広島を始め全国各地で行われているが全く趣を異にする。長崎の精霊流しは中国の彩舟流しに習い、花火や爆竹で華やかに先導され、祭りかと見まがう程である。花火や爆竹には魔除の意味がある。精霊舟には灯篭やお供え、生花、線香、塔婆などが積み込まれ、観音像や六字名号の帆を立てて賑やかに街中を練り歩く。長崎ではお盆になると墓所に提灯や灯篭を持ちこみ一族で宴会をする。土地によって供養の仕方も異なり戸惑うが、**お盆に帰って来た祖霊を賑やかにもてなすのも悪くないと思う…**。そう言えばグレープ・さだまさしの歌う「精霊流し」には精霊流しは華やかに始まるとある。納得。

精霊流しは日本だけの習慣の様に思えるが、前述の中国の彩舟流しもあるし、インドにもプージャーという精霊流し供養があり、木の葉や花で作った舟にろうそくを灯してガンジスに流す。またタイにもローイカトンという精霊流しがありバナナの葉の灯篭に花や香、自分の髪や爪を入れ川に流す習慣がある。最近は若いカップルに人気があり、二人で流して愛を誓いあうという。

精霊流しが行われる盂蘭盆会とは中国で生まれた仏教行事で、安居の最後の日、旧暦の7月15日に父母や祖霊を供養し倒懸の苦を救うところから梵語のウランバナ(霊)に盂蘭盆という漢字を充てた。倒懸とは逆さに掛かる事で、亡くなった霊は中空に逆さに吊るされているという意味。**目連尊者が餓鬼道に堕ちた母への追善供養のため比丘に食べ物を施した事による**。父母への孝を大切にする儒教の影響があるのでは……。

2013年8月　鹿児島西ロータリークラブ例会会長卓話

※安居とは梵語で雨期の事。この時期草木は茂り、小動物は元気に活動する。僧侶は無駄な殺生をしないように僧堂に籠って修行する。

禅門では一日の結制から十五日の解夏まで寺から出ない。

また盆とは1日〜24日までを言い、地蔵尊の縁日に因んで23、24日に地蔵盆の行事をする。(関西)

第 II 章

コミュニケーションの基本

自己紹介

広告の原点は、声と標、文字もなかった時代、農耕や狩猟（漁・猟）、土器、鉄器の生産によって発生した余剰品を物々交換、後に売買によって利益を上げる手段として使われたのが売り声と看板である。大声で人に呼びかけ、現物或いはイラストを店頭に置いて通りすがりの人にアプローチしたのである。

1. 広告の作法で自己紹介

広告では、まず商品分析、市場分析を行い、訴求対象（ターゲット）を設定して、コンセプト（何を伝えるか）を明確化、メディアの特性を踏まえて表現するのがセオリー（基本作法）である。

①商品、つまり自分を分析する。

セールスポイントを列挙しコピープラットフォームを作成する。

【例えば私の場合】

好奇心旺盛　駆け落ちの経験がある　水泳、ダイビングが得意　日本画、仏刻が趣味　料理が得意　酒が好き　歴史好き　特異なクリエーター　30年来のロータリアン等々色々あるが、まとめると

イ) 大阪生まれ大阪育ちの鹿児島人
ロ) 鹿児島で最も古いコピーライター
ハ) いきあたりばったりのお気楽人生
ニ) 飲食業の繁盛店メーカー
ホ) 引退して仏様と仲良し

─くらいに大別される

次に、その中から最も発言場所で受ける

アピールポイント1〜2点を抽出する。

※その場の空気を考慮して、訴えたい人、グループに

自分をアピールするには何をポイントとするか？

「いきあたりばったりのお気楽人生。」を抽出

②コンセプトの設定

何を誰に如何にアピールするかを明確にして文章化

「いきあたりばったりの人生がいい」を設定

③表現

伝えたいことを冒頭に、後、起承転結でストーリー展開

「いきあたりばったりの人生がいい」〜生い立ち・変遷〜定着・現状〜結論に持っていく。

1分以内、短いほどBetter

例えばこんな具合（時間がなければ段落おとした部分はカット）

「人生は目標をもって、脇目も振らず邁進すること」という人もいますが、私はそうは思いません。いきあたりばったりの人生でいいんです。私は、大阪生まれ大阪育ち、何故鹿児島に居るのかというと、鹿児島の女性に一目惚れ。若気の至りで駆け落ちして結ばれたからです。

実を言うと私は、生まれた時から虚弱児で注射で命を繋いでましたから、甘やかされ放題。自分で言うのも何ですが、小学時代は、元船場の老舗のこいさんだったというお手伝いさんに育てられ、3歳から水墨画、ピアノ、その他諸々の習い事を始め、ピアノはすぐ飽きましたが、水墨画は性に合ったのか、5年生で児童コンクールを総なめし、大人の展覧会でも入賞。

大阪の神童などと煽てられ愚直に画家を目指しました。両親は、祖父の代で廃業した300年続いた医業を復活して欲しいと家庭教師までつけてくれましたが、全く関心なし。ところがひたすら目指した画業も中学で挫折。高校時代は体力づくりのため始めた水泳に逃避したら、これがまたトントン拍子に記録が上がり、全国大会の大阪代表まであと一歩と迫り、大学の現役受験は断念。 1年浪人して大好きな日本史の研究者になろう。食えなければ我が家と縁の深いお寺を継げばいい、と気楽なもんで。取り敢えず現役は受験勉強なしで友人と一緒に長崎大の水産を受験。弾みで合格してしまったものの、制服と練習船がかっこいいだけでは興味は続かず、大学時代はもっぱら学生運動。追い出されるように卒業して就職した食品会社も続かず。退職して再び受験、今度は真面目に勉強して某私立の歯科大に合格したものの、その年から寄付金が必要になり、さすがにもう親父のスネはかじれず辞退。国公立を目指して更に浪人ということになり、勝手に婚約者と決めていた女房を頼って鹿児島へ。

鹿児島では食うために電通鹿児島支局でアルバイトをしているうちに、文章を書くことが天職のように思え、コピーライター養成講座を受講。終了時には同期から選出されて、広告専門誌［宣伝会議］に自己PRの1頁をゲット。それから7年電通でコピーライターをやり、30歳で独立。生涯の仕事となりました。子供の頃は絵描きを目指し、医者を目指し、歴史学者を目指し、何度も振り出しに戻ったいきあたりばったりの30年でしたが、そのすべての経験が今の自分の肥やしになったと考えています。

II-2 手紙

手紙には日本の仕来りを重視した形式による手紙と自分の気持ちを伝え、自分を売り込むことを主眼に置いた恋文に大別される。恋文は敢えて形式を無視し、より印象的に相手の胸に取り入る仕掛けが必要。商業文はこの後者の作法によることが多い。

1. 形式的な手紙

儀礼的なご挨拶や目上の方(先生、上司、恩人等)を敬って書く形

	頭語	拝啓 (謹啓、粛啓、前略)
前文	時候の挨拶	春暖の候(水温み春草が芽を吹き始めました)
	安否の気遣い	鈴木先生にはご壮健のこととお慶び申し上げます
主文	起語	さて
	本文	高校を卒業してはや2年、プロの料理人を目指し日々実習に励んおりますが、この度卒業制作でその成果を披露することになりました。つきましては、先生にもご試食頂きご意見など承りたくご多用中恐縮ではございますが、3月1日(月)12:00から当校にお運び頂きたくお願い申し上げます。
末文	終わりの挨拶	本来はお伺いしてお願い申し上げるべきところ 書面にて失礼いたします。
	結語	敬具(敬白、かしこ、早々)
後付け	日時	平成26年2月1日
	署名	山田太郎
	宛名	鈴木花子先生
	脇付	机下(足下)
追手書き	副文(PS)	同期の松下君もお会いできるのを楽しみにしています。

- 頭語は省略することもあるが、書き出しは頭いっぱいから始める

- 時候の挨拶は改行し一字下げて書き出す

- 主文に入る時も一字下げ、つきましては改行してもしなくても良い

- **副文は本来書かないのが正しい**

- 封筒表書き 同居や下宿、同居先は「様方」または「様御内」を付ける

- 脇付は宛名の左下、御許へor侍史を小さく

- **裏書縦の場合封筒中央を挟んで右に住所、左に差出人、右上に日付**

- 封は〆、緘、御祝い事は寿、賀を使う

- 横書きの場合は左上に日付、右下に住所、差出人

- **ハガキの場合は表書きに脇付は不要**

- 通信分が裏面に入りきらない時は表の半分を使用しても可

- 裏書に前文や末文を省略しても失礼ではない

拝啓
　春暖の候、鈴木先生にはご壮健のこととお慶び申し上げます
　さて高校を卒業してはや二年、プロの料理人を目指し日々実習に励んでおりますが、この度卒業制作でその成果を披露することになりました。
　つきましては、先生にもご試食頂きご意見など承りたくご多用中恐縮ではございますが、
　三月一日（月）十二時から当校にお運び頂きたくお願い申し上げます。
　本来はお伺いしてお願い申し上げるべきところ書面にて失礼いたします。

敬具

令和二年二月一日

山田太郎

鈴木花子先生　机下

同期の松下君もお会いできるのを楽しみにしています。

2. 恋文 (相手の関心を掴む手紙)

明確な目的を持った手紙は、書き出しで相手の関心を誘発することが最優先する。

従って無礼を承知で前文を省略。当たり障りのない時候の挨拶などしてる場合ではない。

最後に非礼を詫びれば済むこと。目に留まるようにHead Line（見出し）を付けるのもいい。

「?」=何? または「!」えーっ! から本文に関心を誘い込み、本文では説得の基本、起承転(展)結で頷かせる。

最後にこのスタイルの場合は、**追伸(P,S)が行動喚起、ダメ押しの役目を果たす。**

見出し	注意喚起 関心誘発	ドキ　ドキ　ドキドキ…… 口から心臓がとび出しそうそうです。		
本文	説得	起		憶えて居られますか?貴方に初めてあったのは2年前、校門で転んで鞄の中身が道路に散乱した時、あなただけが懸命に散らばった荷物を拾い集めて下さいました。泣きべそかいていた私に、ハンカチを手渡し、にっこり。素敵な笑顔でした‥
		承		それから私は、いつもあなたの姿を追うようになりました。と言っても声を掛ける勇気もなく、お礼もしないまま、お借りしたハンカチは洗濯してアイロン掛けて、ずっと持ったまま
		転		ところが、そんなあなたの笑顔が一変しました。昨日のあなたは手に包帯を巻いて痛々しそう、私の瞼の待ち受け画面も泣きべそ顔。心配で眠れません
		結		今度は私があなたに笑顔を届ける番。右手が不自由だと食事も着替えもノート執るのも大変でしょ? 私に右手の替りをさせて下さい。お傍にいたいのです。
お詫び	安心			不躾な手紙でごめんなさい。 居ても立ってもいられずペンを執りました。 失礼はお詫びします。 　　　　　　　　　　　　かしこ
追手書き	ダメ押し			朝、校門で待っています。お弁当作って。

22

3. 歴史に残る手紙

無駄を省いて簡単明瞭に意図を伝えた武士の手紙。
長篠の戦い陣中から徳川三奉行、鬼作左、本田作左衛門が妻に当てた手紙。

「一筆啓上 火の用心 お仙泣かすな 馬肥やせ」

無駄を省いて簡単明瞭に意図を伝えた騎士の手紙。
2000年前、ローマに当てカエサル シーザーが戦勝を伝えた手紙。

「Veni, Vidi, Vici」（ラテン語） 「来た 見た 勝った」

●世界一短い往復書簡

19世紀初頭のフランスの文豪、ビクトル・ユーゴーがレ・ミゼラブル(あゝ無情)の出版に際して
その売れ行きを出版社に尋ねた書簡。

「？」に対する返答が「！」

「反響はどう？」というユーゴーの問いに「驚異的！」と編集長が答えたということだが、この
二文字ですべてが判る。

ついでにビクトル・ユーゴーの名言をチョット。

・海より広いものがある、それは空。空より広いものがある、それは人のこころだ
・女を美しくするのは神であり、女を魅惑的にするのは悪魔である
・恋に友人は存在しない

●感激を伝えるシンプルな手紙

尾崎紅葉が松茸を貰ったお礼に送った見せる手紙。

●最後に恋文

吉原の太夫(花魁) 二代目高尾太夫(万治高尾)が仙台藩主伊達綱宗に送った手紙。

国元に帰る綱宗が

「時には思い出してくれているか?」と便りで問うた返信が

「忘れねばこそ　思い出さず候　君はいま　駒形あたり　ほととぎす」

忘れたことはないので思い出すということはありません。あなたは今、駒形あたりを過ぎられた頃かしら。という熱愛の手紙、**唇拓(キスマーク)**をつけて送ったという話もある。三浦屋で最も格上の花魁高尾太夫は11代を数え、その多くが大名家や旗本、富豪に落籍されている。身請け料は1000両〜3000両、約1〜3億円とも謂れ、ひと目会うだけでも15両(150万円)。初会、裏を返して、馴染み、3度目でやっと床入りとなる。万治高尾は身請け料1700両で綱宗に落籍されたが、綱宗の意に添わず逆さ吊りで斬殺されたという話もある。

落語「反魂香」より

※没後綱宗の命で春慶院という院号を授かり懇ろに弔われたというから、「反魂香」はどうも創作らしい。

●おまけ

「人間失格」を書いた太宰治は、自殺願望で知られるが、寒々とした日常を切々と綴り、無心する手紙の枠外にひとこと「愛しい」と記したという。

女性はこの一言でころっと参ったとか…

手紙文の例として

私信

●お悔やみ

無念の極みです。

もう一曲、大ヒットするCMソングつくろうね。
と話していた矢先でした。
覚悟していたとはいえ、
信じられない訃報に消沈しています。
いろんな酒を一緒に呑みましたね。
楽しい酒、苦しい酒、
怒りの酒・・・そして感動する酒。
「心酔い」のCMが完成した時はスタッフみんなが
あなたの店に集まりましたね。
「感動一杯、ああ心酔いい ♬」
マーシー、感動をありがとう。
所用で参列できませんが、今夜は出張先で「心酔い」
何度も歌って見送ります。安らかに眠れ、南無阿弥陀仏。

●お礼

粛啓　帰鹿して予期せぬ寒さに仰天しました。
今朝はもう平常に戻ったようですが・・
留守中鹿児島は天気も悪く寒かったようです。
楽しい三日間、本当にありがとうございました。
お疲れは出ておられませんか？
クリニックの旅行に、図々しく紛れ込んだ
人騒がせな我々夫婦を
しっかりサポートして頂き感謝に堪えません。
旅は道連れとはよく言ったもので、
ご一緒させていただいた方で、
かくも違うものかと感激いたしました。
お酒も食事もお喋りも最高でした。
出雲神話の大神神社から日本神話の伊勢神宮まで、
神々に浸りきった三日間。
コピーライターの元祖、少彦名や久延彦様にもお会いできて、
足腰は悲鳴を上げていますが、気持ちは満足感一杯です。
また是非お仲間に入れてください。
末筆ながら山田様のご健勝を心よりご祈念申し上げます。

頓首

●お祝い

まずもって15周年おめでとう。

「Studio LOOPって名前にしたけど
格好よくデザインしてくれへん？」
というお願い電話から早や15年。

実家の大阪を離れた立場では、
老いていく両親の世話もままならず、
君に必要以上の負担をかけてきたね。
有難う、改めて感謝する。
一度は病に倒れた身でありながら、懸命に学び、働き、
そして人生を謳歌してきた君の生き方は素敵だよ。

ちょっと褒めすぎたので兄貴らしく戒めをひとくだり。
仏教に「自利利他」という言葉がある。
自分を高めていく事が周りの人たちを幸せにするという意味。
君の周りには君を愛してくれるたくさんの人がいる。
その方たちのために何かしてあげようという気持ちも大事だけれど
もっと大切なのは感謝を忘れず、もっともっと自分を磨き、
共に喜びを分かち合う事業を成す事。
言って見れば15周年の今日がその日だし、もっと言えば
より盛大な20周年を迎えるための
切磋琢磨を怠ってはならないということ。
年に2回のパーティでポスターを創ってやることくらいしか
できない兄貴だけれど
その年2回の連絡は君が元気で活躍している証。
これからも楽しみにしてるよ

頑張れ！

●半世会(50歳)

一筆啓上　火の用心
火傷の前に「反省会」

肥後 節郎君

半世会
のご案内

山田一郎君50歳
半世会のご案内

拝啓　突然ですがクイズです

「四九、四九、四九、四九八九」と書いてなんと読む？
「始終苦(49)あれば酔く(49)ろうて、欲(49)ある故に、
四苦(49)八苦(89)」と読むのだそうで、
まさしく我らがイッちゃんの、この一年を語るが如き迷文句。
なんと言っても四十九歳(始終臭い)
年がら年中怪しい挙句の果ての痛風病み
どこ吹く風の不況風まで抱き込んで
「四九、四九、四九、四九八九」

早く来いこい五十路の峠というわけで、
誰が言うともなく山田一郎君の五十歳を祝う会
準備委員会なるものが発足。

五十歳と言えば我らが吉例半世会の仕来り通り
一世紀の半分の半世と一生の半分の半生と
我が身を糾す反省会とを、掛けて転んでドンチャン騒ぎ
この企みに心優しき先輩・後輩、皆様のお力添えを賜りたく
取り急ぎご案内仕りまする。

発起人敬白

●賀華甲・還暦60歳

祇園精舎より案内仕る。

七番神輿二代目頭　山田一郎君還暦

「夏越しの祓い」

謹啓　盛夏の候、遅ればせながら
山田一郎君還暦60歳につき
「夏越しの祓い」を奉修致したく
各位のご足労をお願い申し上げます。
そもそも「夏越しの祓い」とは、
祇園精舎の守護神牛頭天王を祀る
八坂神社秘伝の修法にて
赤子帰り、華甲の祝と称されながら一生の大厄とも謂われる
齢六十の節目に際し
荒ぶる神スサノオの守護により恙無く看過せしめんと祈願する
「神仏混淆疫病退散」の奇習なり。
されば「おぎおんさー」の信仰厚く
御見かけ通りの偉丈夫が神輿に捧げたあの熱情
頭を退いても冷めやらず祭りの中で名を残す
てっぺん掛けた20年、何で報いず置くものか
との牛頭天王の御意向を受け、我ら発起人一同
六根清浄、誠心誠意介添えを相努めますれば
何卒皆様のご参集、心よりお願い申し上げます。

敬具

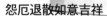

怨厄退散如意吉祥
―山田一郎君厄払いのご案内―

この男

おおらかというかずぼらというか 周りの見えない性格で

確認せずに道路横断 車にはねられ骨折したり

授業中に鳩を追いかけ行方不明

食事に出かけた城山では 滝に見とれて池に落ち

危うく溺死の大騒動

中学高校羌なく 守備の要のセカンドで 野球少年謳歌して

卒業と同時に 宝飾修業の福岡生活

ソフトバンクの優勝で 勢いあまって中洲川ダイブ

泥水飲んで下痢のお粗末

中州と言えば浮いた話の一つや二つあって欲しいがまるでダメ

手持ちの宝石ばら撒くも相手にされず ひたすら修業の10年間

技能大会全国4位の実績持って帰郷したのが10年前。

3年前には跡目を継いで 必至の覚悟で嫁探し

「割れ鍋に綴じ蓋」とはよく言ったもので

ずぼら同士じゃ家が持たぬ

几帳面が角付き合わせれば、身が持たぬ

ずぼらの一郎 しっかりものの花子 この上なき伴侶となりぬ

されど

聴くところによると

最近は「呑んで 川内まで帰るより、ホテルの方が経済的」

などと宣い 夜遊びに現を抜かしているらしい。

で、しゃしゃり出たる発起人。

厄払いを機に一郎の性根、叩きのめさんと 準備万端相整えました故

ご縁に連なる皆々様のご検分 切に切にお願い申し上げます。

発起人敬白

27

暑中見舞いと年賀状

ちょっと薀蓄 ショットバーの例

暑気払いの妙薬

一杯が暑気を払う。

クーラーの無い時代
人は五感で暑さを凌いできました。

**打ち水、風鈴、線香、簾、
そして酒**

ココロもカラダも夏の暑さでダレた時
妙薬のカクテルを処方して差し上げます
散歩がてらお出かけ下さい。

池田Bar

暑中お見舞い申し上げます

酷暑のなかで
厳冬の阿寒湖にしか見られない氷の花が
池田Ｂａｒのカウンターで咲きました。
フロストフラワー
この夏一番の涼味です。

Frost Flower
凍てつく湖面から立ち上る蒸気が
一瞬にして奇跡の花へと姿を変える。
朝日の煌めきまでの儚い命を
謳歌するかのように・・・

池田Bar

謹賀新年

独りでも、二人でも
恋人とでも、親子でも
猪口っとお立ち寄りください
使い勝手はあなた次第
今年の池田BARはハート印です。
猪の目紋とはハートの形です。
念のため。

亥年元旦　池田Bar

迎 春

元旦・店主の誓い

世間の垢は、見て見ザル
時代の波には、流されザル
すぎた昔は、思わザル

今年も旨い酒だけお届けしたい

申年元旦　池田Bar

DM販促用

「皆さん」ではなく「個人」を意識した表現

● 同伴を意識した表現

美しい女性は財布を持って歩かない

－というのはスコットランドの諺－

もし貴女が自分の魅力を試したくなったら
男性をお食事に誘って
「あら、お財布忘れちゃった」と言ってごらんなさい
「待ってるから取っておいでよ」というのは鈍感
「貸しとくよ、ツケから引いといて」も失格
「僕の財布でよかったら自由に使って」
くらいの気の利いた台詞が言えるジェントルマンなら合格
勿論、貴女の魅力も100点満点というわけです。

で、どうせお店に誘うなら雰囲気のいい処
ということになって「焼き肉なべしま天文館店」
「えーっ、焼き肉!?」と驚かないでください。
全面改装してちょっといいムードなんです。
煙や臭いなど野暮なものは一切排除
一言で言えばワインの似合うお店です。
貴女に是非ともご利用いただきたく
お食事券を添えてご案内申し上げます。

焼肉なべしま天文館店

● 営業トークを避けてご機嫌伺い

36.7℃
昨年の最高気温

昨年を超えましたか?
気温じゃなくてあなたの「お熱」

恋にレジャーにもうひと踏ん張り
そして一息ついたら
お話聞かせてくださいな

ハッピーポイント

● コロナ禍での対応

いつの間にか紫陽花の季節

お変わりありませんか?
紫陽花の別名は、七変化、手毬花・・・いろいろありますが
私の好きなのは「オタクサ」
シーボルトが一番好きだったあじさいを
ひと目惚れしたお滝さんに喩えたのが始まりとか
花言葉は辛抱強い愛。
コロナ感染が日本中を支配して、もう1年以上。
人とのふれあいを生業とする私たちには
辛抱の毎日が続いています。
検温・消毒・アクリ版、ドアを開けて風を通しても
かつての賑わいは帰ってきません。
時短要請でお酒が出せるのは8時まで
それでも頑張ってますよ。
このひとことを貴方にお伝えしたくてペンを取りました。
失礼はお詫びします。
くれぐれもくれぐれも無理をなさらないように
御身第一にお過ごしください。
近い将来、また今までのように「オッス!」と
元気にご来店いただけることを祈っています。

かしこ

● 閉店

八月いっぱいでお店を閉める事にしました。

「ふーっ」とちょっとため息
ママと呼んでいただく器量もなく
たくさんの方々の叱咤激励に支えられ
ふと気がつけば・・8年
お店に来て下さる皆さんと
お喋りの出来る形がいい―と
ロの字のカウンターにこだわりました
世間が見失いつつある季節をお店の中で
取り戻せればと満開の枝を飾ってお花見の宴もしました
人と分かち合えば
喜びは倍に、悲しみは半分になると
そう教えられ、素敵なお付き合いが出来ました
思い出が胸いっぱいでこぼれそうな8年
ホントにありがとうございました
手伝ってくれた女の子たちもお店を卒業し
わたしもちょっとお休みが欲しくなりました
暫くボケーとしたらまたお客様が恋しくなると思います
また・・の日まで 勿忘草をあなたに

深謝

DM販促用

「地域の皆さん」への案内

●開店告知

遊食豚菜いちにいさん

JR博多シティ店開店のご案内

厳しい寒波の隙間に
ようやく春の気配が覗き始めました。
ご健勝の事と拝察申し上げます。

平成7年に「食」の宝庫鹿児島の壱の自慢を
引っ提げて、国道「いち・にい・さん」を駆け上り
東京に1号店を開設して、はや15年
六白黒豚のそばつゆ仕立て豚しゃぶが人気を博し
北へ飛んで札幌の舌を躍らせ、
関西に下って西宮の舌を魅了
日本列島豚しゃぶラインを目論み
十店目にして愈々待望の福岡
九州新幹線全線開通を機に
JR博多シティに暖簾を揚げます

博多は、町衆の勢いが九州随一
新しもの好きなれど義理がたいお国柄とか
歯に衣着せぬ博多もんの皆様に
ご指導　ご鞭撻を仰ぎたく
不躾ながらご案内させていただきます。

店主謹白

そばつゆ巧房開店のご案内

謹啓　夏の最中、暑さを吹き飛ばす
ちょっと面白いお店を作りました。

お馴染みの吹上庵、いちにいさん、
左膳、素敵庵の味の素を
そばビルの並びに並べてみました。
節、乾、醤、脂
鹿児島の鰹節と北海道の昆布
これに地産醤油の本返しを合わせた
そば屋の本領は勿論、
肉(月)が旨いと書く黒豚の脂肉。
しゃぶって良し、燻して良しの逸材等々
まさに遊び心がおいしいを身上とする
当社の巧房から溢れ出た品々です。

是非一度お立ち寄りいただき
ご意見など承りますれば幸甚に存じます。

(株)フェニックス

そばつゆ仕立て
黒豚しゃぶ

これぞ　鹿児島

暖簾は薩摩の地絣ながら
花のお江戸を皮切りに当代屈指の味自慢
「鹿児島黒豚」を引っ提げて
北は札幌、南は鹿児島
日本縦断10店舗で
「そばつゆ仕立て黒豚のしゃぶ」を
提供する遊食彩菜「いちにいさん」が、
そのそばつゆの味の本体
「そば茶屋吹上庵」を伴って、
ご当地岡山にお目見えします。

「昔ながら」を身上に、味と接客に拘って創業以来、
店舗を増やさずの経営なれど
乞いに乞われ、やむを得ずの16店
この度、初めて本格的県外出店と相成った次第
鹿児島と言えば知る人ぞ知る蕎麦の産地
出汁はこれまた古枯鰹節、
言わずと知れた枕崎が本拠
じっくり寝かせた本返しで調味したおそばは
数ある日本のそば処に一歩も引けを取らぬと確信します。

気骨で挑む新店舗に是非ともご意見賜りたく
ご来店切にお願い申し上げます。

(株)フェニックス

30

ネーミング訴求

At Home Bar

たくさんの方々のお力添えで

やっと開店に漕ぎ着けました。

At Home Bar おしろい花といいます。

子供の頃にお化粧ごっこしたことありませんか?

おしろい花の実の中は真っ白い粉

英語ではFore o'clock 4時の花とか

夕方から朝まで咲くお花なんです。

おしろいは 父帰る頃 咲き揃う

大切な方の、お勤めからの帰りを待って

いそいそと女性が夕化粧を始める刻。

そんな思いで名付けました

花言葉は臆病

ちょっと緊張して気弱になっていますが

気合を入れて頑張ります。

おしろい花は

あの与謝野晶子さんが

秋の新七草に推した花なんですから

お顔見せてください。首を長ーくして

お待ちしています。

かしこ

ネーミング訴求

無国籍ビアホール

ビール街道
味屋大陸

街に灯りが灯る頃、出会い頭の合言葉

あ、さて「まずはビールだ!泡持って来い!」

さても驚き大アジア

何とか風だの、何とか専科

そんなこだわり一切無し!

老若男女、古今東西、ビール街道まっしぐら

何でもありの安くて旨いが大陸風

チャンチキ小皿で拍子を取れば

味屋大陸の夜はふける

何とか風ーというこだわりを無くせば、

安くて旨いものが集まります。

アジヤ大陸という名の通り、

大らかで奔放な酒場を作りたいと思いました。

「百聞は一見に如かず」小銭を持ってお集まりください。

店主敬白

ネーミング訴求

無茶酒房 弁慶

無茶をしなきゃ酒も味ない

無茶をしなきゃ宴も虚しい

無茶をしなきゃ出世は出来ん

無茶をしなきゃ恋も実らん

無茶をしなきゃ人生だって楽しくない

呑んだときくらい常識人の殻を脱いで

無茶でもしましょうよ。

そんな酒房が弁慶です

弁慶はユーモアとウィットで

悲劇にさえもゆとりと救いを与える

義経の、否、お客様の人生のパートナーです。

11月1日、高田馬場にリニュアルオープン。

店主敬白

ネーミング訴求

ミネラル水

樵のわけ前

森に分け入り、枝を払い樹木を守る樵さんが

あたりの動物たちとともに大自然から頂く恵みが水

高隈山系から豊かな水を

湧出することから垂水と呼ばれた

名水の里で、時をかけ、大地が存分に

濾過した清水を

1117mの地下から頂きました。

謂わば、樵さんたちのわけ前です。

ミネラルたっぷりの命の水を、

皆様にもお分けします。

第Ⅲ章

俺^{おい}たつが学んだ広告概論

第Ⅲ章

俺(おい)たつが学んだ広告概論

そげん古か話、通信や伝達手段が昔とは全く異なる現代では
通用しないと言う向きもあるが、
広告は今も昔も、「こころに対するアプローチ」であることに変わりはない。
数千年に亘って培われたコミュニケーションの基本が、
時代の研磨を受けて変遷したとしても。
核になるのは基本。まず、原点を識ろうよ、と俺たっは思う。

広告って何だろう？

広告という言葉は明治の初め、廃藩置県(中央集権)が断行され、国境がなくなった日本で、
文明開化の声と共にAdvertisementという言葉が翻訳され「世間に広く告げる＝広告」
として使われ始めた。Mass Communicationの手段を持たなかった当時の日本では、
広く告げる事が即ち、商いの最有効手段であった。

つまり

Advertisement＝商業的なMass Communicationと理解されたということ。
ところがこのAdvertisementの原義をみると、ラテン語のAd(こちらへ) vertere(向かせる)
＝振り返らせる、警告するという意味であることが解る。

確かに「モノが不足し充足してゆく時代」なら、広く告げるだけでモノが売れたが、モノが
充足し飽和した時代」では広く告げるだけでモノは動かない。更に進化して、商品がそれ
自体では差別化できない時代では、商品のアイデンティティや付加価値(機能・デザイン・
ストーリー)やブランド性(企業への信頼)を訴求し消費者の関心を商品に向けさせる必要がある。

だから

広告とは人の関心をこちらに振り返らせる仕掛けのこと

広告の定義 II-1

広告とは、生産者なり販売業者が需要者に対して商品またはサービスを売り込むための訴求活動(有料のコミュニケーション)と定義される。または企業が媒体を使って行う商業コミュニケーション。

ひとが売り声を発して直接人に伝えるより、モノ(メディア)を利用して情報を拡散した方が効率がよく、到達者ひとり当たりに要する費用も安く済む。(広告の効率)

例えばこんな話がある

一流ホテルでシェフを務めた調理人が、退職して地元に帰ってきた。暫くは、退職金で慎ましやかに暮らしていたが、そのうち、街で一杯やったり、奥さんと温泉に行ったり、の小遣い(約50,000円)が欲しくなった。で、ご近所の方から注文を受けて弁当を作ることにした。週に1回25食、1食1000円。材料費は、少量のため近くのスーパーで調達、自宅のキッチンで調理した。それをパッケージ、箸、掛け紙もつけて販売したところ、一流シェフの味が受けて大好評。**1カ月で100,000円の売上**、原料費40,000円(40%)、パッケージ、掛け紙、箸、光熱費他で15,000円(15%)、都合**45,000円が手元に残った。**これに味をしめたシェフは、毎週始めに注文を受けて1日25食、1カ月(20日)で500食ならゆったりやれるかも、と考えた。まず金をかけて厨房を改修し、手伝いを1人雇う(1日2時間)。食材は、市場でまとめて仕入れると25%に節約できた。パッケージ等もまとめると半額。ただ、**この数売るためには、広告も必要。**団地内4,000戸に毎週、チラシを入れた。200人に1人が注文してくれればいいという目論見。さて、どうなったか?当然味は一流、話題になって売り切れるほどに大盛況。収支は、**売上500,000円。**厨房改修費200,000円(1年返済で借り入れ年利10% 17,500円/月) 材料費130,000円 人件費32,000円 パッケージ等30,000円 広告費64,000円 計273,500円。手元に**226,500円が残った。**そんなに要らないと思ったシェフは、**弁当の値段を800円に下げた。**それでも140,000円弱が残る。

つまり、広告の機能は、大量販売による販売価額の低減化ということである。

III 広告の歴史 2

1.広告の原型

声・標・祭礼から現代の広告が進化した。

● 人類が集団で生活するようになると、**余剰の生産物
や獲物を交換**するための手段が生まれた。
最も原始的な方法は**声(言葉)による告知
と標(現物)の陳列**。

● 狩猟・漁労の組織化や農耕による定住化
が進むと**集落(ムラ)が発生**し、保存手段の
乏しい古代集落では**獲物の分配や物物
交換**は集落内で不定期に行われていた。
川の流域のムラ(農耕)、海辺のムラ(漁労)、
山林のムラ(狩猟)、石や土に恵まれたムラ(工人)等

● 特性の交換のため日を決めた「**市」の発生**。保存技術の進歩。

武力集団の発生

● 武力を持った集団がいくつかの集落(ムラ)を束ね、統治者が**祭礼で国家(クニ)を支配**。

  ※その例が「巫女」。神霊の意思として言葉巧みに人心を掴んだ。祭礼による人心

  掌握の手法は広告心理の基礎と言える。聖書の「初めに言葉ありき」と共通の認識。

  言葉による民心の掌握・啓蒙(**卑弥呼の邪馬台国統治や日本神話の編纂**)

● 貨幣経済が発生する以前の広告は主に、祭礼に付随した市や官製の広告(神武の即位告知)、
宗教広告として使われた。

  ※木簡、布製**配り札**によるひろめ、**狼煙**による情報の遠距離伝達

  ※言葉による追随者の獲得、**イエスや釈迦の宣伝術**。仏教国タイでは広告を

  コーサナー(伝道)という。日本では遊行僧一遍上人が配り札を用いた記録がある。

2.律令制と広告

創世記は大和朝廷が日本を統一、大規模な市が生まれたが、市が官営のため、商業的広告はいまだ未発達。701年に制定された**大宝律令**には、「**関市令**」として関所(市)の管理運営の規則が記され、既に独禁法の精神や不当表示禁止、欠陥商品の没収等の記載が見られる。更に 「凡そ市は、市倉毎に標を立て、行名を題せ」とあり、内容を記した「標」の設置が規定されている。**これが看板の起源である。**看板といっても、当時はまだ庶民の間に文字は広まっておらず、表記には専ら絵が使用された。公地公民制による貧富の差は極端で、食封という貴族中心の封禄制度により全国の富は中央官庁に集められ、大臣クラスで3億、局長クラスで1.5億、ところが課長クラス(従五位以下)、知事や大学の学長クラスは1000万以下、それ以下の公家、学者、地方官僚はかなり苦しい生活であったらしい。

ましてや庶民の暮らしなど言わずもがな。

経済との関連で見ると、貨幣の鋳造、発達が大きな鍵を握る。

701年、日本初の貨幣「和銅開珍」が誕生。

貨幣が「市」に馴染むまでかなりの時を要したが、漁師、猟師、農耕民や木工、金工、土器の製造を生業とする工人が、終日「市」で取引する不便を除くため**「商い」を専業とする職種(商人)が発生**。広範囲な流通へと拡大した。今も全国には干支の市(酉の市)や日の市(八日市)の名残を留める催しや地名が残る。また、公地公民制の破綻により土地の私有を認めた「墾田永代私有令」の発布により、広大な私有地と産業を手中にした**豪農の台頭, 交易の拡大**へと伸展した。流通は当初、売り物を持って回る**行商**で始まったが、これと並行して、本拠を一ヵ所に定め、座って商いする「**座売り**」も常設化し、商業は飛躍的に伸展した。

　　※因みに「商い」とは「秋和い」。秋に収穫した産物を和う(担う)ことを語源とし、店は見世棚=商品
　　を見せる棚から、ミセ(店)あるいは、おタナ(お店)と呼ばれるようになった。

流通とは、(ヒト、モノ、カネ)の流れる通のことで、活発になればなる程、社会は潤うのである。

この流通の原則を貫いた歴史上の人物がいる。尾張公 **徳川宗春**。**町起こしの神様**とも謂われる人物である。八代将軍吉宗の緊縮政策に異議を唱え、享保15年藩主になるや、有職故実に基づく古来の作法を順守する一方で、吉宗政権の倹約令を無視、名古屋一円で開放政策を展開した。華麗な行列を仕立てお国入り、社寺参拝の出で立ちは「白牛に跨り、猩々緋の装束に紅頭巾、茶坊主の肩に先を担がせた2間の煙管をふかしていた」と伝わる。将に傾き(歌舞伎)者。

名古屋3カ所に遊里を許可、茶屋揚屋163軒、遊女700余人に及び、全国から商人、芸人が集まり、街は活況を呈した。その繁盛ぶりは「**名古屋の繁華に京(興)が覚めた**」と揶揄されるほど、であったという。自由主義を尊び、法度、お触れを減らし、武士にも芝居見物を許し、その政策の背景には、「下々から搾取せず、萬民その所を得、世の困窮を救う」つまり百姓町人に経済的負担を強いず、共に楽しむことこそ、かえって倹約の道に叶う、との信念があった。

規則で人は導けない、人を導くのは人の温もり。何でも規則で縛ろうとする現代の為政者に聞かせたい信念である。宗春が定めた「温知政要21箇条」には「**無暗に倹約するだけでは、慈悲の心が薄れ諸人が苦しみ、結局無益の費えとなる**」。職業や社会的地位の上での制限を排除し、形式に囚われず庶民の訴えを真摯に聞くことが肝要とある。江戸出府の折は藩邸を庶民に開放し、士・民ともに楽しむ機会を作った。その際、神君家康公から拝領した幟旗を公開し、これを咎めた上士に「**神が穢れを厭われる事はない。神君の御旗を拝するのは天下万民がそのご遺徳を仰ぎ、老若男女が、その治世を楽しむ事である**」と喝破した。

経済の活性化は節約に拠っては生まれない。ヒト、モノ、カネを動かす流通の円滑化が第一。町おこしと称してボランティア団体がヒト集めのイベントを企画する。手作りの舞台、手作りの看板、手作り、手配りのチラシ、挙句は日当ン十万円の職業人が旨くもない飲食を提供する。

自分の仕事に精出して稼いだカネで業者に委託した方が遥かにみんなに喜ばれる。

人の仕事を奪って地域経済の活性化はありえない。

3. 中世の広告

貨幣経済の伸展は飛躍的に商品の物流を盛んにし、広範囲の取引で利益を得る商人も出現したが、市が官制であったため、まだまだ年貢依存の経済で広大な荘園を持った公家や地域の豪族、豪農がその基盤を握り、広告の主体は官が行う政府弘報、いわゆるお布令、求人公告が中心であった。ところが、武士が出現し律令制が崩壊すると社会状況が一変する。武門という地縁、血縁を意識した集団は、その象徴として家紋や色分けの軍旗を採用。平氏は官軍を意味する紅旗(赤地に白)、家紋は揚羽蝶。これに対して源氏は心の清浄を意味する白旗(白地に赤)、家紋は笹竜胆。

赤
揚羽蝶
（あげはちょう）

白
笹竜胆
（ささりんどう）

※藤原氏は水色に焦茶、橘氏は黄色に水色。

正しく、シンボルマークとロゴタイプ、コーポレートカラーを以て、企業のアイデンティティを象徴するCI(コーポレートアイデンティティシステム)の原図ともいえるものである。

一方商人は官制の市を離れ、各所に民間の市を形成。鎌倉幕府の成立により商工業者の座＝座席のこと(位置づけ)つまり商いの独占権を伴った市＝座(西洋での同業組合＝ギルド)に発展。有力神社や寺院、領主の庇護を求め、門前や城下に集まった。市の管理者である幕府や公家、社寺は商業地を限定し保護する見返りとして税や寄進を求めた。このことは市場価格を、買う側が決めるのではなく売る側が決めるという、売り手の利益優先の協定価格を生み、逆に生産者からは納入価格を抑え込むという、商人による市場の独占 支配に繋がった。

また行商は大型化し、櫃(箱)を連ね京下りの商品を行商する千駄櫃や販売と仕入を兼ねた隊を組み、船馬を使って諸国を廻る廻船に発展した。

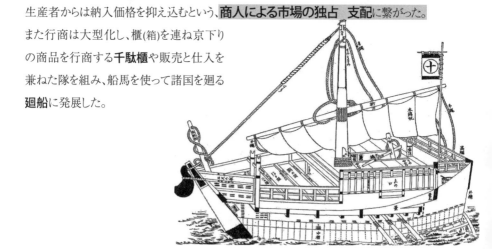

これに伴い商業的公告もその有用性が認められ、まず、**絵柄や紋様の入った絵看板(広告看板)や由来を示す工作物の展示**が出現した。

土佐光信描く筆屋の絵看板、現存するものでは虎屋の絵看板、三輪神社の杉に由来する**酒林、酒箒**(新酒の告知)が是に当たる。合わせて当初、日除け、風よけとして中国から伝来した帳(とばり)が屋号や職種、家紋をつけた**のれん**(禅語の「のうれん」に由来する)が登場した。紋様を広告に使うという発想は先に述べたCIの原図が始まりで「座」の発生に伴い、檀那(仏語のドネ(スポンサーの事))と称して寺社に**寄進する見返りに寺紋や社紋の専用が許され、企業のブランド化の走り**となった。

中には柳家(元は酒屋)の様に妙法蓮寺の九星紋をマークとして拝領、盗用を防ぐため**幕府に専有を申請した商標法の起源とも言うべき事例**もあった。

また日本最初の饅頭屋「虎屋」は御饅頭所の看板を今も保存している。この他、岡崎の八丁味噌、剣菱、白雪等の酒蔵、住友(泉屋の井をマークとして使用)といった例が見られる。中世末期になると求人広告を中心に就職斡旋を生業とする**日本最古の広告業「口入れ屋」の発生**を見る。戦国時代にはポスター(高札、貼紙)を使った仕官の呼びかけによって一大企業に成長した。この現象は日本だけでなく、求人、不動産、金融を専業とする**イギリスの「商業全般登録所」**フランスの**「広告局」**にも見られる。

4. 近世の広告

①家内制手工業から問屋制家内工業へ

　　江戸時代になると、商品の生産は家族を中心とした職人による**家内制手工業**から原材料の
提供と注文を問屋に依存する**問屋制家内工業**へと移行、流通は全国規模に拡大し、**工場
制機械工業**(マニュファクチュア)が出現する明治時代まで、生産流通の主体として、商業資
本家を生み出す背景となった。

余談ではあるが

　　問屋の発生〜興隆〜衰退までを検証してみると当初は資本を元手に複数の生産者に
資金と資材を斡旋し、まとまった需要に対応したが、競合の発生により、次第に品質の確保と
安定供給を維持するため、多数の生産業者を抱える専門商社へと進化した。**これは生産地
や生産業者の特性を把握し、納入先の要望に適材適所で答えると共に、資材や技術に
関する情報を収集し、品質の向上、生産の効率化に寄与する職種ということである。**昨
今、流通コストの削減を謳い文句に、「生産者直売」が人気を集め、卸業が蔑ろにされている
が、商品特性を知らない消費者が直接生産者から仕入れるには、リスクが大きすぎる。卸業
者が持つ豊富で、選択可能な商品情報をもとに、そのアドバイスに拠って仕入れるのが本来。
広告もまた同じ事が言える。企業が直接CM制作会社に発注してテレビやラジオのCMを創
り、デザイン会社に発注して新聞広告、印刷物を創り、イベント会社に発注して展示会をする、
といった傾向が見られるが、**広告は商品(表現)コンセプトに基づいて全てが立案され、
有効な媒体計画に拠って実行されるもの。**ましてや直接媒体に持ち込むなど言語道断。
如何に安く上がろうと、如何に自己満足しようと、広告は評価されて何ぼの世界。安物買いの銭
失いにならぬようご用心。

広告代理店や企画会社は

最も大切なコンセプトの立案と実施のために存在する。

---

②江戸時代に広告は飛躍的に発展した。

　　江戸時代の広告を見てみよう。中世末期、就職斡旋業として開業した口入れ屋は広告の
機能を有し「**ひろめ処**」と呼ばれたが、まだまだ当時の広告主は**自らお気に入りの絵師・
物書きに託し宣材を作成する**ことが多く　のれん　看板　引札(チラシ)　景物本(パンフレット)
催事　祭り(イベント)の多くが芸術家や職人、細工師によって作られていた。

広告主の業種としては

1.呉服、雑貨　2.薬　3.日用品　4.食品

と続き、当時の三大広告主は、**江戸越後屋呉服店**

名古屋松坂屋呉服店 京都大丸呉服店となっている。

三越の前身越後屋は「**現金安値掛け値無し**」の引

札を江戸十里四方に60万枚配布、CIを導入し、従来

の◇の紋章を廃止、新たに〇に井の字の中に三と書

く紋章(マーク)を制定。

〇＝天、井＝地、三＝人を表し企業理念を象徴させた。

富山の薬種商は全国に2200人の販売員を要し、富山藩の

収入の15%に当たる税を収めたと伝わる。ノベルティとして客の好みそうな浮世絵や氷見の

縫い針、九谷の徳利を提供、置き薬で全国を股にかけた。また**外食産業は江戸時代に急成**

長、江戸だけで6000軒の飲食店、3700軒の蕎麦屋が商いを営んだ。

ハ) 江戸時代の広告表現

広告表現として**初期はストレートに店の特性をアプローチ。中期以降は、付加価値**

を加味したレトリックが好まれ、当代一流の戯作者や人気絵師が筆を執った。

コピー集や広告の本、口上集も残されている。

平賀源内(風来山人・福内鬼外)　本居宣長　山東京伝　十辺舎一九　滝沢馬琴　式亭三馬

為永春水　等々忽々たる執筆陣である。

絵師では安藤広重　喜多川歌麿等々、**仙女香**という白粉は美人画によって大きな宣伝効果

を上げた。当時の川柳に「**何にでもよく面を出す仙女香**」とある。

【作家】

平賀源内　エレキテルの製造で有名「神霊矢口渡」など滑稽文学の開拓者「放屁論」など

風刺俳諧で知られる作家で、歯磨き粉「漱石香」の引札で有名だが、誤って人を殺し獄中で

病死。**コピーライター、CMソングの元祖とも謂われる。**

「土用丑の日にうなぎを食べると夏負けしない」

本居宣長　医師　国学者「良薬は口に苦し」の時代に、**甘い薬を考案**

山東京伝　洒落本の第一人者「**江戸生艶気樺焼**」
（えどうまれうわきのかばやき）

吉原のガイドブック「**通言総籬**」（つうげんそうまがき）　蕎麦屋の引札　「**蕎麦づくし**」で知られる。

44

蕎麦屋の看板は置行灯と掛行灯、二八蕎麦、御膳手打などと書かれ、板看板には書家による揮毫が多く、絵馬の形にしたものも見受けられる。屋台には風鈴が掛けてあり、粋な歌の短冊を吊した。

風鈴の 舌打ち せはし 夜鷹そば

蕎麦屋の屋号に「**庵**」が多いのは
浅草浅草寺末寺の**祢往院道光庵**に由来
する。
信州出身の庵主の振る舞いそばが旨すぎて、
寺か蕎麦屋か分からない程であった故、
「**不許蕎麦入境内**」の石碑が建てられた。

十辺舎一九　滑稽本作家「東海道中膝栗毛」 **各地の名物や旅籠を小説中で紹介。**
　　　　　　越後の笹飴、「ぬれ手で粟飴」　絵付きロゴタイプ入り

滝沢馬琴　戯作者「南総里見八犬伝」 **自書の巻末に自営の薬屋の宣伝**、化粧品の景物本
　　　　※初めて定めの原稿料を取ったことで知られる

式亭三馬　「浮世風呂」の作者 綿温石奇効報条(わたおんじゃく=
　　　　　　懐炉) 景物本

為永春水　江戸人情本「春色梅暦」　かなり淫靡。
　　　　　　歌舞伎の名台詞のパロディ

【浮世絵師】

安藤広重　「東海道五十三次」に仙女香のポスターが掛かった
　　　　　　風景を制作

またこの時代は売り声が一世を風靡し、街の何処其処で風情のある売り声が溢れた。

苗屋 甘酒 金魚売り 飴屋 笠竹 豆売り 花売り 豆売りは女性だけ。花売りはハサミの効果音付き。

虫売り 風鈴売り 初午の太鼓売りは無言。

人の集まる所、浴場や床屋には**絵ビラ**と呼ばれた**ポスター**(辻番付)が貼られ、特に歌舞伎、芝居の口コミに供された。

歌舞伎の舞台では劇中CM(今で言う生コマーシャル)もあった。

※外郎売に扮した役者、二代目市川團十郎が劇中で小田原の妙薬透沈香(痰切り薬)の長口上は有名。

歌舞伎役者はタレントとしても重宝され、各所で広告の口上を述べ話題づくりに一役買った。

看板を見ると、**当時の識字率**(初期で5%末期で20%)を反映してか駄洒落や謎解きの絵看板が多い。焼き芋屋は「**百十三里**」桃(百)栗(九里)四里旨い　酒屋は杉の小枝を縄で巻いた「**矢筈**」人を射る矢。表具屋は座りが良い「**だるま**」饅頭屋はあらうましと「**跳ね馬**」 湯屋は弓射れで「**弓と矢**」 越後屋(三井)呉服店は**市場調査**(マーケティング・リサーチ)までしていたという資料もあり、将に江戸時代は日本的広告文化の最盛期と云える。

吉原のプロモーション

江戸広告の集大成が**吉原遊郭に於ける、現代顔負けの広告プロモーション。**
まず見世の顔みせ。芸妓、新造が三弦の演奏バックに敷居際で声をかける(ウィンドウディスプレイ)。印刷メディアとして人気のある**太夫の浮世絵**(ポスター・チラシ)。さらにガイドブック「**通言総籬**」を配布。CMとして歌舞伎の舞台で長口上。イベントとして花見、月見等、年中行事で集客、花魁道中などデモンストレーションのパレードもあった。
ついでにいうと吉原の繁盛娼家ののれんを切り取る「**のれん切り**」が流行。商家で、のれんは信用の象徴として大事にされ、「**のれんを汚す**」「**のれん分け**」といった言葉も生まれた。
「**のれん切り**」の信仰は今の受験生に受け継がれているらしい。

5. 近代の広告

①マスコミの登場

　日本の広告は1857年、ハリスとの間に「日米修好通商条約」が締結され、開国と同時に一気に西洋の文化が流入したことにより一変した。幕藩体制の崩壊、日本中が混乱する中で、時代の担い手となった商人は、外国からの侵略に怯えながらも、強かに新しい事業を模索実行に移した。

　文明開化と呼ばれる価値観の変貌は政治も経済も教育もすべてを変えていった。廃藩置県による、藩という国境の撤廃は情報の流れを変え、商いを日本的規模に拡大しうる可能性を秘めていた。

　その最大のツールとなったのが、マスコミの登場である。

　我が国最初の新聞は1861年、イギリス人ハンサードが発刊した「ナガサキ・ショッピング・リスト＆アドバタイザー」という英字紙で1ページが広告、2・3ページが記事、4ページが出入船の案内であった。日本語の新聞は明治に先駆けて横浜で発刊された「万国新聞」。最初の広告は横浜の中川屋喜兵衛の掲出したパン屋の広告。当初広告は無料だったが明治3年には行数に応じて料金が設定された。面白いのは貸本屋ならぬ貸新聞屋の出現。可愛い女の子を店先に置いて、「新聞読みながらお茶しましょ？」と呼びかける、文明開化ならではの新聞茶屋がそれである。

　英字新聞に使われたAdvertisingという言葉が広告と翻訳された。

　瓦版や引札という狭いエリアでのメディアしか知らなかった日本人にとって、世間に広く告知する事が即ち販売の最大のツールと考えられた。

　求人の「口入れ屋」、薬種広告の「ひろめ所」、街頭宣伝の「ひろめ屋」(チンドン屋・東西屋)に加えて新聞社の委託を受けた広告取次業が発生、今の広告代理店である。

　広告という新語は韓国、中国にも輸出された。

　当時の新聞広告は新聞条例以外に規制はなく、誇大広告や虚偽広告も多かったが、情報に飢えていた当時にあっては、一気に情報産業のトップに躍り出た。

②新聞広告の隆盛

明治初期の広告発展の立役者は製薬「宝丹」の守田治兵衛とコピーライターの先駆者、岸田吟香

守田は家伝の奇薬「宝丹」を東京大学の検査をパスした特効薬として新聞に広告を掲載。東大の信用をバックボーンにヒット商品に仕立てた。岸田は自らも事業家として「レモン水」などアイデア商品を発売する傍ら各地で設立された新聞社と関係を持ち、文案家として広告主からの依頼に悉く応えたと言われる。

※当時の広告文

檸檬水は清涼甘美にして、渇を止め暑を消し、夏の炎に当りては、一日も欠くべからざるの飲料なり、若し是を氷水に点じて一喫すれば、如何なる山海の珍味も及ぶべき物なきが如し、(中略) 然るに近ごろ市中に売る所の物を見るに其実は非なり、只その非なるのみならず甚だしきに至ては人身に害ある物も亦往々見及べり(硫酸を用いたる物あり)、誠に恐るべきの事ならずや。

岸田吟香　明治9年6月6日東京日日新聞

新聞広告の普及に貢献したもうひとりの人物は福沢諭吉。

福沢と言えば、かの一万円札の御仁。当初拾万円札が聖徳太子、五万円札が野口英世と予定されていたが発行に至らず福沢の壱万円札が最高額紙幣となった。福沢は緒方洪庵の適塾で学び、咸臨丸に乗り込みアメリカに渡った活動家。維新後も政権に媚びず、野に在って自由主義、民主主義を唱え慶應義塾を創設した。自由主義を紹介する中で「**自由在不自由中**」と手前勝手を戒めたことはよく知られている。地方分権を主張し、これを成立させた西郷隆盛を敬慕、**死後になって発刊された「丁丑公論」では、掌を返す様に西郷を西南戦争に追い込んだ時の政府を痛烈に批判した。**明治16年に「**時事新報**」を創刊。

「一身一家の独立あり、之を拡て一国の独立に及ぼさん」の精神で相手を問わず友として助け、相手を問わず敵として退けた。

因みに「**天は人の上に人を造らず、人の下に人を造らずと言えり**」は福沢諭吉の言葉で**はない**。最後に「と言えり」とあるように引用(多分、アメリカの独立宣言の一節)である。福沢が自ら時事新報に掲載した「**商人に告ぐる文**」は、大反響を呼び商業広告の切り札として新聞広告を定着させるに至った。

「商人は人に知らるること甚だ大切なりと申すべし」で始まるこの文章は、看板、装飾、陳列、商標(ブランド)、ポスター、チラシの要を述べ、その上で新聞の効用を説く。

特に膨大な枚数を刷り配布する**引札(チラシ)**との比較に於いては費用と手間の面から「新聞広告に及ばざること甚だ遥かなり」とある。

また**有料であることの利点**も取り上げ「新聞紙は自分の銭を持ち出して買いたるものゆえ、社説なり雑報なり又広告なり、読まざるは損と心得て、多忙の中にも一読するもの」と記す。

繰り返しの効果に対しては「広告に最上の日は一年三百六十日なり」。

コピーライターの心得としては「広告引札の文は必ず有名なる筆者に依頼せざれば叶わぬ事と信ずる者多し。大なる間違いなり。世の中に手紙の書けぬ商人あるべからず。**広告文は達意を主とす。余計なる長口上は甚だ無用なり**」。さらに、気持ちが伝われば悪文も却って衆客の愛顧を引き寄せる。ただ出来上がったら「**今一度熟考して無用の字句を削るべし**」一行でも少なければ広告代が安く済む。

西洋では商売の秘訣は広告に有りというに、日本ではまだその効を知る人は少ない、今がチャンス。と述べている。

この作法は今も通じる。

明治の前半は新聞広告の成長期、殖産興業を合言葉に軍需産業が立ち上がり、財閥がその地位を固めると、日本の資本主義経済は、ようやくその体制を整え始めた。産業の目覚しい発展は広告の需要をも拡大させ、広告も大型化、看板も広告塔や夜光看板(イルミネーション看板)など新しい形を取り入れ繁華街を飾った。宣伝隊という自転車隊や幟隊、更には楽隊と伴に高下駄、赤洋服、赤帽子の隊も組織され、繁華街を練り歩いた。

③ コピーライティングの過激化

● 競合が激化すると広告文(コピー)もセンセーショナルになる

丸善が「大英百科全書」の予約受付のため全頁見開きの大型広告を掲載、砂時計のイラストに「**砂は全く落ちきらんとす、諸君はこの機会を空しうせんとするや**」と緊迫感をコピーにすると、他の出版社も「**諸君に警告す**」「**明日、明後日、最終日**」「**電報を以てすれば未だ遅からず**」と対抗した。

● 目立つ広告が求められ、キャッチフレーズに関心が集まる

高橋盛大堂は洋犬に薬「情快丸」を絡ませ「**各人常備の良剤**」。小西久兵衛商店は大相撲の絵に「**滋養大関**」「**人体之肥料、効牛乳之数倍**」。化粧品のレートは宮内庁をバックに「**国産品愛用、皇后宮職御用**」。クラブは「**白粉の決勝戦、クラブ全勝**」。大学白粉は「**化粧は最善の栄養なり**」「**美を知るものは美し**」と広告合戦を展開した。

このコピーは今も使える。

福沢の指摘とは裏腹に、江戸時代のように文豪による広告文も増え、尾崎紅葉、森鴎外、夏目漱石らも書いている。

文豪の広告文

小間物開業ご披露として、花の色移ろう小町紅は、姉さん方の薄化粧よろしく、紅梅餅に彩る細工紅は、お坊ちゃん方のお目覚にかなう。良品はただこの店に限るとて、年来の御ひいきをうけ、卸小売の繁盛は名に高砂の鶴とむれ居る亀井町にて、福島屋のあるじ、こたび小町紅ちょう名より思いつき、肌も衣通りとなる白粉より、黒髪の艶ます伽羅の油、其他珠玉の根掛はあれど掛値なく、頭かけ元結の細き利にて売り込む。種々の金銀簪は、風流新形を旨とし、蝶々髷に似合う花かんざしの華美あれば、鍋町形には人柄よき鼈甲の中差に至るまで、すべて安値にて商いますれば、開業当日より、斑紋櫛の歯のひきもきらず、おれもこうがいい々々と、遠近よりのお運びを願うになん

尾崎紅葉　明治18年開業引札。

④ 社会情勢の大変革

殖産興業を推進する産業革命によって、問屋性家内工業は工場制機械工業(マニュファクチャー)に吸収され、官営模範工場から民間へと拡大した。 「女工哀史」の始まり。

【衣料】

動きやすさから洋装が軍服として採用され、洋服の上に陣羽織を着て帯を巻き、刀を差すというお馴染みの官軍の服装となった。欧米列強とのつきあいが始まると、廃刀、斬髪、洋式礼服が男子の正装となり、ザンギリ頭にシビル(背広)が文明開化のスタイルと言われた。

「ザンギリ頭を叩いてみれば、文明開化の音がする」

女性の洋装は、ずっと遅れて鹿鳴館に始まるが、**貴婦人にもコルセットが不評で姿を消し、赤十字の看護婦のみ**となった。女学生の着物に袴、靴履きという(海老茶式部)という不思議なスタイルが定着したのもこの頃である。今も女学生の卒業衣装に受け継がれている。また女性の斬髪も流行し、驚いた政府は**「女性断髪禁止令」**を出し、**罰金を課して**取締まった。いつの時代も男は勝手なものである。

女大学

※貝原益軒の**「女大学」**がまだまだ生きている。

女は別に主君なし、夫を主人と思い、敬い謹みてつかうべし。軽んじ侮るべからず

総じて女の道は人に従うにあり。夫もし腹だち怒るときは、恐れてしたがうべし。

明治以前からメリヤス(語源はスペイン語のMedias)は日本でも裕福な家庭で重宝されていたが、国策としてのメリヤス機械の輸入によって大規模化。莫大小とは伸縮自在の意。
莫大小の下着、ズロースはズローワルツ(Drawers)が語源。
衣料を販売する呉服屋は江戸時代から三大広告主といわれ富を蓄えていたが、社会環境の一変により量販化、多角化を進めていく。

明治元年、白木屋が景品付き売出しを広告、各店で定番化した。

「大売出し」の初見である。

越後屋は呉服以外に外国貿易の三井物産、三池炭鉱、三井銀行と事業を多角化。
明治5年、<u>呉服部門を三井から分離するに及んで三井のマークを消し、新たに丸に越の字をトレードマークに制定、明治37年には欧米に倣いデパートメントストア(百貨店)へと変貌する。</u>

新聞、駅張りの広告で「三越呉服店、明日の広告場所」
という広告の予告を行い、広告の本義である「振り返らせる仕掛け」を取り入れた。

「今日は帝劇、明日は三越」
というコピーは一世を風靡した。

【雑貨】

シャボン玉に使われていた**石けん**。ポルトガル語のシャボンが化粧品と伴に一般化したのは、明治中期以降。岸田吟香がまた、その一翼を担っている。企業化された花王石鹸は日露戦争当時、モデルに**当時の名妓**、「万竜」をポスターに起用し石けんを庶民の間に普及させた。

【写真】

新聞広告を見ると、明治という時代が如何に大きく社会を様変わりさせたかがよく分かる写真技術は幕末、すでに日本に紹介され**徳川慶喜らが被写体**になっているが、慶應年間、横浜に下岡蓮丈が写真館を開いた頃は、まだ魔者扱い。命が吸い取られるとか三人で撮ると真中の人が死ぬ、とかの迷信が蔓延った。明治12年、その弟子、鈴木真一がアメリカから帰国、最新の技術で、皇太后　皇后　皇太子殿下の撮影を命じられるに及び普及した。写真だけを交換して婚姻する**写真結婚**も流行したが、<mark>海外の日本人との間で悲劇に至るケースが多く大正9年に外務省令で禁止に至った。</mark>

【医学】

医学では杉田玄白の「解体新書」以来、蘭学に代わってドイツ医学が中心となり、維新後はドイツに学ぶ留学生も多く、カルテにもドイツ語が使われた。**人体解剖も行われ、宣教師ヘボンの外科手術によって命をとりとめたことを描いた歌舞伎役者の錦絵によってヘボンの下に患者が殺到することとなった。**記者として手術に立ち会った岸田吟香は、ちゃっかりヘボン処方の眼薬を発売し、自らペンを執って新聞紙面でPRに努めている。

【郵便】

郵便は前島密の提言により通信網の整備に着手、前島は明治3年駅逓権正に任ぜられ**「日本政府が飛脚のような事ができるか」**という反対の声を押し切って、外国の郵便制度を視察。**郵便切手と書状集め箱(ポスト)**がお目見えした。

面白いエピソードがある。

切手の代わりに1銭硬貨を貼り付けたり、宛先を「東京にて、おば様」とだけ書いたり、ポストに至っては、東京見物に来た男が、立ち小便の防止に設置されていた「公衆便所」の便と「郵便」の便が同じなのを一人合点し、ポストで小用を済ませ、「ちょっと日本人には高すぎる」と言ったとか、オチがついた笑い話も残されている。明治8年、為替と郵便貯金、明治39年には年賀郵便も売り出された。

【飲食】

明治当初から清涼飲料として貴重な**ラムネ**、**サイダー**、大衆化を指向した**檸檬水**。明治2年には横浜に**高級なアイスクリーム屋が**出現。人気を集めたが、明治26年コレラの流行で衛生思想が普及、製氷会社が次々と生まれ、氷菓子は一斉に値下げ、大衆の味となった。またペリーと伴に西洋料理も入ってきたが、四つ足を一般的に食用としない日本人には悪食の類であった。**ももんじ屋**と称された江戸時代の肉食屋ですら猪、鹿、狐、狸、兎は売るが、家畜の牛や鶏は扱わなかった中で、**牛鍋屋は新し物好きの限られた人たちの食事**でしかなかった。

明治2年文明開化の流れに乗って「御養生牛肉」と記した牛肉屋が繁盛。**明治5年正月に明治天皇が食され、一般に流布されると、牛肉を食べることが文明開化のシンボル**となり、食べないものは文明人ではない、とまで言われるに至った。

同時期に西洋料理店も誕生し、神田の三河屋、横浜の崎陽亭、築地の日新亭、茅場町の海洋亭、銀座の精養軒が開店している。メニューとしてはパンにスープ、オムレット、ビフパン(ステーキ)が見られる。かの**五代友厚**が支援して大阪中之島に日本人初の西洋料理店「自由亭」を開業したのもこの頃、自由亭の高級料理カレーのレシピが現存している。ビールは享保年間、既に「和蘭問答」で紹介されているが、不味いと記した後、飲み方について「コップ三人一所に寄せ、チンチンならし合わせ候」とある。

明治9年、開拓使 村橋久成(薩摩藩英国留学生)が北海道で低温発酵麦酒の醸造を開始、これを軌道に乗せたが、明治19年渋沢栄一ら民間に委託、村橋はこれを不服として退官、流浪〜野たれ死に至る。21年にはその跡を受けた**札幌麦酒**を皮切りに**麒麟、朝日、東京、兜、恵比寿**など麦酒会社が誕生。25年には横山助次郎が「日の出ビール」を上海に輸出、32年には恵比寿ビヤホールができ大衆の酒となった。

【交通】

明治5年新橋―横浜間に陸蒸気が走り、大阪―神戸、大阪―京都、札幌―手宮(小樽)にも政府の資金で鉄道が敷設された。明治13年、**株を募集しその資金による民間の鉄道会社設立を画策**、安場保和らは岩倉具視を発起人に担ぎ出し資金を調達、会社名を「**日本鉄道**」とした。

明治17年には上野―高崎、品川―赤羽(山手線)、明治22年には**東海道全線**、明治24年には当初の目的であった上野―青森間も開通、その後も全国各所に鉄道を敷いたが、明治**39年鉄道国有法によって「国有鉄道」**となった。

関所の廃止、鉄道の敷設が旅に大きな変化をもたらせた。

明治11年に箱根富士屋ホテルが外人を対象とした洋式の設備でオープン。金が掛かり過ぎて、庶民には夢のまた夢。ところが民間鉄道が開設されると避暑地へ臨時列車を走らせたり、駅弁も登場、寝台車や食堂車も連結しボーイを乗務させるなどサービスに努め、海水浴や旅行が、庶民の手の届く娯楽となった。

海運では

明治2年、**日本初の洋式灯明台**(灯台)が三浦半島観音崎にアメリカとの条約の規定に沿って設置された。明治3年、オート兄弟が新造蒸気船で東京—横浜、東京—大阪間の航路を開設したのに対抗して、藩の船を借用して海運業を始めた土佐の岩崎弥太郎が活躍、**三菱商会を設立し競合会社と東京—四日市間で速さを競ったがやがて合併、「日本郵船」**となり世界へと躍進する。

乗合馬車は

明治2年、横浜の繁栄に合わせて、東京—横浜間での営業を開始、**英国人経営であったため「異人馬車」**と呼ばれた。同じ頃「成駒屋」という日本人も参入し、二頭だて6人乗で東京—横浜間を4時間で走ったが、その繁栄も汽車の開通と伴に衰退、区間を変更し営業を続け、明治15年**「東京馬車鉄道」**として新橋、日本橋を結ぶ馬車鉄道を敷設、浅草まで線路を伸ばし路面電車や乗り合いバスの原型となった。

人力車は

明治3年、東京府の認可を受けて開業、手軽な移動手段として重宝され、注文に応じきれぬほど繁盛した。驚いた事に「新発明里数計付人力車」というメーター付き明朗会計の人力車まであったらしい。

電車は

明治23年、上野公園で開催された「第3回内国勧業博覧会」で初めて紹介された。電気で車が走るということで、好奇心で乗車するものの、感電しないかとおっかな吃驚、架線が火花を出す度に悲鳴をあげたと当時の新聞は伝える。実用化したのは**明治28年、京都電気鉄道**が七条と第4回の勧業博の会場を結んで営業を開始、面白いのは、電車の運転台に常時一人の少年が乗り、停留所前で飛び降り「電車が来ますよー」と叫び、夜間は提灯を持ち電車の前を走ったという。東京は8年遅れて、東京鉄道馬車会社を母体に馬車を電気に変え、数寄屋橋から神田まで運行。**「東京市街鉄道」**と改称した。

⑤ 面白すぎる広告活動

●石油ランプ〜ガス燈へ、ガス燈〜電灯へ

めまぐるしい変化の中で、ガスと電気は熾烈な広告合戦を展開した。

ガス会社の設立は明治3年末、明治5年には横浜馬車道にガス灯が灯され、明治7年には明治天皇の臨幸を仰いでいる。この頃には東京でもガス会社が設立され東京日日新聞は「一望数千基の燭光、陸離と輝き、忽不夜城となる、既是文明の輝なり」と紹介している。

明治10年にはイルミネーションを使ったネオン広告も街灯として華々しくお目見えした。

一方、電灯が最初に灯されたのは明治15年、**東京電燈会社が銀座で二千燭光のアーク灯のデモを行い電気の特性をアピール**、見物人でごった返した。

東京日日新聞は「瓦斯燈と同費用まで至らしむるることを得ば、忽ち瓦斯燈に代わり東京中も亦真に不夜城の観を呈するべし」と報じている。

明治20年には一般への供給を開始、3年後には浅草の12階のビルにエレベーター用電源を供給している。

明治24年、国会議事堂が漏電により焼失、石油ガスの巻き返しが図られ、**電気会社は比較広告で応戦、敗れたガス燈は灯から燃料需要へ**と追いやられた。

電柱設置に伴い**電柱広告も警視庁から認可**された。

●煙草の三兵衛。岩谷松平、千葉松兵衛、村井吉兵衛

紙巻機械を売り出した牡丹煙草の千葉、銀座に天狗煙草の巨大看板を掲げた岩谷、アメリカ風を気取ったサンライズの村井、特に目立ったのは愛国派の岩谷と進歩派の村井の戦い。愛国派は巨漢の岩谷が赤ずくめの衣装を着て馬車を仕立て、「**勿驚煙草税金たったの三百万圓**」とか「**慈善職エニ十万人**」といった奇抜なキャッチフレーズで街宣。「ペルー天狗」「日英同盟天狗」日清戦争勝利の「恩賜天狗」等、**時代を反映したネーミング**で攻めると、アメリカ帰りの村井は香料入りの「サンライズ」「ヒーロー」で応戦。京都から東京に進出した村井は、**音楽隊を先頭に数十台の馬車でパレード**、岩谷の地盤東京で広告合戦を展開した。

●新聞広告を使い大量販売による安売りを実現

天狗書林兎屋誠と自称した**望月誠**は文明開化、自由民権運動の時流に乗り、大衆文学や

実用書等様々な書籍を執筆、編集かつ販売をした。

「亭主の心得」「女房の心得」「男女淫欲論」「男女交合論」の様な愚書、悪書もあったが、その販売戦略は画期的で、**本の種類によって出版社を使い分けたり、割引価格で書籍の予約を受付たり、破格の景品を付けたり、切手(兎屋だけで使える図書券)を発売**したが、最後は「廃業につき」と称して「書籍交換便利売り」。詐欺の様な在庫の整理をした。**その手口は稀代の詐欺師とも謂われている。**

6.大正時代の広告

日清、日露、第1次大戦の勝利を経て日本経済が好況に転じた。大正時代は印刷技術の発達により、**広告に芸術性が加わった。**

①デザイナー・コピーライターの活躍

新聞、雑誌、ポスターといったメディアを使い、商業美術家(デザイナー)、広告文案家(コピーライター)が活躍を始め、繰り返し同じ広告を展開する反復広告が効果を上げた。

カルピスの広告文案

「カルピスを友は作りぬ 蓬莱の薬というもこれにしかじな」

「カルピスは奇しき力を人に置く 新しき世の健康のため」

作家は新しい女性、与謝野晶子である。

その後「初恋の味カルピス」というお馴染みキャッチフレーズが定着。図案はオットー・デュンケル画伯の絵を採用した。

ポスターも盛んでカブトビールが売れっ子芸者「万竜」

キリンビールは新橋の芸妓「まり千代」

サッポロビールは「三人の芸者」を使い美人合戦を展開した。

更に話題となったのが**赤玉ポートワインのセミヌードポスター。**

裸というだけで春画と見なされた時代、様々な論議を呼んだ。

薬の広告も凄い。

●大阪の参天堂薬房は**帝国医科大学病院処方を売り物に「大学目薬」を発売**。

東京日本橋のロート目薬は、薬学士従五位大前寛忠督製で対抗、

「善は急げ 薬は必ず思い立ちたる時買玉え」と煽っている。

東京の星製薬はユニークな広告で知られる。**「クスリはホシ」**という単純なフレーズで視覚

を重視、**「胃の平和会議」**という胃の声を聞く新聞広告を掲載、

飛行機を使ってビラを撒く宣伝も実施した。

荒川合名会社の**「頭痛にノーシン」**もこの頃に始まり、津村順天堂の女性薬中将湯は

「夫婦喧嘩」という漫画の広告や小説の連載等、新聞の媒体特性をあらゆる角度から

活用する斬新なアイデアを練っていた。

仁丹の森下は、**仁丹義援金によって災害救済に当たることを常とした。**

社会奉仕が大きな宣伝効果となった例である。

仁丹が新聞に掲載した**「広告革新の宣言」**は企業(意見)広告の最初の例である。

最初の意見広告

時代の要求に応ぜんとする今後の仁丹広告。今や時代は、広告を見るにも何物かを得んとする傾向あるに際し、弊舗は茲に社会の公益を念とし、奮然今後の仁丹広告には普く東西古今の格言俚諺を併掲す、云々… (続いて世界の聖人偉人の金言を紹介している)

●**石けんを見ると、**当初輸入品(リーバーブラザース・ビノリヤ)の広告が多く見受けられ、

ビノリヤの各界有名人を漫画にして効能を述べさせる推奨広告が話題となったが、

次第に新聞紙面は国産の花王とミツワの広告合戦に取って代わられた。

品質と廉価を売物とする花王は、帝国陸軍、帝国大学、赤十字病院の試験部といった**権威**
を並べて信用を高め、一方のミツワは品質純良、芳香温雅と**使い心地の良さ**で対抗した。
化粧品は女性の職場進出と伴に成長。クラブ化粧品は模範的化粧法(全国の貴婦人令嬢
ご採用)**お化粧の順序を紹介。**レートは**大正博覧会で金牌**を受領したことを大々的に報告。
クラブは**「クラブの信用凡ての金牌を超越す」**と強気で応戦、御園白粉は**鉛毒の害を力説**
して医学的観点から自社白粉を宣伝した。またレートが映画、演劇とタイアップしサンプリングや人気女優を使った広告を展開したことは特筆される。

三越は大正3年、新館完成を機に帝劇を利用して

「今日は帝劇　明日は三越」のキャッチフレーズ。時代の画家、**竹久夢二を使って**中流階級のご婦人方の圧倒的支持を受けた。

帝劇も「**帝劇を見ずして芝居を談じる勿れ　三越を訪わずして流行を語る勿れ**」と三越に同調した。

●好景気を反映して日用品の広告も増大、昭和の初めにかけて**専門の広告クリエーターが登場**。絵ビラはポスターと名を変え、画工、図案家は、**商業美術家**と呼ばれた。大正14年には、商業美術家が集まり日本最初のデザイナー団体「**七人社**」が結成され、翌年**商業美術協会**が誕生した。当時最も話題となったクリエーターが片岡敏郎。大正から昭和にかけて愛煙家の歯磨き「スモカ」を担当、**広告の掲載料と同額という膨大な原稿料**を請求したことで知られ、壽屋(サントリー)の創業者鳥井信次郎には、「うまくないものを広告すれば、**商品の寿命を縮める**」と進言し、鳥井の絶大な信頼を得たともいう。同時代に世界で活躍したコピーライター、**デビッド・オグルビーの「他人は騙せるが、自分は騙せない」**と同じ響きを感じる。オグルビーは「**家族に読ませたくない広告は作るな**」とも言った。

また小児用歯磨きや鬼足袋、福助足袋もこの時代の新聞広告に登場している。

②雑誌の発刊

大正時代の出来事は、雑誌が相次いで発刊された事である。

「**婦人公論**」「**主婦の友**」は婦人解放運動を背景に家庭哀話、結婚前の男女といった特集を組んだ。大日本雄弁会講談社は「**少年倶楽部**」「**面白倶楽部**」「**現代**」「**婦人倶楽部**」「**少女倶楽部**」を次々に発刊。社運をかけての「**キング**」発刊に際しては、**当時のあらゆる広告手法を総動員し、一大プロモーションを展開した。**

キングの一大プロモーション

新聞の大型広告、反復広告は言うに及ばず チラシ パンフレット ポスター 立看板 幟を携えての販売店訪問 DMによる協力要請。ポスターは風呂屋、床屋にまで要請。発売日には5000本以上の電報を打ち、チンドン屋を使って街頭宣伝。仮装行列を仕立てての書店員のビラ配りまで徹底。北海道では書店が花火を打ち上げ仮装行列でビラを配り大成果を上げた。

7. 昭和時代前期の広告

　　昭和４年に始まった**世界大恐慌**。日本でも生糸の暴落等によって大不況に陥り、特に農村で米価が暴落、「**豊作飢饉**」と言われた。窮乏した農村では、娘の身売りが急増、周旋屋が女子部という看板を掲げ、女子の職業斡旋を行ったが、悪徳周旋屋が蔓延り、騙して花柳界に売りとばす者もいた。

① 世相とは裏腹に活況を呈する広告業界

　　「東京行進曲」「君恋し」など歌謡曲が大流行、コロンビアが大ネオン塔を建て、ビクターは犬のマークの大宣伝で対抗した。**広告気球(アドバルーン)が出現**したのもこの頃。
　　見切品、棚ざらえなど廉売が日常化する中で、**広告は大型化**し、昭和７年には高島屋が全4頁の歳末大売り出し新聞広告を掲出。岡本一平の商品漫画が切掛けとなり**漫画広告が大ブーム**となった。福助足袋の「生い立ち見分」　味の素の「用意してゆく味の素」といった「川柳と漫画と味の素・朝日広告漫画」　壽屋(サントリー)は片岡の助言で広告に力を入れ、味の素、仁丹も積極的に出稿。**森永と明治が広告合戦を展開**するなど広告は有効なコミュニケーション手段として認知され始めた。
　　化粧品はその中で女優合戦を展開。資生堂は原節子　アスターは田中絹代　クラブは入江たか子　レートは松井千枝子　ラブミーは夏川静江　ウテナは水谷八重子　ユゼ洗粉は水戸光子　等々、広告業界は活況を呈した。
　　また、工業革命を反映して、フォードやシボレー、シトロエンといった自動車が輸入され広告に登場。昭和10年には、国産初の「**ダットサン**」も紹介されている。
　　変わった処では、**金融恐慌による前代未聞の銀行の休業広告**(十五、近江、鴻池)と、戦前の2大政党、**憲政会と政友会の比較広告**が挙げられる。

② 昭和の新聞広告は円本(1冊1円の本)合戦で始まる

　　不景気打開を図って、出版社もあれこれ策を練る。まず改造社が「日本文学全集」の円本を発売。**「善い本を安く読ませる」**の標語で全頁の新聞広告。次いで新潮社が「世界文学全集」全38巻を全2頁で対抗。**朝日新聞社の全面協力で58万部という空前の販売を記録**、朝日新聞社はこれを受けて自社の「広告展覧会」で、この新聞広告を58万部の応募はがきと共に展示。**「大広告の威力」**をアピールした。

その後、各出版社も円本を続出。全集物の出版は400種にも及び、漱石(岩波)、蘆花(新潮)、菊池寛(平凡)、子規(改造)といった個人の全集まで円本となった。

その中で、岩波文庫だけは別の道を模索、ドイツのレクラム文庫に倣った小型の文庫本を発売、岩波文庫の始まりである。東京朝日新聞「読書子に寄す」という半頁広告を掲載。円本ブームに反旗を翻した。「真理は万人によって求められることを自ら欲し、芸術は万人によって愛されることを自ら欲す……云々」

また読者が減少した雑誌もサービスでこれに対抗。婦人誌が裁縫、編み物、料理のテキストから型紙、冠婚葬祭の手引きといった「付録」をつけ始めたのもこの頃。少年雑誌の付録、紙模型等も然りである。

③ 広告代理業の進出が広告の普及に寄与

新聞の公共性が認知され始めると、企業は社会への関与を広く知らせることが有益だと考え始め、新聞広告を媒体として企業広告を重視。広告の制作、媒体の選別、掲載を専門会社に依頼する事も増えた。

カルピスの「世界情勢とカルピス」　仁丹の「食糧問題懸賞募集」

森永の「母を讃える会」　ライオン歯磨きの「口腔衛生運動」

広告代理業も、これに応えて講演や展示を実施、社会への啓蒙に務めるとともに、虚偽広告や誇大広告を排除し広告の信頼づくりのために本腰を入れ始めた。

昭和2年には大阪に広告の研究を目的とした「木曜倶楽部」が開設され、昭和4年、東京に「日本広告倶楽部」が誕生、日本広告連盟に発展した。また池上市蔵の「正路喜社」は文化講演会や広告祭を実施、高木貞衛の「萬年社」は広告論文を掲載した「広告論叢」「広告年鑑」を発刊。早稲田大学を中心とした大学の広告研究会でも、広告論叢に掲載された上野陽一の「統計的広告研究」がテキストとして多く利用され、よく言う「AIDMAの法則」等、応用心理学をベースとした現代広告論が生まれた。

当時の広告業界には昭和3年、電通に吉田英雄が入社。外交の歩合制で月1000円の給与(大卒初任給が50円の時代だから、毎月高級車が買える額)を稼ぎ、家族を仰天させたという。

電通鬼十訓で知られる吉田は、東急の五島慶太の信頼を集め、社長にまで上り詰めた。同様に明通の創設者、宮沢芳洞は親しいクライアントを集め東京湾の舟遊びで豪遊。担当した日魯漁業に対しては、社員以上に日魯の商品を愛し、仕事を離れても後々まで親しく付き合い、トップの相談相手であったとか。

④ 戦時体制による広告の疲弊

業態として社会に認知され、誰しもがこれからの発展に期待した矢先、昭和12年、日華事変を境に広告は衰退を余儀なくされる。**戦争による広告の統制**である。新聞は紙面が縮小され、広告の出稿も激減。昭和13年には、全頁広告廃止、広告も国策に沿ったものしか掲載出来なくなった。戦争を謳歌遂行するためのスローガンの広告が強要され、各家庭には「**国民精神総動員、霊忠報国**」などと書かれたビラが配布され、キングレコードは「出征兵士を送る歌」を作成、**街角には軍国歌謡や愛国行進曲が流れた。**

当時の広告コピー

- ・挙って家庭報国 まず台所の無駄を省きませう。 武運長久 味覚報国 味の素
- ・まごころを戦線へ 慰問袋に 森永キャラメル
- ・強壮飲料 カルピス この美味しさ いま大陸を風靡中　 カルピス
- ・貯蓄を忘れば戦力にぶる　壽屋
- ・節米にこぞって協力　松阪屋

その中で、**与謝野晶子、柳原白蓮**といった歌人は戦時色を感じさせない詩をレートクリームの広告コピーとして掲出している。

　　　てのひらへ天の銀河の雫ほど 涼しくおつるおしろいの水　　　晶子
　　　なつかしやそのころつけしおしろいの うつりかぞする蒔絵の手箱　　　白蓮

<u>また、藤田嗣二の美人画に「今日の女は、明日の女 明朗、快活 蒼空を行く無敵荒鷲の如くあれ」というコピーをつけるなど、狂っているとしか思えない広告も出現した。</u>
更に、愛国婦人会に至っては、兵士家族を守るという趣旨は立派だが、銃後を護る、婦人報国を合言葉に「**ぜいたくは敵、しゃれっ気、むだっ気、欲っけは一本も残すな**」と髪型、服装、化粧、恋愛や歓談にまで口を挟み、商品広告は最早無用のものとなった。
<u>昭和17年には広告税が施行され、広告代理店を通して10%の税を払い広告に時局スローガンを入れ戦争遂行に協力するという献納広告</u>が溢れ、案内広告は売り物件や買取の案内が目立つようになった。戦争末期には東京芝浦電気が「節電へもう一歩だ！」「光を洩らすな！ 空襲に予告なし」と広告。**電燈会社が電気を使うなと呼びかけたのである。**

撃ちてし止まん 一億の正しき憤りを一億の利剣となして 敵のかうべを微塵に砕かん　**ロート製薬**

(空襲の備え) 水、砂、火叩き、梯子　　**メンソレータム**

空襲下 息切れ眩暈を防ぎ 頭を体の疲労恢復 其田応急手当に救護必備薬　**仁丹**

貯えは武器だ。老後の光明 郵便貯金 年金は銃後の護り　**子の護り**

8年に亘る戦争で、国策をアピールするために新聞は辛うじて残されたが、雑誌は絶滅、広告に対する信頼は地に落ち、広告研究は停止。昭和以前の振り出しに戻り、復興は戦争の終結を待つことになる。

そんな中で**ラジオは1925年に社団法人東京放送局が放送を開始**「JOAK こちら東京放送局‥聞こえますか」が第一声。翌年、大阪、名古屋を統合して社団法人「日本放送協会」(戦後特殊法人日本放送協会・NHKと改組)となり、朝鮮や台湾、パラオや樺太にも開局。実質的には、政府機関として、情報に関する全領土のインフラ整備を行い、戦前は、音楽、演芸、スポーツ、ドラマといった娯楽を提供したが、戦争に際しては、**ナチスドイツに倣い戦争遂行のためのプロパガンダとして機能した。**

最後は玉音放送として国民全部が聞いた。**このため民放の開局は、25年後の1950年(昭和25年)まで見送られ、一部を除いてラジオは当事の広告には使用されていない。**

8. 昭和時代後期の広告

第二次世界大戦後の日本では、衣食住などあらゆる面で欠乏した日々の生活を強いられ、それまでの敵国アメリカが、あこがれの対象となり、欧米文化を象徴する商品が登場。

電化製品の他、たばこ、キャラメル、甘味料のサッカリンを使ったガムなどなど。

1950年に民放ラジオ、1953年にはテレビ放送が始まり、電気冷蔵庫、電気洗濯機、白黒テレビが「三種の神器」と呼ばれ一般庶民の憧れの的となった。

① 戦後の復興から高度経済成長へ

1955年に0.3%だったテレビの普及率は、10年後の1965年には90.0%と急上昇。1960年の池田内閣の所得倍増政策をきっかけにして、日本は高度経済成長期に入った。

1964年、東京オリンピックの開催。東海道新幹線が東京と新大阪をわずか4時間で結び、首都高速道路が開通。羽田空港と浜松町を結ぶモノレールも開通して、日本は大きな変貌を遂げた。

翌1965年は、東京オリンピック景気の反動で不況に見舞われたが、1967年には一転して「いざなぎ景気」と呼ばれる長い高度経済成長期に再突入する。

1947年の総広告費が14.6億であったのが、1950年の民放ラジオ開局、1953年のテレビ開局もあり、1970年には1740億まで増大した。

1966年には、カー　クーラー　カラーテレビが３Ｃ「新三種の神器」などといわれ、日本の国民総生産は、終戦から23年目の1968年には世界第2位にまで成長した。日本人は、いつの間にか「モーレツ社員」「エコノミック・アニマル」と呼ばれるようになっていた。

② 高度経済成長の弊害

1970年、大阪での日本万国博覧会は大成功を収めたものの、急激な経済成長のひずみが各所に出現。産業廃棄物による環境破壊や公害問題、食品公害などが問題にされた。

消費者元年ともいわれた1970年、このような公害問題に加え、欠陥商品、誇大広告、二重価格などに人々の関心が集まり、コンシューマリズムの高まりを見せた。

働き尽くめの生活に疑問が投げかけられ、人間らしさへの回帰を求める風潮が表われてきた時代でもあった。戦無派ジェネレーション、ベビーブーム世代が一気に社会の担い手として登場したのもこの頃である。

富士ゼロックスの　「モーレツからビューティフルへ」
モービル石油の　　「気楽にいこうよ、のんびり行こうよ」に共感。

終戦後の日本人の価値観を変える転機となったのが1973年。第4次中東戦争の影響による**オイルショック**は、大量消費時代の「**消費は美徳**」的な価値観を「**節約こそ美徳**」に引きもどした。石油のみならず、トイレットペーパーや洗剤も店頭から姿を消し、消費者は買いだめに狂奔。その後の生活意識に重大な影響を及ぼした。

「**節約**」や「**省エネ**」が、生活のテーマに復活。広告業界は、テレビの深夜放送の自粛、ネオンサインの消灯といった形での省エネ協力を実施せざるを得なくなった。オイルショックをきっかけに「**使い捨て**」という大量消費時代の消費態度が影をひそめ、高くてもいいものを買って長く使うという生活態度に変わったといわれる。
「**量から質へ**」「**成熟時代**」という言葉が、当時を象徴している。
1975年は、テレビ広告が新聞広告を抜き媒体費のトップに躍り出た年でもある。

③ニューメディアの登場

1980年代になるとニューメディアへの関心が高まり、**都市型CATV**の開設が進み、NHKの**衛星放送**の試験放送も始まった。

CATVには、インフォメーションとコマーシャルを合わせた**インフォマーシャル**という情報性の高い広告手法が登場し、広告主の関心を集めた。インフォマーシャルは、現在のテレビショッピング番組に引き継がれている。

1980年代は、広告作品にも注目が集まり、**広告クリエーター**が続々とマスメディアに顔出し、一躍有名人になり、コメンテーターとして文化人の仲間入りをする程となった。
そして**バブルに突入。**

1987年頃からが「**バブル景気**」といわれる時期に入る。地価が高騰し株式が人気を呼んで、日本中が財テクブームに沸いた。

9. 昭和から平成へ

元号が平成に変わっても、好況を反映して求人情報の広告が氾濫、中小企業でも海外への社員旅行が当たり前となった。また広告とは無縁だった重厚企業がマスコミ媒体を使った若者向けのリクルート広告を出稿、話題を呼んだ。

ところが、景気は1991年頃から低迷を始め、所謂「バブルの崩壊」に伴い日本経済はこれまで経験したことの無い長い停滞期を迎える事となった。戦後急激に増大した日本の広告費は1973年に1兆円を超え1989年には5兆円に達したが、1992年5兆4611億円（前年比95.4%）1993年5兆1273億円（同93.9%）と2年間連続してマイナス成長を示すに至った。

①インターネットの広告参入

テレビ時代の広告を社会心理学的に定義づけると大量かつ高刺激な情報を間断なく流すことによって生活者の脳裏に記憶を持続させ欲望を掘り起こしその欲望をカタチにして時代のシナリオを刷り込む技術と言えるらしい。

AIDMAからAISASへ

2003年の総務省「通信利用動向調査」によると、国内のインターネット利用者数は6,900万人を超え、人口普及率では54.5%を超え、ブロードバンド契約世帯数で1,352万世帯を超えるなど、ブロードバンド（ADSLや光など高速回線環境）の普及に合わせてインターネットの一般化が進んだ。と報告している。

その結果、ユーザーのネット利用時間が延長され、メディアへの接触態度に大きな変化が起き、マスコミ4媒体を中心に広告していたナショナルクライアントが、インターネットを既存メディアと連動した形で重要な役割を担うメディアとして位置付けた。媒体各社でもリッチメディア対応が進み、ブロードバンド対応の大容量広告スペースを準備、表現力の高度化、サイズの大型化などにより、売り上げを加速させている。

さらにインターネット上でテレビCMや動画を流す「ネットCM」も広告展開として使われ始めている。

SEM（サーチエンジンマーケティング）。キーワードや検索条件に合致するデータを列挙し、商品をプロモートするSEMによる新たな広告手法も導入され、インターネット広告市場を活性化させる要因にもなってきた。

また、動画広告は、ユーザーに対して広告の印象度や与える情報量など、静止画による
バナー広告に比べてきわめて大きな効果が見込まれる。

動画広告のクリック率は、バナー広告の10倍という実験結果もある。さらに、TV
用に制作されたCMの転用ができるため、低コストでの出稿が可能である。

また、ブロードバンドは高速性だけでなく、**常時接続である点も大きな特徴**といえる。
メールの送受信やウェブ・ブラウジングの度ごとにインターネットに接続するのではなく、
使わないときでも接続しているユーザーが増えるに従い、これまでの様に**サイトにアクセ
スしたユーザー**だけに広告を見せるという「**プル型**」の広告だけでなく、**ユーザー属性
や嗜好に合わせて個別に広告を送信する「プッシュ型」**の広告が増加すると考えら
れる。

動画広告の登場は、広告ビジネスにも変化をもたらす。これまでのバナー広告は、ページ
ビューあるいはインプレッション当たりの単価（約1円）。が、動画広告では、露出ごとの単
価（約100円）となっており**バナー広告と比べて単価がきわめて大きい。**

また、インターネットの**双方向性**を活かして**広告の効果を詳細に分析することが
可能になる。**

テレビではその効果を測定することは難しいが、ネット広告の場合「**どれだけの人が見
たか**」「**どれだけの人がネット上で商品を購入したか**」更には「**その人は、どのような
人か**」までを把握することができる。従って、広告を流すサイトやコンテンツの種類に応じ
て、視聴者数や属性をもとに**広告の価格を詳細に決定**できるようになる。

更に、広告主が本当にリーチしたいユーザーに**ピンポイントで広告を配信**するこ
とが可能になるということである。

②更にその上をいくモバイルの浸透

キャンペーンやイベントに必須と言われる程、モバイルは急激に普及し、様々な企業のマス
キャンペーンに合わせたタイミングで利用されるようになった。背景としては、2003年12月の
電気通信事業者協会の調査で、モバイル普及が6780万台に達し、あっという間に、**コミュニ
ケーション・ツールとして必要不可欠なメディアに成長**したことがあげられる。

モバイル広告でも、各キャリアの新機種の投入により、接続速度の高速化と大容量化が進み、
バナーもリッチな展開が可能になった。特にauの提供するブロードバンド携帯はi-modeが
提供するFOMAに続き、携帯のブロードバンド化を加速させる魅力的なサービスとして受け
入れられている。各キャリアからは、高解像度カメラ付携帯だけでなく、テレビ付き、ラジオ
チューナー付きなど携帯電話としての魅力を高めるだけでなく、今後のメディア接触を変え
るような新機種が続々と投入されている。今後も著しく変化するメディアであることは間違い
ない。

また、デジタルビデオレコーダー(DVR)を利用する家庭は現在の300万世帯から、5年以内に
3000万世帯に達すると見られている。DVRを利用する視聴者は、録画した番組を再生する
際に**コマーシャルを簡単にスキップ**できるため、**テレビ広告の効果は低下**してしまう。広告
の視聴者の数が減るなら広告費の増額を控えるというクライアントの言い分は当然で、この
ようなところからもインターネット広告の需要が増加することが覗える。

最近の広告は、昔ほど明確にメッセージを伝えるものが少なくなっている。最後まで見てやっと
何のCMだったか理解できるものや、画面の隅に小さく会社名が出るだけのもの、場合によっ
ては最後まで見ても何が言いたいのか理解しがたいものすら放送されている。90年代前半
までは、広告は非常にわかりやすく創るのが原則で、強引であっても**伝えたいメッセージを
確実に消費者に伝えてきた。** CMがすべて利益に直結するとは言えないが、大きく関わって
いることは間違いない。

営利目的ではない広告もあるが、常に**新鮮な発想、表現で人々の目をひきつけ、記憶に
残す**という使命を考えれば、基本は同じはず。

それでも広告は相変わらず毎日新しく生まれ、その多くは、解読が必要なメッセージをもって、
独りよがりな価値観を撒き散らしているようだ。

広告から流行語になるような大ヒットが生まれなくなったとか、広告表現が迷走しているとかいわれて久しい。果たして広告メッセージに力がなくなったのか、問題はもっと大きなところから来ているようである。

広告の技法に関して言えば90年代前半に全て出尽くしたと言われている。

その帰結が最近よく見られるただ単に「売り」を目的としない広告の増大につながっているのであろうか。業種としての「広告」は21世紀に入るまでは世間とは無関係に不況知らずであった。90年代の「失われた10年」でさえも、広告主は広告を販売促進活動の有力手段として露出量の確保に努めてきた。

ブランド構築のためや情報化社会だからこそ情報量が支配すると信じられ、広告メディアはインターネット空間のサイバーメディアを獲得し、表現方法も多彩な可能性が指摘されるが、この新しいメディアにおいても、表現の主力は「販促広告」であった。

人々が豊かに暮らすために、生活向上のために
もっと広告すべきこともあると思う。

広告余話１

― 日本のこころを取り戻そう ―

「日本人って何か」を考えてみた。日本では花の開滅、開は全て「咲く」と言うが、滅し方は様々。**梅は散る 桜は舞う 牡丹は崩れる 椿は落ちる**。英語ではfallかbe goneとそっけない。日本の美意識は、**花鳥風月**で言い表される。サクラの「サ」は美称の接頭語で神の事。「クラ」は坐と書いてクラ＝神の坐す場所の事。

従って「花見の宴」は神を招き、宴を催すということになる。こんな風情の桜も外国人は散った桜の花びらをゴミとしか見ないらしい。

美意識についていえば、西欧ではシンメトリーが好まれ**「完全なる美」**が最高の芸術と評価される。ところが日本では偶発的にできた**「不完全な美」**を「妙手」と呼び讃える。

絵画でいえば、デッサンを重ねた完璧な下絵に、これでもかこれでもかと色を重ね、もう手を加えるところがなくなるまで描くのが洋画。

日本画、特に水墨画では**「墨に五色あり」**といわれ、濃淡だけで無限の色を表現する。見る人の想像力任せ、つまり日本の芸術は見るのではなく感じるものと言われる所以である。

外人観光客に人気のある禅宗の坊さんに聞いてみると、禅とは「無」を悟る修行。**「沈黙」**という無は最も多弁で、**「余白」**という無は最も多彩。**「間」**という無は所作と所作の合間に在ってもっとも多感な隙間。このような思いを生む無＝沈黙、余白、間を余韻と言う。日本人の究極の美意識はこの**余韻**に他ならない。

また禅でいう美の一つが**「不均整」**。完全なる形には終わりがある、**終わりを設定しないことが日本の美意識**と言える。

余談だが、住宅の入口を玄関と言うのは何故か？本来は禅寺だけの言い方で「玄妙に入る関」。即ち奥深い修行の場の関所という意味になる。まさに日本という国はこころの国に然り。

また、西洋の単位(メートル法)と日本の単位(尺貫法)の違いにも民族性が出ている。**メートル法は地球を、尺貫法は人間を基準に作られている。**

1mとは**子午線4万キロの4千万分の1**。1gは水の1cm四方の立体に入れた水の重さを表す。これに対して尺貫法では**人の身長、**

両手を広げた1.82mが1間。6進法でその1/6が1尺(30.3cm)。重さは赤ん坊の体重が約1貫3.75kg、その1/1000が匁となる。

　面白いのは、お米の嵩が単位となる「石」。薩摩77万石と言うが、どのくらいかは全く想像がつかない。日本をひっくり返すほどの力を持った77万石、実際は琉球貿易とか奄美の黒糖、紬の搾取でもっと多かったようだが……。

　1石は10斗、1斗は10升、1升は10合、つまり1,000合、1日3合食べるとすれば、概ね1年で食べる量、1人を養える糧が1石という単位となったとか。即ち、77万石とは77万人の人を養える財力ということになる。

　広さの単位に話を移せば、1石の米が穫れる田んぼの広さが1反、約1000㎡。昔は360坪が1反だったので、1坪は1人1日分の米がとれる広さの単位と言える。更に言うと、米1石の価格が1両。約10万円くらい。幕末、調所笑左衛門が、だまし討ちで、元金のみ250年返済で財政難を切り抜けたのが500万両。実に5000億円、現在の貨幣価値からすると、その10倍と言われている。

　さて、ここから愚痴をひとくさり。「明治維新はホントに日本の役に立ったのか?」

　2019年のNHK大河ドラマ「西郷どん」が鹿児島にたくさんの観光客を集めたのは周知の通り。そういう意味では、西郷どんは故郷鹿児島に貢献している、と言える。が、どうも、しっくりこない。こんなことを言うと西郷隆盛を故郷の英傑と仰ぐ薩摩人から殺されそうだが、敢えて申し上げる。

「皆さん、西郷さんって鹿児島にどんな貢献をされたんですか?」

　260年間、日本に君臨した徳川幕府を滅ぼして構築した維新政府が、鹿児島にどんな恩恵をもたらしてくれたのか?明治維新から150年、未だに薩摩は、ほとんどどん尻に近い貧乏県。島津が天下に誇った巨大な御楼門もようやく復元されたが、遅きに失する。

いつから鹿児島人は郷土の誇りを失ってしまったのか?

　長期に亘り、数百の諸侯を支配し、安定政権を保ってきた幕藩体制が指導力を失いかけた頃、薩摩は茶坊主上がりの家老 調所笑左衛門広郷の常識を覆す謀略で財政を立て直し、木曽川治水以来の借金と札付きの放蕩藩主重豪の借金を消滅させ、自らを自殺に追い込んだ密告者、斉彬の散財をも支える財力を築き、幕府を脅かす強大な勢力を築くに至った。元金のみ250年返済という「だまし討ち」で500万両といわれた巨大な借金を消滅させ、奄美五島では貨幣の適用を禁止。バーターとして離島から根こそぎ搾取した黒糖を財に替える一方、武力と威圧で琉球王朝をも支配し、密貿易で藩庫を潤したのが笑左衛門である。さらにはギャング擬きの、監禁、口封じによる貨幣の改鋳で蓄えを増やし、わずか20年で財政改革を成し遂げた。

調所の死後、斉彬は、その財を使って西洋式艦船の造船所を作り、磯で集成館事業を興し、日本最初の溶鉱炉やガラス工場といった近代設備を導入、雄藩屈指の軍備と経済力を整えた。これが「**世界産業遺産**」に制定された**集成館事業**の実態である。

　手段を選ばぬこの藩政改革は、慶応3年のパリ万博に於いて「**日本大君政府**」とは別の「**薩摩太守政府**」としての出展に及び、日本に二つの政府があると印象付けた。

　因みにこの博覧会で二つの日本政府は大健闘、漆器や和紙などが第1等の大賞牌を獲得し、茶の湯が話題を集め、ゲイシャガールを世界に知らしめた。こうして経済的にも軍事的にも日本政府を凌いだ薩摩の力が、ついには徳川政権を倒し革命を成し遂げた、というのが明治維新である。その後、冒頭に記した「**日本の心の文化**」を葬り去り、文明開化で西洋化を推し進めた結果が、日本人の誇りを失わせることになった、という概念が拭い去れない。

　富国強兵、殖産興業は便利で豊かな暮らしという贅沢を満たしたものの、失ってはいけない日本の伝統文化や自然の景観をも消し去った。徴兵制は侵略主義、帝国主義を生み、最終的には原爆で元も子もなくすという取り返しのつかない汚点を残したのである。本来、幕藩体制の壊滅を意図した明治維新の思想は、薩摩や長州といった国、徴税権、軍事権を持つ「藩」という半ば独立した国を撤廃し、中央集権にすることにあった。つまり、事を起こした時から維新の英傑たちは既に故郷を切り捨てる決意で臨んだと言える。

　上士、下士、郷士といった身分制度の厳しかった薩摩、長州、土佐ほど虐げられた恨みによるパワーは強いわけである。ところが藩を捨てて中央政権の官僚になっても、旧知の誰もが自分の元の身分を知っているわけで、いざ旧主と同席すると、その扱いに窮し、同郷の上士も無視できない。ましてや故郷に帰ろうものなら、昔同様、虐げられ食い扶持すらない。帰りたくないのも当たり前。純粋であったはずの維新の志士たちの腐敗堕落に失望した西郷は、世襲の禄を失い、刀も捨てさせられた士族救済のため軍隊を作り、宮城の警護や北海道の開拓と北境の監視に当てようとしたのだが、政権はすでに岩倉、大久保、木戸といった官僚主義者の手にあり、士族の復権を求めた西郷は**征韓論**に敗れ帰鹿、その破滅主義的な挙兵によって有為の青年たちを玉砕させてしまったのである。

　当時、大久保によって内務省に移管され、警視庁となった警察組織の30%以上が、郷里に帰っても食い扶持のない薩摩士族で、大久保、川路利良といった同郷の権力に媚びる薩摩人によって西郷薩摩政権は嵌められ滅亡したと言っても過言ではないだろう。この時薩摩は、西郷自らが承認した「廃藩置県」の勅を無視し、収税、人事、軍備を私した「**西郷王国**」の状況を呈していたと言われている。以来、西郷を弑し政権を握った薩摩出身の官僚たちが特別に便宜を図り、国家予算を使って薩摩を援助したという事実は一切見当たらない。

　「**西郷は江戸を救い、大久保は東京を作った**」と勝海舟が言ったといわれるが、正にその通り、鹿児島は単に維新遂行のため利用されたに過ぎない。中でも、最も愚かな政策は「神仏分離令」いわゆる「**廃仏稀釈**」である。

　維新に先立ち尊皇派の水戸、薩摩、長州、津和野各藩では「淫祠破却」と称する神仏混淆(本地垂迹)の破却が実行され、賀茂真渕、

　本居宣長、平田篤胤らの復古神道の影響を受けた国学者は「**国の中心は天皇であり、祖はアマテラス**」とする国家神道を提唱、

　これをいれ岩倉具視は王政復古、祭政一致の策として廟議に神祇官を設置、伊勢神宮を頂点に全国19万の神社尽くが有無を言わさず再編された。つまり民衆の神、反権力の象徴であるべき氏神が、皇祖神とすり替えられたのである。そして慶応4年の「神仏分離令＝神仏利然の沙汰」、明治3年の「大教宣布の詔書」によって、日本仏教は歴史的大打撃を受けるに至った。

「廃仏とは仏を廃すること、毀釈とは釈尊の教えを壊すこと」

　当初は神道と仏教の分離を目指した法令だったが、長年仏教への従属を強いられた神官や国学者の暴挙で仏教排斥に発展し、仏教に関する貴重な文化遺産が焼きつくされた。特に薩摩では軍備増強のため梵鐘を供出させた「**先君斉彬公のご意志**」を盾に取り、廃仏を強行、おらが新政府の宗教政策を応援するため1616ヵ寺の寺院悉くが、僅か2、3年ですべてが取り壊

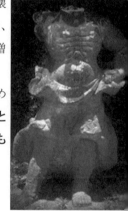

され、仏像仏具も破壊、強制還俗させられた僧侶は3000人を数える。

　葬制も神葬祭に改められ「**薩摩には1寺とてなく、1人の僧侶もいない**」と記された。

政界中枢の指図を離れた民衆の暴動とはいえ、福昌禅寺の無参禅師に薫陶を受けた西郷、大久保の見て見ぬふりは信じられない行為という他はない。

西郷はこの時**戊辰の役**をサボタージュし日当山温泉にて、頭を丸め「坊主と不浄の徒、入るべからず」の鳥居を潜り、暴走を窘たとされているが、気休めに過ぎない。お調子者藩主一家が忠義夫人てる子の葬儀を神式で行うと宣言したため、最後まで残った島津家ゆかりの福昌寺、南林寺、一乗院竜厳寺にも廃寺の断が下る。このため鹿児島は仏教伝来の地であり南九州仏教の中心地でありながら、文化資源とも観光資源とも成りうる仏教遺跡が皆無となったのである。

私は、霧島妙見の地の神社に天之御中主ではなく、廃仏前は**北辰妙見菩薩**という仏像が祀られていた、という話を聞き、高さ2.7メートルの木像を彫ろうと考えた。1年掛でやっと完成し田島本館という湯治場に安置した。ご笑覧いただければ幸甚である。

で、その後はというと、東京コンプレックスを背景にした猿まね都市計画によって薩摩はその由緒あるアイデンティティを

失い、特徴のない地方都市と化した。京都、奈良を中心に全国で始まった名刹の修復も薩摩では、どこ吹く風。明治6年に炎上焼失した鶴丸城御楼門でさえ過去に再建を企図した記録はなく

城をもって守りとせず、
人をもって城と成す

武の國薩摩の象徴ですら忘れ去られ、城下の表玄関として七十七万石の威容を誇った名工岩永三五郎の労作、西田橋(五大石橋の一つ)も都市計画の都合で町の端っこに追いやられ公園の飾りものと化した。

鹿児島人は自らを誇りとする文化への愛着が薄い、と思わざるを得ない。

よくよく考えてみれば維新の元勲たちは故郷鹿児島に、いかなる恩恵を齎したのであろう? 時代錯誤の社会観で有能な若者を根こそぎ道づれにした西郷だが、敬天愛人の儒教思想で高潔な人生を全うしたことは薩摩士道の誇りとして讃えるのは認めよう。

だが、兄弟のように過ごした竹馬の友を、姦計を以て陥れ破滅させた大久保(竹馬の

友ではない、という説もあるが)は許より、その片腕となった川路以下の成りあがり官僚を英雄のように讃えるのは如何なものだろう。

現代に至っても故郷を捨てた輩が構築した花の都大東京に諂(へつら)い、今なお乏しい予算をゼネコンやナショナルエージェントに貢いでいるのは何故なのか? これでは昔と同じように、都会を支えるために田舎が犠牲になっているとしか思えない。田舎の技術だって、そんなに捨てたものじゃない。公僕ではなく役人根性丸出しの役所の意識を変えなければ、鹿児島の将来はない。地域への誇りと愛着こそが地方の自立を生むのではないだろうか。

さらに付け加えると、ここまで徹底して国家神道のために仏罰をも恐れず仏像の首を刎ねた鹿児島人が、国家神道の神の系譜を郷土の誇りにしているかというと、それも無い。

皇祖神アマテラスを主神とする日本の神話が子供たちの教育現場から忌避されている。日本の生い立ちを語り、日本人のこころの拠り所であるはずの**「我が国開闢のおとぎ話」**が、全体主義、侵略戦争に繋がるという現実離れした理屈で密封され消されようとしている。

戦後、日本人は戦争の放棄とともに愛国心まで捨ててしまった。海外に留学した日本の子供たちが、「日本ってどんな国? 天皇は127代も続いているが、その始まりは?」と聞かれて答えられる子はいないと聞く。

同じように欧米や日本に留学してくる他国の子供たちは、国の役に立ちたいと先進技術を真剣に学びにくる。「英語が出来ると就職に有利」などという利己的な目的で留学する愚かな日本の若者とは全く意識が違う。

個人主義とは集団の中で個を主張すること、自分中心主義とは、全く異なる。

国を愛することは郷土を愛する事。

郷土を愛する事は家族を愛する事。

民族への愛着を失くした国に未来はない。2000年もの間、他民族の侵略を許さず、独自の歴史を刻み文化を育んできたわが国が、グローバリゼーション・グローバルスタンダードなどという世界を十把一絡げにする水準で論じられていい訳がない。お互いの個性(独自性)を認め合うことから国際協調が生まれると思うのだが……。

ちょっと話がそれたが、廃仏毀釈に話を戻そう。平田篤胤の国学を拠り所に吉備神社宮司、後醍院真柱(みはしら)に踊らされ、廃仏に狂った薩摩の民はその後どうしたかというと、3年で熱が冷め、その愚挙に気づいたものの、仏閣復興のパワーもなく、さりとて神の邦、日本の発祥の地という新しい位置づけにも関心を示さず放置してしまった。

鹿児島には日本でたった3つしかない神代山上稜がすべてある。

アマテラスの孫、天孫降臨のニニギノミコトの**可愛山稜**、その子、山幸彦（ヒコヒホホデミノミコト）の**高屋山稜**。その孫、神武天皇の父ウガヤフキアエズの**吾平山稜**、宮内庁が管理するれっきとした皇室の御陵である。

何故、鹿児島にあるのか？ 神武が東征して奈良橿原で即位するまで、鹿児島を本拠としたからに他ならない。日本書紀には三山稜の所在地を日向の國と記しているが、薩摩、大隅が日向から分離したのが、記紀が編纂されたちょうどその頃であり、旧来の記述によったものと思われる。

こういった鹿児島にしかないアイデンティティを、文化資源、教育資源、観光資源として活用すれば、

日本の原点として世界中から注目され、集客が期待できる

[西郷、焼酎、桜島] とか [Sun Sea Spa] といったどこにでもある観光資源にこだわるより、どこにも真似できない日本神話を核として、

町全体を日本のこころで包み込むような街づくり、イベントづくりは出来ないものだろうか？

出雲にも、宮崎日向にもお株を奪われて何の反論、巻き返しもしない鹿児島人は、お人好しと言うしかない。

日本開闢の地として、また日本中央政府を相手に3度も戦い、最後は勝利を収めた知略、武略の地として誇りを持てないものだろうか？武道とともに敬意と礼儀を子供たち学ばせた郷中教育という素晴らしい教育制度を復活させるのもいい、お仕着せの教育論や校則で縛り付けるのではなく、**薩摩のお家芸「進取の気鋭」を養う伸び伸びとした教育環境がつくれないものだろうか**。都会に居ても、田舎にいても、子供たちは皆等しく素晴らしい素養を持っている。弘法大師の言葉を借りれば、**「それ、仏法遥かにあらず、心中にして即ち近し」**人は皆気づかないが本来は仏、仏から素質を貰ってこの世に生まれてきた。くさらず くじけず心を磨けば、いずれ自分が仏であることに気づく。処世術や錬金術を教えることが教育ではないと思う。

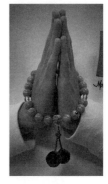

2012年5月 鹿児島讃酒会講演

第 IV 章

広告媒体の特性・表現

IV 媒体の分類

①期間

長期媒体	企業イメージ・複雑な商品告知
短期媒体	ニュース性・新製品告知・売り出し告知

②エリア

全国媒体	新聞・テレビ・ラジオ・雑誌・ネットワーク看板・Web
地域媒体	折り込みチラシ・屋外広告・タウン誌

※新聞・テレビ・ラジオの地方紙、地方局、地方版も含まれる

③コミュニケーション手段

直接媒体	DM(パンフレット・リーフレット・手紙) POP マッチ カレンダー ノベルティ 展示会イベント
間接媒体	新聞・テレビ・ラジオ・雑誌ポスター(POPとしての利用以外)

④刺激する感覚

視覚媒体	新聞・雑誌・ポスター・チラシ・看板
聴覚媒体	ラジオ。宣伝カー・街頭放送
視聴媒体覚	テレビ・映画広告・Web
複合媒体	イベント・POP ※商品に触れる 味を見る 匂いで引き付ける 食欲をそそる匂い
	季節を感じる匂い 雰囲気を醸す匂い ムード音楽 営業トーク
	デザイン 色を見せる試食会 試飲会 試乗会 実演販売

⑤一般形態

マス媒体	Print	新聞 雑誌
	Broadcast	テレビ ラジオ ※**Information Media**と呼ばれる
SPメディア	Position AD	屋外広告 交通広告 映画広告 ポスター 電柱広告
	Direct AD	DM チラシ ノベルティ プレミアム プログラム 時刻表 カレンダー
	その他	有線放送 ブックカバー ペーパーバック
インターネット	Web	ホームページ ブログ 通販サイト On Lineマーケット
		バナー SNS等

媒体機能の変貌 IV-2

かつて我々が教わった媒体の分類は、掲出やOAの期間が長期か短期かといった期間による分類、全国なのか地域なのかというエリアによる分類、刺激する感覚(**視覚、聴覚、視聴覚、複合感覚、五感**)による分類。

最も一般的であったのが、**インフォメーションメディア**(間接媒体、いわゆるマスコミ)か**セールスプロモーションメディア**(直接媒体、いわゆるダイレクトアド)かによる分類、というものであった。

従って、インフォメーションメディアによって案内告知し、セールスプロモーションメディアで売りに結び付ける事が一般的で、当初は各媒体が、それぞれに **USP** (Unique Selling Proposition·商品特性を明確にした販売の提案)を基本に、企業や商品、店舗に帰結させることが求められ、**メディアミックス**と呼ばれる媒体の複合によって広告が展開されてきたが、Webの広告参入、進化によって、媒体の機能は大きく変化し、従来購買心理学の基本と言われてきた**AIDMA**の法則に拠る消費者の購買行動が、**AISAS**、つまりAttention=オヤッ(注意喚起)からInterest=ナルホド(関心維持)と反応した消費者の次の行動としてDesire(欲望誘発)ではなく、Search(検索誘発)に進み、そのライン上でMemory(記憶保持)を経由せずAction(購買行動)へと進む、更にそのデータを仲間に知らせるShare(情報共有·拡散)まで一気に完了するAISASの法則の適合が一般的となった。

AIDOMAからAISASへ

企業と消費者のコミュニケーションの作法が、いままでの形では通用しなくなった。

つまりあらゆるインフォメーションツール、セールスプロモーションツールが**それぞれの機能に特化され、**かつて言われたメディアミックス効果を一歩も二歩も進化させた**クロスメディア**と呼ばれるコミュニケーション作法に一変したという事である。

IV₃ かつての媒体特性について

1.媒体の選定

新聞

○説得性	説得力がある
○速報性	翌日にはニュースになる
○記録性	ファイルにして残せる
○回覧性	回し読みができる
○スペースの選択	全頁〜突き出し・記事中まで選べる
○カラー効果	モノクロ紙面にカラーが使える
○種類・部数が選べる	一般紙、業界紙、スポーツ芸能誌、全国紙、地方紙
●通用期間	短い。購読は昨日今日に限定される。

テレビ

○感応性	感覚訴求力が高い
○臨場感	空気が伝えられる、実演も可
○反復効果	繰り返し訴求できる
○ネットワーク	地方から全国までネット網が使える
○到達コスト	一人当たりの情報到達コストが安い
○インパクト	視聴覚に強印象のアプローチができる
●記録性	出会いがしらの媒体で瞬時のOAのため記録は困難
●制作コストが高い	

ラジオ

〇**想像力** 音だけの媒体だから頭に画像(色や形)が自由に創れる

〇**個人性** パーソナル媒体として身近に感じる

〇**反復効果** 繰り返し訴求できる

〇**移動性** 手軽に、どこからでも電波が送れることに加え持ち運びができ、
どこでも聞くことができる

〇**ローカル性** 地域に密着した仲間づくりメディアとして機能する

〇**制作コストが安い**

△**ながら聴取** 何かしながら聞くことができる(カーラジオ等)が、反面集中力に欠ける

●**市場のカバー率が低い**

雑誌

〇**ターゲットの細分化** 老若男女・趣味職業によって読者が分かれるため、
訴求対象を選別して効率的に情報が送れる

〇**編集とのタイアップ** 企画に応じてパブリシー的な効果が期待できる

〇**記録性** ファイルにして残せる

〇**回覧性** 回し読みができる。新聞より回読率が高い

〇**通用期間** 新聞より長い

●**発行までに時間がかかる**

●**市場のカバー率が低い**

SP

〇**インフォメーションメディアと異なり直接購入に結び付く。**

・**ポスター**は通過客を対象とするため**見せること**に主眼を置く。但し、交通広告は必要な地域が選択でき、読ませることも可能だが、訴求対象の設定が困難。

・**チラシ**は手元で機能するため**読ませること**に主眼を置く。エリアが限定でき、無駄のないアプローチが行える。

・**パンフレットとカタログの違い**は、前者が主力商品の魅力を前面に押し出し、その関連商品、その他の自社商品を付随的に掲出するのに対して、後者は販売に列する全商品を総花的に掲出する。

・**DM**は他メディアと異なり、訴求対象が絞れ、個人的な体面的広告表現ができる**「皆さん」**ではなく**「あなた」**に呼びかける。但し、名簿は変わりやすく、開封せずに捨てられることも多い。

・**POP**は売りの現場。商品の身近で広告することができ、**消費者の意思を覆す**ことができる。

・**イベント展示**、試食会では、目だけでなく、耳・鼻・口・触覚にアプローチできる。

2.媒体効果の算定

媒体がカバーする視聴者・読者の数、

Reach(到達数)=広告に接する度合い

視聴者・読者の総数×広告接触率(例えば視聴率)

Frequency(回数)=広告に接する回数

GRP(延到達率・延視聴率) リーチ×フリークエンシー=**Gross Rating Point**

GRPの計算対象は「世帯視聴率」であり、世帯視聴率は、調査対象地域の世帯の何%が視聴していたかではなく**チャンネルをつけていたか**を意味する。世帯視聴率の調査方法は「ピープルメータ(PM)システム」と「オンラインメータシステム」の2種類で、いずれも調査世帯のテレビ(最大8台)で、どのチャンネルが表示されていたかを1分に1回計測している。

CPM(Cast Per Mille)(延べ1000人当たりの到達コスト)

「ミル」とはラテン語で「1000」を表す意味があり、直訳すると「延べ1000人当たりの到達コスト。**広告では1000回表示するごとに発生する広告費**という意味でCost Per Thousand Impressionともいう。

また、表示回数のことをインターネット広告用語では「**インプレッション**(impression=効果・影響)」と呼び、CPMでは**1000回あたりの費用**を「**インプレッション単価**」という。

CPP(1GRP当たりのコスト) **Cost Per Rating Point**

※つまり、同じ予算ならGRPの高い方、同じGRPならCPMの低い方を選定

3.媒体のレベル別選定

媒体の種類	新聞 テレビ チラシ(折り込み) DM etc
ビークル	朝日新聞 日経新聞 TBS NTV etc
広告サイズ	新聞全5段 突き出し テレビ15秒 ラジオ20秒 スポット etc

広告表現の変化

IV-4

メディアの有効性が大きく変貌した今、それぞれの特性を活かした表現や使用形態を検討しなければならない。

広告は商品(店舗・サービス)のセールスポイントを列挙し、社会性、時代性を加味したアピールポイントを1点抽出し、一言で言いかえた広告コンセプトで表現を検討するのが基本とされてきたが、インターネットというニューメディアの出現により流通の形態が変化し始め、**媒体特性をそれぞれに限定特化し、それらとWebを核としたクロスメディアが主流となった。**
例えば、ラジオによる表現も**ストレートトークからUSPトーク、そして最近はギミック(仕掛ける、引っ掛ける)トーク**の時代に変化しつつある。いわゆる4W1H(いつどこで誰が何をどうするのか)から、個性的で売りに結びつく提案を行う、つまり商品特性をメッセージするへ。そして現代は、琴線、心のツボにアプローチし、他メディア(Webやイベント、店頭ディスプレー)に誘引する表現に変化した。
極端に言えば、テレビはコミュニケーションの糸口、ラジオはイメージを形成させる、新聞は信用の裏付けを取る。ＳＰは現物を確認させる媒体としてのみ機能し、それらを結合増幅させるメディアがWEBと位置づけられる。
テレビは最早マスメディアとして大量の消費者に企業情報や商品情報を伝播させるオールマイティメディアではなく、新鮮で興味をそそる話題を提供し、企業と消費者の対話のとっかかりをつくるメディアとして機能する。ラジオは聴覚だけにアプローチする機能を活かし、消費者の脳裏に意図するイメージを創り出すメディアとして機能する。音、音楽、語り手はもとより、**計算され完成されたコピーライティングが今まで以上に必要とされる**のは言うまでもない。こうしてＯＡされた情報の尖兵は、**Webによって双方向のコミュニケーションの役者として舞台に上がり**、カーテンコールを受けた作品だけがスターになる。

つまり広告として帰結する。

広告余話2
ー広告活動の地域格差ー

広告活動は従来から、東京一極集中（大阪、名古屋もローカル）と言われてきた。大手クライアントとなる大手企業はもとより、テレビ、新聞等マスコミ、大手広告代理店、制作会社、芸能プロダクション、リサーチ会社等々、広告活動に関与する殆どの企業が東京を本拠とし、東京から全国各地に情報を発信することで、日本の広告費の大部分、（約2/3と言われる）を消費してきたため、**地域独自の広告活動は数値の面で全く無視されてきたきらいがある。**

ところが、地方に於ける広告活動を調査してみると、東京とは顕著な違いがあることがわかった。（近畿大学大学院 近藤暁夫氏）

これは、東京一極集中の構造を示す**マス広告**と、全国各地で展開される折り込みや屋外広告等、小規模媒体による個人消費に対応する中小の小売、サービス、飲食等の事業所が行う**ローカル広告が二重構造**を成しているということである。広告関連業態の集積は情報基盤の整備、人材の集中を生み、メーカーや金融・通信業では、ほぼ東京の独占状態となっているが、消費者と接触するメーカーの地方事業所や小売業、飲食業では折り込み、屋外広告について、消費者一人あたりに占める広告費が東京を上回る。

これは従来から言われてきた広告の相乗効果、つまりインフォメーションツール（マスメディア）とセールスプロモーションツール（SPメディア）のメディアミックス、さらには発信地を東京に限定せず、消費者と多様なアクセスポイントで繋がるインターネットを絡ませたクロスメディアが、これからの広告の主流であることを物語っている。

東京一極集中型ではない広告活動の主役となっている中小の小売業、飲食業といった地方の事業所は、直接消費者と向き合い日常的なつながりを構成している。**これらが全国に広く分布することによって、マスメディアと連動した総合的なコミュニケーションの一環として位置づけられ、消費者の個人的消費活動、並びに地域社会と地域経済を支える基盤となっている。**

そんな中で大企業は、地方の細かいエリアを扱えるエリアマーケティングツールを駆使して、これまで中小の小売店や販売所がニッチ（隙間）を占めていた地域市場にまで進出してくると思われる。ただ、その隙間とも言える東京（大都市）の中小の小売業、飲食業にとっては、テレビ、ラジオ広告は、その媒体料も制作料も高額過

ぎて利用は難しく、新聞は全国紙ばかりで使えない。選択可能な媒体が少ない弊害が存在する、地元消費者とアクセスできるミニ媒体も少なく、インターネットと折り込みしか無いのが現状である。

制作料金について見てみると、媒体料金と比例して東京と地方では1桁以上（CMの場合1000万が100万）に近い開きがあり、掲出が容易で安価なインターネット動画や東京ローカルTV－OAの素材を地方で制作し、逆に制作人材の揃った東京で、媒体料の安い地方OAの素材を作るという動きが起きている。

現在、新聞など4媒体広告が低調であることが広告業の伸び悩みに影響しているが、一方でインターネット広告費は一貫して増加を続けており、インターネット広告を含む「その他」が広告業全体に占める構成比も拡大している。そうした中で従来いわれていた景気動向と広告業動向の連動性については希薄化している状況にある。

また、卸売・小売業の広告宣伝費の伸びが低迷しており、製造業なども販売管理費の見直しの一環として広告宣伝費などの削減を進めてきたことが推察される。全国をはじめ各地域においてもインターネット広告による広告活動が広告業全体の動向に大きな影響を与えており

今後ともその動向には注視が必要であろう。

例えばこんな試みはどうだろう

東京の仕事を鹿児島に、鹿児島の仕事を東京に運ぶ。

長期に亘る公告需要の低迷（特に地域の）の中にあって、CM・PV映像・デザイン・イベント企画の多様化、先端化に対応するため、広告需要が集中する首都圏に事業所を開設し、オンラインによって中央から地方に、地方から中央へ仕事を運び、需要を拡大させ、生産性を高め、スキルの共用によって価格、クオリティともに顧客満足の得られる作品の提供を企図する。オンライン化の利点は、地方（中央）の企画のアイディアをリアルタイムで地方（中央）に伝達でき、同様に制作の仕上がりを双方が確認できるということ。此のシステムが、中央との桁違いな料金体系ほどの格差がない事が認知されれば、全国規模での広告制作への関与は、地方広告業界の将来的活路ともなりえる。更にこの機能を活用すれば南九州を舞台とした映像やイベントの制作に必要なロケーション情報（自然、歴史文化、食、特産品、人材）を提供するロケーションサービスの専門会社とし

て、新しい需要も生まれる。更に、県や市町村、地元企業と連携した情報の収集を行い、データバンク化することでロケ地としては勿論、観光誘致にも繋がり南九州を売り込むビジネスとして成立する。また中央のプロデューサーや演出家、デザイナーとの交流が頻繁になれば地方に残る人材の確保、育成にも効力を発揮することが期待されるのでは……。

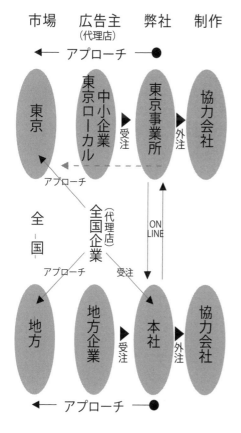

| 市場 | 広告主（代理店） | 弊社 | 制作 |

← アプローチ ──●

東京　中小企業（東京ローカル）→受注→　東京事業所　→外注→　協力会社

アプローチ

全国企業（代理店）

全国

ON LINE

アプローチ　　受注

地方　地方企業　→受注→　本社　→外注→　協力会社

← アプローチ ──●

2018年5月
鹿児島広告協会広告賞発表会卓話

第 V 章

表現の基本

Ⅵ-Ⅰ 広告コンセプト
(表現コンセプト)の役割

広告コンセプトとは、広告の基本方針をつくるための構想を短い言葉で言い表したもの。
企業コンセプト、商品コンセプト、サービス(コンセプトとは同一線上にあるが、必ずしも同じもの
ではない)

つまり企業の(商品の)何をどう伝えるかの

「何(What)」が広告コンセプト ──────「売り」は何か
「どう(How)」が表現コンセプトである。── 何に例えて「売り」を
　　　　　　　　　　　　　　　　　　　　　　　印象づけるか

※企業コンセプト・サービスコンセプト　企業や店舗の経営方針　経営理念　営業方針
　　　商品コンセプト　商品アイデアの意味化(価値づけ)

例えば

老舗のそば店なら「売り」はただのそばではない
「こだわり」とか「看板」とかその店だけの
特性表現はそばの旨さを伝えるのではなく
打ち始めのそば粉に猪口一杯の酒を吸わせるとか
毎朝欠かさず稲荷神社(豊作の神様)に詣るとか
印象が「こだわり」「看板」に帰結する表現を考える

コンセプトの策定

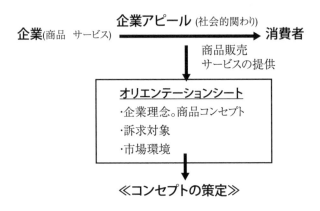

企業アピール (社会的関わり)

企業(商品 サービス) ➡ 消費者

商品販売
サービスの提供

オリエンテーションシート
・企業理念。商品コンセプト
・訴求対象
・市場環境

≪コンセプトの策定≫

策定手法

①セールスポイントの列挙(コピープラットホーム)

②アピールポイントの抽出

セールスポイントの中から時代性・市場性、訴求対象を加味して1点を抽出

③広告コンセプトの設定

広告戦略上のアイデアを付加、伝えやすい言葉に置き換える

④各媒体への表現展開

【コンセプトチェック】

1. Whatは正しく伝えられているか

2. アイデアが単純か

3. ありふれていないか

4. 面白く展開できそうか

5. 〜感が無いか(疑似イメージ)

6. パーソナリティ(個性)が間違っていないか

7. 飽きは来ないか

表現への展開

現在の広告を取り巻く環境は、前述の通り広告のみで機能するものではなく、PRとしての広告、パブリシティ、パブリケーション、更には、イベント、セールスプロモーション、Webまで含めたプロモーションとして検討されなければならない。

プロモーションの基軸となるのが広告（表現）コンセプトである。

例えば鹿児島の老舗デパート「山形屋」を例にとってコンセプトの策定と表現への展開を考えて見ると。

① セールスポイントの列挙

　　・身近（親しみ）　・品揃えが豊富　・ブランドが揃う　・信頼、歴史　・顧客対応(老人・身障者)
　　・清潔　・鹿児島の顔 (思い出の中に)　・流行に敏感　・生活情報の発信地　・文化貢献

② アピールポイントの抽出

　　　　　　《鹿児島の顔》

③ コンセプトの設定

　　　　　　《あったかい顔っていいな》

④ 表現への展開

　　　コンセプトの意図を他のモノに置き換える　「例え」とか「方便」、「しゃれ」
　　　西郷さんの顔(あったかい顔)を集める。各媒体の特性を生かした表現を考える。
　　　但し、コンセプトはずれない。

【新聞】

　　　県内各地の西郷さん大集合
　　　「あったかい顔っていいな、故郷の顔になりたい　山形屋」

【チラシ】

　　　ご当地(市町村)それぞれの西郷さんを紹介
　　　「あなたの街の西郷さん、あったかい顔っていいな　山形屋」

【テレビ】

特殊メイクで西郷さんを再生、
街の寄り合いに参加させる

●囲炉裏を囲んで談笑

「鹿児島の顔といえば」
「西郷さん」
「西郷どん」

●みんなで頷き顔を上げると
西郷さんがいる

「ハラ、西郷さん!」

「やっぱ、ホッとするね」

「じゃっどぉ!」

●Na（女性）
あったかい顔っていいな
故郷の顔になりたい

●山形屋の時計台

♬ヤマカタヤ―

【ラジオ】

西郷さんの言葉を引用、
鹿児島弁で故郷を愛した人柄を

●机を叩く音
SE

ドーン

「思い切ってやいやんせ、
責任はおいがとりもんで」

●Na（男性）

規則で縛らず、人の誠を
信じた西郷さん
鹿児島を愛した、
優しい人柄が見えてくる

●Na（女性）

あったかい顔っていいな
故郷の顔になりたい

♬ヤマカタヤ―

【Web動画】

①テレビで登場した西郷さんの現実の日常（農家だったり、漁師だったり、商人だったり）を取材、
　特殊メイクの風景につなぐ。

②県内の西郷さんを取材、みんな素晴らしい人

●Na（男性）

　今の時代にも西郷さんがいる

　鹿児島、まだまだ捨てたもんじゃない

●Na（女性）

　あったかい顔っていいな

　故郷の顔になりたい

　♬ヤマカタヤ―

第Ⅵ章

Promotion

広告余話3 ―ロータリーボイス―

　　　世界で行動する人びとの体験談とストーリー

プロモーションって何？

Ⅵ-1

広告という言葉が、最近あまり使われなくなった。ソリューション　リレーション　プロモーション・・・・・・最早広告でモノは売れないということだろうか。

マーケティング用語にプロモーションミックスという言葉がある。これは次の4つに分類される。

Advertising（広告）　　　　　　　　　　**Sales Promotion**（販促）

Public Relations（パブリックリレーションズ）　　**Personal Selling**（人的販売）

つまり、マーケティング全体のなかにプロモーションが含まれ、プロモーションの中に広告もPRも含まれる。ただ、狭義ではプロモーションは、主にSales Promotionを指しSP（直接的）とPR（間接的）という形で使われるケースが多い。

プロモーションのツールは

①グラフィック系印刷物

ポスター　チラシ　リーフレット　パンフレット　カタログ　ステッカー　新聞・雑誌
パッケージや包装紙等

②編集系印刷物

マニュアル　機関誌　情報誌　会報誌など
パブリケーションとしてインハウスコミュニケーションにも使われる。

③映像・音声系ツール

④ネット系ツール

現代では各企業のWebサイトだけでなく、SNSやスマートフォンサイト、アプリなど、顧客接点は多岐にわたる。オンライン・オフラインを融合させたO2O(online to offline)・オムニチャネル・IOT(internet of Things)の進展で顧客情報が容易に入手できるようになり、これらの情報を利活用することで、顧客導線に合ったマス〜Web〜店頭のプロモーションを展開することが可能になった。

⑤ POP (point of purchase)

販売店などの内外に展開される広告やディスプレー類の総称。POP広告は「サイレントセールスマン」と言われ、**最終購買段階で、消費者に購買衝動を与え、購入の動機づけをさせる**ことができる。

⑥ プロモーションイベント

ただモノを売り買いするだけでなく、**モノにまつわるストーリー**(コト)を伝えることで、消費者とのコミュニケーションの深化を図ることができる。

PRの定義 VI-2

PRはパブリックリレーションズ (Public Relations) の略語。

時代や地域、人によって様々な定義がなされるが、2012年にアメリカPR協会(PRSA: Public Relations Society of America)が正式に発表した現代のPRの定義は

"Public relations is a strategic communication process
that builds mutually beneficial relationships
between organizations and their publics."

＜和訳＞　パブリックリレーションズとは、組織と組織をとりまくパブリックの間の、相互に利益のある関係を築く戦略的コミュニケーションのプロセスである。

また英国のPR業界団体CIPR(Chartered Institute of PublicRelations)では、パブリックリレーションズの「パブリック」の定義を以下のように規定している。

Publics are audiences that are important to the organisation.
They include existing and potential customers,
employees and management, investors media,
government, suppliers, opinion-formers.

<和訳>

パブリックとは、組織にとって重要なオーディエンスであり、既存・潜在的顧客、従業員、経営者、投資家、メディア、行政、サプライヤー生産者や納入業者、オピニオンリーダーを含む。PRのターゲットは必ずしも**ステークホルダー(利益保持者)だけではないということ。**

PRのキーワード VI 3

1.PESOとは?

アメリカの広報PRスペシャリスト向けの専門誌「PR-Week」は『グローバルPRのキーワードを"PESO"』としている。

P：Paid Media	(広告)
E：Earned Media	(広報PR)
S：Shared Media	(ソーシャルメディア)
O：Owned Media	(自社メディア)

の4つの頭文字を合わせたもので、かつては情報を一気に広めたければ**P**か**E**しか方法がなかったのが、近年は**S**や**O**が加わり多様化している。企業・団体の規模にかかわらず、**この4つのメディアをバランスよく活用することで、大きな効果が期待できる。**例えば、新商品を出すときには、まずマスコミにニュースリリースを配信したり、直接コンタクトをして取り上げてもらえるようアピールする**[Earned]**。発売日には**Facebook**や**Twitter**、**Instagram**などにコメントと商品画像を投稿する**[Shared]**。自社HPや特設サイトなどでも紹介する**[Owned]**。予算があれば広告やCMもスタートさせる**[Paid]**。といった感じになる。

2.広報とPRの違い

一般に、PRの同義語として「広報」という言葉を使うことがある。

「広報」を文字どおり解釈すると、広く＝社会に対して報ずる＝知らせるという意味になり、言い換えると企業や団体が社会に向けて"情報発信する"ことが「広報」。

これに対しパブリックリレーションズは「戦略的コミュニケーションのプロセス」であり、終着点のある一方的な情報発信活動ではない。

従来、日本語の「広報」は Public Information と訳されていたように断続的、随時的な「公的な情報」に限定された概念であったが、今日では、広報という用語もパブリックリレーションズとほぼ同義で用いられることが多くなった。

【例えば企業の場合】

Public Relationsは、一般消費者、従業員やその家族友人、取引業者、株主、金融機関、政府機関、自治体、教育機関、その他あらゆるステークホルダーがその活動の対象となりうる。

広報もまた、情報を受発信することで、新聞や雑誌などの媒体に記事として取り上げてもらうだけでなく、従業員や株主、消費者等ステークホルダーに活動内容などを理解してもらうことを含む。発信側では情報戦、心理戦の一手段として捉える場合もある。

戦前は主に「弘報」が使われており、これは情報の配信のみを意味していたが、戦後GHQによりPR(Public Relationship)の概念が導入され、対日民主化政策の一環として「行政の民主的運営のためのPR」の導入が推進されるようになると、

CIEO(Civil Information Education Office: 市民情報啓発室)や

PRO(Public Relations Office: 広報室)が中央官庁や自治体に設置されるようになり、

それまでの一方向的な「弘報」にかわり、双方向的な広報が普及するようになった。

かつて、一方的な情報発信であった「広報」に対し、双方向のコミュニケーションを「PR」と定義していたが、ソーシャルメディアが普及した現代では、「双方向」というだけでなく、より複雑化した情報流通において、生活者の声に耳を傾け、必要に応じて計画の軌道修正も行い、PDCA(Plan・Do・Check・Action)計画 - 実行 - 評価 - 改善を行う必要がある。

さらに組織が一方的にストーリーを伝えていくのではなく生活ストーリーテラーとなって、情報伝達していく仕組みづくりも必要となった。

3. PRとはパブリシティと広告+α

パブリシティと広告の決定的な違いは**メディア（媒体）にお金を払うかどうか**だが、**ペイドパブリシティ**という言葉も存在し、有償のパブリシティもあるため、**パブリシティとは、マスメディアなど第三者に情報を提供し、報道してもらうことで**、消費者に広告するのと同じ効果を得ることである。と理解したい。

広告の場合、情報を発信する際には、**メディア（新聞、テレビ、雑誌、Webなどの媒体）のスペースを購入する**必要があり、購入したスペースや時間の中で広告を展開しなければならない。

一方パブリシティは、企業の新しい情報をメディア側に積極的に提供し、**メディア自身がその情報を掲載するか否かを判断する。**

つまり情報に話題性があれば、メディアが勝手に拡散してくれるので、情報発信側の企業はメディアを購入する必要がない、ということになる。広告出稿において、媒体費はコストの中で大きな割合を占めるので、パブリシティの方が効率的だと思えるが、パブリシティの場合、**情報掲載の有無を決定するのはあくまでメディア側**で、メディアが「これは話題になりそうだ」と判断しない限り、基本的には掲載されることはない。

費用を払えば情報をベストなタイミングで確実に発信できる広告に対し
パブリシティはコントロールができず掲載してもらえる保証がない。

また掲載してもらえたとしても、いつ、どんな形で掲載されるかわからないこともある。

消費者から見れば、広告は社会に向けて企業が直接発信するもの。従って**表現は主観的になりがち。**それに対しパブリシティは、メディアが自身の特性を活かして独自の表現で発信するものなので、**客観的な視点で情報が発信される**ことになる。情報をキャッチする消費者にとっては、第三者の客観的な情報の方が発信者の主観的な情報よりも信憑性が高く、より魅力的に映る。口コミが拡散されやすいのと同じ感覚で、上手く使えばパブリシティは消費者の心をつかむ効果的な手法であるといえる。

因みに企業がブランドWEBページを製作して宣伝を行う行為は、基本的にPRに分類される。テレビCMなどは広告に分類されるが、同じテレビでも番組内で取材を受けたり、商品をアピールするために出演、出品を行うことなどは広報(PR)に分類される。

ここで注意すべきは、

広報(PR)は、単なる情報配信のみならず、
それに対する反響や意見を含むものであるという点である。

従って情報配信に対する効果測定や「お客様相談室」などによる聞き取り、アンケート調査なども、概念的にはひろく広報(PR)に含まれる。

複雑多様化した情報社会では、今までのようにPRを

パブリシティ・広告(マスコミ等による対外的コミュニケーション)と

パブリケーション(広報誌 パンフレット ホームページ イベント等のインハウスコミュニケーション)という枠に嵌めず、PESO=Paid Media Earned Media、Shared Media、Owned Mediaという形で語ることが多くなった。

かつては情報を一気に広めたければPaid=広告と、Earned=パブリシティ。つまりPEだけで事足りたが、近年はShared=(SNS)やOwned(HP)をバランスよく活用することが新しい概念のPRの基本とされるようになった。

PRとは、メディアを活用した広告、とパブリシティ+α

つまりWeb(SNSやホームページ)やイベント、広報誌といったパブリケーション=インハウスコミュニケーションまでを含めた総称ということになる。

PRの方法 Ⅵ-4

社会で理解され、信頼関係を築き、最終的にファンになってもらうためには、まず
「知ってもらう努力」が必要となる。

「いい製品を作っていればわかってもらえる」と言う経営者がいるが、**いくら素晴らしい理念を掲げ、高品質の製品やサービスを提供していても、それを伝えなければ、本当に必要とする人に届かない。**

従来、その方法として代表的だったのが、広告とパブリシティ。パブリシティ活動とは、マスコミに情報を提供し、記事や番組で取り上げてもらこと。
ニュースをパソコンやスマホで読むことが一般的となった現在でも、**そのニュースの多くがマスコミから発信されている**ことを考えると、マスコミに情報提供することが重要な活動であることに変わりない。

ただ近年、SNSや**オウンドメディア**（自社メディア）から情報発信することで、直接消費者に情報を届けられる時代となり、情報伝達の流れにも変化がみられる。

ここで重要になるのがオウンドメディアに集めた情報ストック。
すべてのPRのベースはここに集約されると言っても過言ではない。

> プロモーションはまずオウンドメディア（HP）への
> 情報収集から始めよう。

ロータリージャパンの機関誌「ロータリーの友」に掲出された拙稿から

100

地域のロータリークラブを例にとって広報の流れをみてみよう。

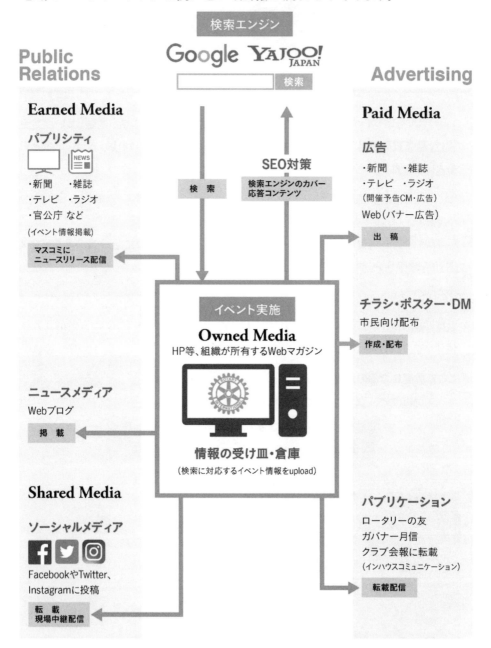

世界で行動する人びとの体験談とストーリー

変えていこう

クラブ広報「仕掛け」と「仕組み」
RID2730 深尾兼好（鹿児島西RC）

「アーンドメディア（Earned Media）」という言葉が今、我々広告屋の世界では、ちょっと気になる言葉になっています。直訳すると「獲得する」という意味ですが、それはこのメディアが、広告によってではなく、話題の創出によって信頼や評価を獲得しようとするメディアだからです。最近は、売り物がいくら良くても、体験談や評判といった世間での評価をまず

SNSで調べてみるのが通例です。

かつては情報を一気に広めたければ、広告とパブリシティだけで事足りたのですが、近年は広報をPESO＝Paid、Earned、Shared、Ownedというメディアの機能で語ることが多く、その中のEarnedやShared、つまりパブリシティとSNS、更にOwned Media（ホームページ）をバランスよく活用することが広報の基本とされるようになりました。これはロータリーでも全く同じことが言えます。市民社会で理解され、信頼関係を築き、最終的に会員増強に繋ぐには、知らせる努力が必要です。

social media
marketing
blogging
pr
press
share
PUBLIC
RELATIONS
network
publicity
events
promoting
communication

「ロータリーって何？」と聞かれて、「？」という市民がほとんどです。いくら素晴らしい理念を掲げ、地域に貢献する活動をしていても、それを伝えなければ、地域の支援は得られません。クラブが必要とする人たちにも届きません。陰徳がロータリーの身上という会員もおられますが、広報を無視して善行を行っても、それは自己満足に過ぎません。跡を継ぐ仲間がいなければ奉仕活動は一代で消滅します。

ロータリー広報の役目は、共感してくれる仲間に思いを込めてプロポーズすることです。

「仕掛け」と「仕組み」

ロータリーの広報を行う上で、最も大切なのは、地域の話題となる奉仕プロジェクトを企画、実行すること。ロータリーに無関心な市民にその素晴らしさを逡巡と説いても振り返らせることはできません。『振り返らせる仕掛け』を作ることが第一。話題になれば共感が生まれます。共感は仲間を集めます。次にそのニュースを『広く知らせる仕組み』を作ります。

ロータリーの広報は広告コストを掛けずに情報を発信するのが役目。そう言った意味ではホームページやソーシャルメディアの活用は極めて有効と言えます。その中で特に今、注目されているのが**オウンドメディアの見直し**。SNSの弱点でもある集積(ストック)が、ホームページの特性。検索エンジンのカバー(SEO)さえできれば、課題を抱えた人、情報を探している人との接点になるからです。

ホームページにあらゆる情報や写真データをストックし、検索に応えるコンテンツを置いて待ち構え、必要に応じてSNSやアナログツールに転載すればホームページはクラブ情報の有用な倉庫として機能します。

最近は動画を作成し、You Tubeに投稿したり、会員研修やイベントに使用したりするクラブもあるようです。またホームページのデータからプレスキッドを作成し、マスコミ、官公庁にリリース。同時にポスター、チラシ、DM、名刺にも情報を盛り込めばPRツールとして機能します。

内容がいいから広報しなくても人が集まる**はず**。自分が感動したから人が耳を傾けてくれる**はず**。ボランティアだから、多少拙くても理解してくれる**はず**。といった「**はず**」が多いのがロータリーの特徴です。ロータリアンが期待するほど一般市民はお人好しではありません。また単年度制の特徴として、**やりっぱなし**が多く見受けられます。継続を図るなら、市民の声に耳を傾け、計画の見直しを行い改善しなければなりません。広報は積み重ねです。

我がクラブは、2006年から過去6回に亘り、ロータリーファミリーと称される4つの世代(プロバス・ロータリー・ローターアクト・インターアクト)を中心に鹿児島市民を巻き込み、鹿児島を考えるパネルディスカッション『4世代フォーラム』を実施してきました。

第6回は、「日本国家発祥〈神話〉の地であり、日本の近代化に先鞭をつけた町でありながら、何故、都会に行くと方言を隠し故郷を卑下する県民性を持つに至ったのか?」を論じ合おうと計画しました。

　市民の共感を得て仲間を増やす格好のネタです。広報は関心を喚起させなければなりません。

　そこで『広く知らせる仕組み』を作りました。準備情報の一切をクラブのWebサイトにアップ。各担当者が正確な情報を共有するためです。メインビジュアルでは「吼えろ!」と一喝。鹿児島県の形を火を吐く竜にデフォルメしてインパクトを出しました。ポスターは見せるメディア、チラシは読ませるメディアです。当然表現は異なります。地区内全クラブにポスター・チラシを送付。公共掲示板・学校関係・メンバー企業にも掲示を要請しました。そしてEarned Mediaの活用。FBのイベント招待に、内容・画像を掲出し公開。

　地区の「FB」には、そのままシェアできる画像をアップし、メンバー個々・グループのFBで「いいね」を要請しました。SNSは上手に活用すれば凄い威力を発揮します。更に、「吼えろ」に対する反発を煽り話題化するために「Line」で問題提起、動員の切掛けを作りました。

　パブリシティ対策としてはニュースリリースを作成、2週間前に記者クラブに持ち込み、主要紙、放送局には担当者が直接訪問しイベント告知と取材を要請しました。インハウスコミュニケーションとしては、週報、月信に予告を掲載するとともに、クラブウェブサイトのカレンダーにアップ、逐一準備経過を報告。本番当日は会場設営、受付、進行運営全て手分けして行いました。プロジェクトに参画することがクラブのモチベーションをアップさせるからです。ホールには市内全クラブの活動パネルも展示しました。プログラムと合わせて、会員外の参加者には、ロータリーの広報誌を配布。受付にはポリオのポスターやPC動画(イベントオープニングにも使えます)を設置し、ロータリーの活動への理解を求めました。

　リソースは国際ロータリーのウェブサイトから取り寄せられます。

　当日は一般市民・学生が多く、熱い討論が新聞やテレビでも報道されました。

広報は「仕掛け」と「仕組み」。

　田舎のクリエーターの思い込みですが、クラブ広報のヒントにでもなれば幸甚に存じます。

国際ロータル公式ブログ
ロータリーボイス
2019.8.21掲載

第VII章

媒体特性を考慮した表現作法

ラジオ広告

ラジオは聴覚のみに訴求する媒体であるだけに、聴取者の頭の中に様々なイメージを形成しやすい。印象的で新鮮なメッセージ(言葉)と、記憶に作用する音と口ずさめるテンポ(リズム・メロディ)によって創り出す形や色(シーン)で訴求効果を高める。

1.ラジオCMの歴史

奈良時代以前、物々交換による市での物品の流通は、大宝律令関市令によって管理され貨幣(和銅開珍)の出現によって商業という生産に従事しない新しい職種を生みだした。ラジオ広告の原型とも言うべき「売り声」は店頭広告の原型「標=商品展示」と共に広告の原点と位置付けられる。売り声はやがて音声広告となり、移動により商品イメージの浸透を図る金魚売り、風鈴売りのような特徴あるテンポ(音)や客集めの口上、大道芸といった個性的なメッセージに発展。江戸時代中期にはコピーライターの元祖、平賀源内がCMソングのはしりとして歯磨き粉「漱石香」の音声広告を発表している。明治になってチンドン屋が賑やかな演奏で購買ムードを煽り、1925年ラジオというマスメディアの登場となる。ところがラジオの持つイメージ形成の有効媒体としての特性は、国家の管理による意識啓蒙に独占され、ドイツではナチスによるプロパガンダ=ゲルマン至上主義の徹底という悲劇を生んだ。終戦後になってようやく民間放送開始。1951年、服部時計店が時報を告げ民放ラジオが開局した。

2.色彩のある言葉で訴えるのがラジオ

ラジオCMの3要素

イ)言葉(コピーライティング・メッセージ)

テレビに比べてラジオは生アナによる訴求力が低いため、作り込みした言葉の方が伝わり易い。無意味、無効果なメッセージはないほうがいい。

ロ)音(SE・ME・イメージソング)

ラジオは映像がないだけに音によってイメージを作りやすい。音は人生シーンの記憶と共にある。例えば団塊世代ならビートルズは青春のシーンを想起させ、セミの声はわんぱく時代に意識を誘引する。Aha Experience=なるほど体験と言われる現象で意識下へのアプローチがメッセージを効果的に響かせる。

ハ)テンポ=語りの調子(CMソング・サウンドロゴ)

思わず口ずさんでしまうテンポや調子は、聴取者の気を引くと共に記憶を助ける。

3.CM作法

ラジオは運転しながら、家事をしながら、勉強しながら、釣りをしながら…といった「**ながら聴取**」が一般的な形態で、メッセージを伝えるにはかなりの工夫がいる。

イ) 表現コンセプトの策定

企業(商品・店舗)コンセプトに基づく広告表現の基本的考え方、展開の方向性、表現の発想枠(縛り)とも言う。つまり商品、店舗の「**何をどう**」売るか、訴えるか?の「**何をどう**」を考えることである。

ロ) 表現コンセプトをラジオ特性に照合し展開を検討

聴覚のみに訴える、頭にイメージを形成しやすい、仲間に呼びかけるという機能を持つメディアを使って、いかに有効にイ)で策定した表現、コンセプトを展開するか、その**切り口を見つける**のがこの項の目的である。

ハ) CMの構成

ラジオCMの表現形式は次の7つのスタイルに分類されるが、これらを組み合わせて構成されることが多い。

①ストレート トーク

メッセージをアナウンサーやタレントが単刀直入に訴える。企業や店舗のオーナーや担当者、商品、産物の製造者や生産者が生の声で語る事もある。伝える**内容そのものに魅力がある**(聞く人の関心を引く)場合有効。 ex:ビッグニュース的な新製品告知や人気催事の告知

②掛け合い

2〜3人の対話で構成。漫才やコントの一ネタを商品.店舗に落とす。**オチが商品と結びついていること**が肝要。コメントにテンポをつけたり強調すべき点を無理なく繰り返すことができる。シチュエーション(場面)や配役を設定することにより面白みを付加できる。

場面:井戸端会議　学校、職場　昔話　時代劇　未来の世界etc

配役:父と息子　母と娘　先生と生徒　姫と爺　上司と部下etc

③ドラマ仕立て

音響効果、リアルな芝居を取り込みCMをラジオドラマに仕立て、その中で商品.店舗のアピールポイントを自然な形で伝える。どちらかというと長尺CM向き。②の作法との組み合わせが多い。**喜怒哀楽の中に商品を織り込む。**

④Singing CM

所謂コマソン、ただしくはAdvertising Jingleという。企業名や商品名、店名が歌いこまれたCM。**メロディやリズムが印象を強め記憶を助ける。**

⑤**イメージソング(イメソン)**

企業名や商品名、店名が歌い込まれていないCM音楽。既製曲またはオリジナル曲をBG に使い、**商品イメージを補強する。**音源(レコード会社)とのタイアップCMという形をとることも ある。

⑥**語り**

ナレーションの調子、声の質、役者のキャラクター(**人柄、訛り、懐かしさ**)によってムードを作る。 ①のストレートトークと違い、会話の相手にはラジオの向こうの「あなた」ではなく、ラジオという 劇場の観客を想定する。**背景となる音楽や効果音、間の取り方といった演出が大事**

⑦**独り言(モノローグ)**

強いて言えば**自分に語りかける**形をとる。従って徹底して気取ったスタイルでまとめても、 知識、薀蓄をひけらかしても、かっこよさを強調しても印象として残る。

> **※導入部の「!」は耳を開かせる。「?」は耳を近づかせる。**

頭にインパクトを持ってくる手法としては、SE(Sound Effect)・ME(Music Effect)を利 用し「**ギョッ**」とさせるのも昔からのテクニックとして挙げられる。SEとしては(落雷 銃声 ガラス の割れる音 拍子木 ドラ 爆竹etc) MEとしては音楽のffの部分のCI(カットイン)の他、メッセー ジでもこの効果を引き出すことができる。

「ねぇチョット聞いて!」「君!そこのボーとしてる君だよ」「信じられない事が起きました!」といっ た好奇心を刺激するのも一手。

耳をそばだたせる手法としては、SE・MEを使って「**?**」を感じさせる。

遠くで聞こえる祭囃子とか、ダイヤル回す音とか、何かわからない不思議な音が遠くから近 づいてくる演出も効果的。また、メッセージの頭で「**もしもし……チョットいい話があるんだ けど**」とかすかな小声で囁いてみるのも好奇心をくすぐるといった面で有効。

> **二) 展開は聞き手の「関心」を如何に「継続」させるか**

構成にはアイデアとテクニックが必要。有りがちなのに見落としていること、

誰でも知っている曲にのせる、耳に馴染んでいるだけに替え歌も気を引く、

建前と本音の落差を商品に結びつけられないか?

「**チョットいい話**はないか?」「**連呼**出来ないか?」(必然的な連呼は効果的)

「**語呂合せ**,(ダジャレを商品に落としこめせないか?) **(商品と遊離しては逆効果)**

4.俺たっが創ったラジオCM

ラジオCMは通常、20秒、30秒、60秒、120秒といった尺で創られる。短い秒数のCMは、商品名の浸透や売出し告知に利用されることが多く、当然のことながら**1シーン、1アクション**での印象的な言葉やジングル、効果音や音楽によるインパクトが重視される。また長尺CMでは、**ストーリー展開**によって関心を持続させ、オーディエンスを頷かせる、感動させることが目的となる。

かつてラジオのローカルCMは、手書き3枚複写のCM放送原稿を局に送り、CM担当アナが番組途中に生で読むのが常であった。笑い話のようだが、2時間のワイド番組の中に差し込む生のCM原稿を放送当日まで忘れていて、局の悲鳴に近い督促の中、タクシーを待たせ番組の進行に合わせて60秒CMを4本書き上げ送稿したことがある。何とか無事にOA、上司からはこっぴどく叱られたものの、クライアントは「よく間に合ったね、神業だね(笑い)」とお咎めなし。何ともおおらかな時代であった。

その後、録音技術が進化し、CMは事前に録音して持ち込む事になったが、予算のないのがローカルの常。必定、局にお願いし、ただに近い金額で制作してもらうことになった。勿論、我々田舎のクリエーターにだって意地もあれば欲もある。局アナに役者もどきの芝居を強いたり、効果音や音楽に凝りまくったり、そんなこんなで賞もたくさん頂いた。

当時のコピーライターの必須心得は、局のディレクター、アナウンサーといかにツーカーになるか、と言っても過言ではない。お陰で営業絡みの番組の企画制作には多々参加させて頂き、1989年からは、一般公募のコンテスト「MBC-CMグランプリ」の審査にも携わり毎年、時代の趨勢を学ばせて頂いている。

鹿児島県農協中央会
コメの消費拡大キャンペーン
「20分早起きしたら」　20秒

> 夫：20分早起きしたら
> SE：(タタタタ・・・)
> 夫：女房のジョギング姿を初めて見た
> 　　意外と若いね
> SE：(ハァハァハァ)
> 　　ジングル　♪20分早起きしたら
> 子どもたち：朝ごはんがおいしいよ！
> Na：農協のお米です。

1993　ACC地区奨励賞

大阪屋製菓

南国美人　「食べてしまっていいのよ」　20秒

男：いよっ!

女：はっ!

M：BGM〜　(三味線喋りに合わせて)

男：味があるねぇ。南国生まれは情が深いってねぇ

女：お上手ねぇ〜!

男：黒糖やんわりピーナッツに、まぶして生まれた
　　南国美人

女：そうなのぉ

男：つまんでみたいね

女：あら〜ん!

男：美人粒より!大阪屋製菓の南国美人

女：食べてしまって…いいのよ♡

1985　ACC地区秀作賞

珍々豆　「お嬢さん編」　20秒

SE：(ちり紙交換風)

M：BGM〜

　　(エコーあり)

男：上流家庭のお嬢様方に申し上げます。

　　珍々豆お求めの際には、決して、お上品ぶって、

　　頭に「お」などお付けにならないでください。

　　大阪屋製菓の、お…◎※△×…珍々豆。

1988　鹿児島広告協会優秀賞

珍々豆　「珍々豆は野菜です」　20秒

子供たち：珍々豆は野菜です!

M：BGM〜

口上：花から芽を出す不思議な野菜。

　　　土まで届いて実を結ぶ。

　　　土の中の落花生。

　　　そこに目をつけ味をつけ。

　　　はぁ〜い珍々豆とござぁい。

Na：珍しいから

子供たち：珍々豆!

Na：大阪屋製菓です。

1988　福岡広告協会銅賞

鹿児島交通

佐多岬ロードパーク 「二人の仲ちょっと深まる」 20秒

SE：(波止場でボーッと汽笛)

女：ねぇ・・・　　男：うーん

女：ねぇ・・・　　男：何だい？

女：海が見たいの　　男：見てるじゃない

女：南の海が見たいの

M：BGM〜

Na：よーし、行こうか 車は走る、本土最南端、佐田岬は亜熱帯

男：ここでいいかい？　　女：ウン

SE：(カモメの鳴き声)

Na：佐多岬ロードパーク

女：二人の仲、ちょっと深まる

1992　ACC地区奨励賞

本坊酒造

焼酎桜島 「感動いっぱい、嗚呼心酔」 30秒

SE：(列車の通過音)

男：段々畑に囲まれた小さな駅で途中下車。駅前の筋を当て所もなく入り
　　込むと、一軒の民家の垣根からシャボン玉がゆらゆらと彷徨いでる

SE：(子どもたちの歓声)

男：ピンク、青、紫と色を変えながらやがてその生涯を閉じる

　　「しゃぼん玉　垣根を超えて旅を終え」　合掌

子ども：おじさん、でっかいしゃぼん玉作れる？

男：作れるさ、やってみようか

子どもたち：やったぁ！

M：♪〜出逢ったときめき、逃さぬよおに　感動いっぱい、嗚呼心酔〜♪

Na：本格焼酎　桜島

1994　ACC地区奨励賞

山形屋　お中元　「いい夏包んで」　60秒

SE：(雷、夕立、軒に駆け込む足音)

Na：雷、夕立、軒に駆け込む下駄の音

SE：(「ふ〜」とため息)

SE：(雨が上がり、雫、思い出したように風鈴)

Na：雨が上がり、涼しい風が頬を撫でると忘れていたかのように、
　　遠くでセミが鳴きはじめ雨宿りしていた懐かしい声が動き
　　始めるのです。

SE：(金魚売りの声「きんぎょ〜え、きんぎょ」)

Na　嬉しい音に出会う季節です。

SE：(下駄の音、格子戸を開けて「ごめんください‥」)

Na：ちょっと改まって、夏のご挨拶。赤いリボンの包装紙が
　　触れ合う心を結びます。良い夏、包んで

SE：(キラーン)

　　　お中元は山形屋

1983　ACC地区秀作賞

お歳暮　「結び愛」　60秒

Na：手紙のことを昔から玉梓と謂います。

女：玉に梓と書いて玉梓、梓の木の枝に糸や布切れで
　　玉結びを作り。その結び方で様々な意思を伝えたから

SE：(タターンと鼓)

女：一つ結んでため息一つ、2つ結んで両手を合わせ
　　3つ結んで振り返り、解けはせぬかと駆け戻る

SE：(女の子　下駄の音)

女：言葉に尽くせぬ大きな思いを、小さな結びが受け止めた

SE：(遠くで木遣歌)

Na：今は昔の、心を結ぶ約束事、
　　紅白の水引に、この結びの文化が生きています。
　　ありがとうの気持ちを結ぶ贈り物の蝶結び。
　　この一年の　結び、愛。

SE：(チョーンと拍子木)

Na：お歳暮は山形屋

1987　ACC地区奨励賞

お歳暮 「気持ち往来」 60秒

M : BG〜

男 : 出会いはいつも面白い。

　　歳の暮れになると、いくつもの思い出を持った顔が

　　次から次に登場して

SE : (電話の声で「よう、元気かい?」)

男 : なんて声かける。

女 : そういえば、子供の頃出逢ったサーカスの一行。

　　ちょっと老けたナイトやひょうきんなピエロ、ナイフ投げの小娘。

　　お腹がモーニングからはみ出た団長さん···どうしてるかな

男 : 年の暮れに思い出すいろんなシーンが好きです。

　　懐かしさが行き交う町、「ありがとう」が行き交う町、

　　昔ながらの「嬉しい」にありがとう。

Na : 気持ち往来　お歳暮は山形屋

1989　ACC地区奨励賞

九州電力

M：BG〜

Na：人間よりも魚の方が、音感が良い…と言ったら、あなたは、驚きますか？

男：魚は、絶対音感を持っていて、楽器を使う事なく、例えば、ハ長調のドの音やソの音がわかるんです。魚にカラオケを歌わせたら、きっと音痴な魚なんていないんでしょうね。

SE：（魚（カサゴ）の声）

Na：これは、カサゴが敵を威嚇している音です。

　　「あっちいけ！」とでも言っているのでしょうか。

SE：魚（シマイサキ）の声

Na：これは、シマイサキ。「恐ろしい敵がやってきたぞ！」

　　[みんな逃げろ！]と、仲間たちに知らせています。

SE：（2つの魚の声）

Na：魚語は、そんなに数多くはありません。

　　魚たちは、生きていく上で必要な言葉だけを使い分け、

　　しかも正確に意思を伝えるのです。

　　極めて単純な言葉で、極めて適切な時に。そこには、打算も、邪心もありません。

　　水の中では、素直な言葉だけが、交わされているのです。

SE：（魚（グチ）の声）

Na：「I」「love」「you」「私はあなたが好きです」。

　　グチが、愛を囁いています。

　　自然があふれる、この九州の水の中で、

　　今もたくさんの魚たちが言葉を交わしています。

　　豊かな九州の自然の中で九州電力。

M：BG～

Na：野山を歩いて、道端に可愛らしい花が咲いていたりすると、

女：この花の名前はなんだろう?なんて、思ったことはありませんか?

　　名前を知ることが愛の始まり。と、昔の人は言っています。

　　それは、自然にだって言えること。

　　「なんて名前だろう?」という気持ちが、もっと知りたいという興味になり、

　　そこから、自然の草花への愛も、育っていくのかもしれません。

　　皆さんは、こんな音を、聞いたことがありますか?

SE：(クチナシの開花時の音)

Na：これは、クチナシの花が咲く時の音。そしてこれは…

SE：(バラの開花時の音)

Na：これはバラの花です。こちらでは…

SE：(キキョウの開花時の音)

Na：キキョウの花が咲きました。

M：BG～

Na：同じ花でも様々。もしかすると、野山の昆虫には、その音が、

　　聞き分けられるのかもしれませんね。

　　「あっちの野原で、タンポポの花が咲く音がしたぞ!急げ!」なんてね。

SE：(木が地中の水を吸い上げる音)

Na：あ、これは、木が地中の水を吸い上げている音です。

　　まるで、血管の中を血が流れているみたいです。

　　耳を澄ますと、生きている自然の声を感じます。

　　目の前の花にも、向こうに見える山にも。

　　九州の自然は、私たちと一緒に、生きています。

　　豊かな九州の自然の中で九州電力。

1994年度　福岡広告協会賞グランプリ

広告余話4

－CMソングってなんじゃラホイ？－

コマーシャルソングって言葉は実は和製英語。コマーシャルメッセージ(CM)が広告文案(コピーライティング)のほぼ同義だから、コマーシャルソングは広告歌謡でいいんじゃないか？と思うのだが外国人には通じない。**正しくはAdvertising Jingle 又はSinging CMと言う。**また歌詞のないインストゥルメンタルはCM曲(音楽)、歌詞に商品名がない場合はイメージソングと呼ばれる。

ラジオ広告の3要素は、

①**メッセージ**＝新鮮で魅力ある言葉、つまりバーゲン告知の「お買得品がいっぱい」はメッセージではない。お買得じゃない物を買う馬鹿はいないから。

②**サウンド**＝音は人生シーンの記憶と共にある。**Aha！Experience、なるほど体験**と言われる現象で、例えば団塊世代ならビートルズは青春のシーンを想起させ、セミの声はわんぱく時代に意識を誘引してメッセージする雰囲気が出来上がる。

③**テンポ**＝語りの調子はオーディエンスの気を引くと共に記憶を助ける。

CMソングはこの②③を満たすためにある。音声広告の起源とも言われる売り声・大道芸・チンドン屋は空気でモノを売った。

CMソングの歴史を見ると、日本で最初のコマソンは江戸時代中期に遡る。

土用丑の日にうなぎを食べさせたコピーライターの元祖、平賀源内が歯磨き「漱石香」の引札に節をつけたのが始まりとか。

♪～「東西々々、さる御方より何ぞ元手のいらぬ商売思いつくようにと お引き立て下されし候歯磨きの儀、今時の皆様はよくご存知の上なれば隠すは野暮の至りなり。さる御方の指図にて、第一に歯を白くし、口中をさわやかにし、悪しき臭を去り、熱を冷まし、そのほか種々雑多、富士の山ほど効能これある由の薬方御伝え下されし候。効くか効かぬか・・・」～♪

世界に目を移すと、世界最初のコマソンは1880年代、イタリアの登山鉄道の宣伝曲「フニクリ・フニクラ」が最初。ラジオの放送開始は国営放送が1925年。民放が1951年。**26年の差はラジオがイメージ形成の有効媒体として、意識啓蒙に国家が利用したから。**(ドイツではラジオによるプロパガンダでナチス＝ゲルマン至上主義を浸透させた)

1951年民間放送開始。服部時計店が時報を告げ開局。コマソン第1号は「ボクはアマチュアカメラマン」小西六(現:コニカ) 三木鶏郎。

―以下―

1950～1960(**インフォーマティブソング**)
「有楽町で逢いましょう」フランク永井
1961～1966年**歌うコマーシャル**が
ラジオ東京でOA
「明るいナショナル」三木鶏郎
「光る東芝の歌」ダークダックス

「かっぱの唄」楠トシエ/黄桜酒造

「キンカンの唄」幸村いづみ・ダークダックス/金冠堂

「セクシー・ピンクの唄」キスミー

1967年レナウン「イエイエ」

小林亜星の登場で広告界激震

「世界は二人のために」佐良直美/明治アルファチョコレート

「モーレツ」コスモ石油

1974年「スキャット」

サミー・デイビスJr./サントリーホワイト

「男の世界」ジェリー・ウォレス/マンダム

「愛と風のように」BUZZ/日産スカイライン・ケンメリ

「家をつくるなら」加藤和彦/パナホーム

「がんばらなくっちゃ」中外製薬新グロモント

「ふりむかないで」ハニーナイツ/エメロン

「日立の樹」日立製作所

1975〜1979年(ニューミュージック)

「ソクラテスの唄」野坂昭如/サントリーゴールド

「愛のメモリー」松崎しげる/グリコ・アーモンドチョコレート

「時間よ止まれ」矢沢永吉/資生堂

「君の瞳は10000ボルト」堀内孝雄/資生堂

「Mr.サマータイム」サーカス/カネボウ

「夢想歌」円広志/日本航空

「季節の中で」 松山千春/グリコ・アーモンドチョコレート

「ヒーローになる時、それは今」甲斐バンド/セイコー

「いい日旅立ち」山口百恵/国鉄

「魅せられて」ジュディ・オング/ワコール

「異邦人」久保田早紀/三洋電機シルクロード

「微笑みの法則」 柳ジョージ&レイニーウッド/資生堂

1980年代以降、CMでの波及効果に着目したレコード業界が広告業界とタイアップし様々なヒット曲を生み出した例もある。

1980年代(ジャンルの多様化・タイアップCM)

「君に、胸キュン」イエローマジックオーケストラ/カネボウ

「ワインレッドの心」安全地帯/サントリー赤玉パンチ

「ふたりの愛ランド」石川優子&チャゲ/日本航空沖縄

「SWEET MEMORIES」松田聖子/サントリービール

「熱き心に」小林旭/味の素ゼネラルフーヅ

「しあわせって何だっけ」 明石家さんま/キッコーマン

「I feel Coke」日本コカ・コーラ

「クリスマス。イブ」 JR東海・クリスマスエキスプレス

1990年代(連呼型の復活)

「引越しのサカイ」

「CCレモン」サントリー

「ドンタコス」

「鉄骨娘」鷲尾いさ子/サントリー鉄骨飲料

「パットサイデリア」小林亜星

「サラリとした梅酒」チョーヤ梅酒

「ウィスキーがお好きでしょ」 石川さゆり/サントリー

2000年～

「タケモトピアノ」　財津一郎

「ガリガリ君の唄」

「まねきねこダック」アフラック

「お金は大事だよ」アフラック

「消臭力」ミゲル・ゲレイロ/エステー

著作権についてはJASRACが楽曲のCM使用に関して放送使用料を管理しているのとJAM(日本広告音楽製作者連盟)が著作権の啓蒙を行っている。

CM用にカバーされた曲

「ダンダン娘」　西田ひかる/三菱霧ヶ峰

「亜麻色の髪の乙女」島谷ひとみ/花王エッセンシャルダメージケア

「明日があるさ」ウルフルズ/ジョージア

「エイトマン」SMAP/フレッツ光

「待つわ」市原悦子/トヨタデュエット 他

長寿CMソングとしては

「牛乳石鹸の唄」　中原美紗緒

「シャボン玉石けん」　山崎夕起子

「伊東に行くならハトヤ」　ブラック・キャッツ

「チョコレートは明治」　スリーグレイセス

「カステラ1番電話は2番」　文明堂

「目覚め」　ネスカフェゴールドブレンド

「明治チェルシーの唄」　シモンズ

「日立の樹」

「いいもんだなー故郷は」　三橋美智也/明治カール

「それにつけてもおやつはカール」　千昌夫

「サッポロ一番カップスター」

おまけ

私が手掛けたローカルCMソング

昭和49年

「さつまおはらがしみわたる」制作

　　本坊酒造「おはら」

　　作詞:阿久悠　作曲:猪俣公章

　　歌:島倉千代子

昭和50年

「幸せいっぱいお買いもの」作詞

　　ショッピングデパートダイワ

昭和51年

「おいしい街角」作詞、味の7丁目作詞

昭和56年

「ラブ・フライト」作詞

　　山形屋、夏のテーマ

昭和60年

「ヤマカタヤ」制作

　　新生 山形屋ジングル

平成元年

「心酔い」作詞

　　本坊酒造　「桜島」

　　感動いっぱい、愛情いっぱい、

　　真実いっぱい

平成3年

「コスモパーク」制作

　　「ノンテキエロマオ」

　　鹿児島中央霊苑

平成12年

「NICE TO MEET」制作

　　なべしま30周年ジングル変更

2012年MBCラジオ「放送広告の日」特番講演

テレビ広告

VII-2

テレビは視覚と聴覚に訴求するため、企業(商品)の認知度を高めるのに効果的な媒体で、聴取者の頭の中にイメージストックをつくりやすい。また、マスメディアを使うことによって、社員のリクルーティングにも影響力を持つ。ただし新聞媒体のようにじっくりと説得したり、回読したりするには不向きで、「出あい頭の印象」を重視する。

1.テレビCMの歴史

TVの語源はフランス語のテレヴィジオンに由来し、**Teleとはギリシャ語の「遠く離れた」、Visionはラテン語で「視界」の意である。**テレビは1843年から開発され、走査線の概念、ブラウン管の考案を経て1929年、英国放送協会(BBC)がテレビの実験放送を開始。日本でも1931年、NHK技術研究所がテレビの研究を開始、1940年には日本初のテレビドラマ「夕餉前」の実験放送、1953年、シャープが国産第1号のTV3-14Tを発売、**日本放送協会(NHK)が2月1日、民放の日本テレビが8月28日、放送を開始した。**が、テレビ画面が裏返しに映るという信じられない事故もあった。当時のテレビ受像機はサラリーマンの給料が10000円にも届かない時代に20万以上もしたため、一般人は街頭テレビや土地の富裕世帯宅に集まって見ていた。当時の主な番組は、大相撲 プロレス プロ野球など放送時間も限られていた。その後、民放各社が設立され、**1958年12月、東京タワーから放送開始、翌年4月皇太子明仁親王ご成婚の中継を機に一気にテレビ受像機が一般に普及した。**

この頃、テレビは東映を除く映画と対立、作品の使用や所属俳優の出演が拒否されたため、アメリカのホームドラマや西部劇が輸入され、1970年代まで大いに人気を博した。**1960年、カラー放送開始、**日立製作所の「ポンパ」が発売された。1968年独立**UHF局誕生**(岐阜放送)、**1970年、東京オリンピックの開催によって飛躍的にカラー受像機への切り替えが速められた。**その後は、衛星放送(BS)の放送開始、BSハイビジョン BSデジタル 地上デジタル 移動受信対応のワンセグと急速に進化し、**2012年3月31日を以て日本全国が完全デジタル化。アナログ放送60年の歴史を閉じた。**

≪現在の放送の形態≫

●地上デジタル放送

●衛星放送=人工衛星から直接放送、放送衛星(BS) ・通信衛星(CS)

●ケーブルテレビ (CATV)

　　※地上アナログ放送は東日本大震災被災3県を除き2011年7月24日に停波、

2.テレビCMの特性

CMはその目的からいって客観的な立場をとる作業だが、同時に表現に際しては主観的な発想を要する創造作業である。特に広告コンセプトを設定した後は、大衆に身を置いてコピーライティングを検討する必要がある。広告は商品を売るための一方的なアプローチではなく、**消費者が商品の企画者であり、消費者の志向が広告を創る**と考えるべき。

テレビ映像の特性は、大衆と共にその場に「在る」こと。

従って、CMのメッセージは新聞、ポスターとは本質的に異なり、**CM独自の「商品の示し方」「語り方」**が要求される。広告コンセプトは各媒体の特性を生かして表現されなければならない。つまり特性を伴う媒体毎に、表現という心を伴った技術によって消費者と向き合うべきで「テレビCMに理論は無い」などと放言し、思い付きだけで制作してはならない。テレビCMの画面作成にも電波媒体の美学と心理学が存在するということである。**「CMは生活の楽しい断片である」「CMは生活の喜びの歌である」**とはケネス・グレスベック(マキャン・エリクソン社、CM界の大御所)の言葉である。**CMは商品の自画自賛であってはならない、CMはその商品を使う生活の楽しさを謳うことによって成立する。**

≪テレビCMの3要素≫

①言葉 (コピーライティング・メッセージ)

コンセプトを正しく伝える表現であること。新鮮で個性的なのが○、

使い古されて一般的、抽象的なのは×。

【×の例】お買い得品が店内いっぱい、抜群のデザイン、最高の機能、この秋を彩る素敵なアイテム

②音

SE (Sound Effect)　SL (Sound Logo)　BGM (Back Ground Music)

イメソン (Image Song)　CMソング (Commercial Song)。

意識下へのコミュニケーションのツール。

メッセージしやすい土俵(場面)に引きずり込む。言葉に出来ない部分(ムード)をフォローする。

温かさ、親しみ、カッコよさ、重厚さは言葉だけでは伝わりにくい、

イメージとともにメッセージは伝わる。

Aha Experience＝あいづち体験（なるほど体験）と言われる現象で、消費者の潜在意識にある映像、音声体験を利用する。

③映像

CF (Commercial Film)・VTR・カード (テロップ・スライド)。

映像は年齢、世代、国籍を超えたコミュニケーション手段。

3.テレビCM制作の流れ

┌─── ①制作依頼 ───┐

企業理念、商品特性、訴求対象等、企業の考えを明確にし、

企業コンセプト・商品コンセプト・サービスコンセプトをまとめる

⬇

⬭ **広告の目的、目標設定** ⬭

⬇

⬭ **オリエンテーション** ⬭

オリエンシートの作成

●制作意図、訴求対象、商品データ、特記事項（商品ストーリー等）、

テーマ（コンセプト）予算、提案様式、提案期日等を企画会社に提示。

⬇

┌─── ②企画 ───┐

●企画会社（広告代理店）は制作会社と協力して、企画制作のためのチームを構成。

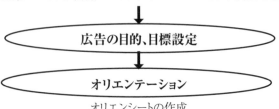

【企画スタッフ】

クリエイティブディレクター（CD）　アートディレクター（AD）　プランナー（PL）

コピーライター（C）　プロダクションマネージャー（PM）

【制作スタッフ】

アートディレクター　コピーライター　グラフィックデザイナー（D）

イラストレーター（I）　カメラマン（P）

CMの場合は、

プロデューサー　ディレクター（演出D）　美術（ART）　カメラマン（C）

ライティング（L）　スタイリスト（ST）　ヘアメイク（HM）　オーディオ（AUD）

エディター（EDT）特殊効果・CG等

⬭ **表現コンセプトを策定。** ⬭

出演者　作家　ロケーション等を想定し

メディア別のカンプリヘンシブ・イメージコンテを起案する。

企画書　表現コンセプト　媒体計画　スケジューリング

表現カンプ・イメージコンテ（ストーリーボード）・見積書を作成。

※最近はデジタル化によって、より正確なものが求められ、文字情報(コピーライティング等)や仮画像まで入れ込んだカンプ、typed comprehensive layoutの形で提案するようになった。

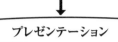

プレゼンテーション

受注を希望する企画会社が自社の企画案を企業に提案

---

③制作準備

●プレゼンテーションが受け入れられたら、基本的には企画書に沿って準備を進める。

(クライアントからの要望、修正もある)

●制作会社、制作スタッフの特定。

CDまたはPDが統括し予算管理、工程管理、現場管理はPMが担当。

プリントメディアはADの指示でD,C,Pが最終カンプを作成、

映像・音声メディアはPDの指示で、キャスティング(出演者、スタッフの選定)。

●ロケーション・ハンティング等を行い

演出家がイメージコンテを現実的な演出コンテに仕上げる。

---

④制作

カンプ・コンテに基づいて、

タレント ロケ地 セット 小道具 車両 交通手段 宿泊 食事 飲料、

特殊機材(ゼネ クレーン ドーリー ボート ヘリ 最近はドローン等)を手配。

著作権 肖像権 現場使用許可等を確認。

モデルオーディションが必要な場合もある。

PD D ART C Lが立ち会って撮影現場確認～本番。

---

⑤クライアントチェック・試写

かつてフィルムの時代は、ラッシュ編集の段階で一度試写を行ったが、

最近は完成品でチェックを行うようになった。

⑥掲載・OA

【アナログ～デジタルへ】

企画制作依頼

制作方針、予算、時期、商品（企業）データ添付

（オリエンテーション）

↓

企画会議

企画スタッフ　CD　AD　PL　C（PD　D）

（コンセプトメイキング）→（ブレーンストーミング）　企画書 イメージコンテ スケジュール 見積もり

↓

企画提案

（プレゼンテーション）

発注 → 受注

↓

制作会社を確定

キャスティング（タレント・スタッフ）　ロケハン・セット打ち合わせ

↓

演出コンテ・制作スケジュール・実行予算

撮影準備　　オールスタッフ打ち合わせ

制作スタッフ　P　PD　D　C,L　ST　HM　ART

その他　AUD　EDT　特効　CG　振付師　作曲家　作家等

ここから大きく様変わり↓————

Film（35㍉・16㍉）　←**撮影**→　VTR 1/2インチベーターカム

昔はFilmかVTR　**現在はデジタルディスク（ハイビジョン～4K、35㍉1眼レフでも可能）**

ラボ処理　↓オールラッシュ試写・OKカット出し

粗編 PCで仮編集（昔はラッシュ編集・ポジをスプライシングしラボにオプチカル処理を発注した）

オプチカル・FtoV → **映像編集**　VTR　1インチ編集　（DVE～CG）

（昔はオプチカルラッシュをつなぎ込んで編集ラッシュを完成させた）

↓

録音MA（昔は6ミッテープ（38cm/sec・19cm/sec））

役者　ナレーター　演出家　効果　音楽　ミキサーが揃い一発録り。

その後、多重（マルチ）録音に変わり、**現在はディスク デジタル録音**　ナレ録り

音楽　制作　レコ選　同録・SE

↓

Cue tone位置確認

昔はネガ編を行いラボでポジに焼いた

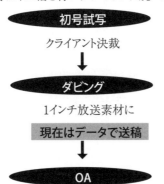

初号試写

クライアント決裁

↓

ダビング

1インチ放送素材に

現在はデータで送稿

↓

OA

4.テレビCM作法

何を誰にどのように伝えるかを工夫することがCM作法の基本。

消費者の目で客観的な企業(商品)の魅力を見つけ出す(創り出す)ことである。

イ)まず相手の気持ちをCMの中に引きずり込む

テレビは出合い頭の媒体であるため、視聴者はCMに対する心構えができていない。

共有する意識や共有イメージを活用し、**ギミック(仕掛け)やトリック、タレントの個性**によって
目を(関心)を引き付けることが肝要である。一方的な自画自賛やくどくど言う、当たり前のことを
言う、といった表現は無意味。

ロ)ブランドパーソナリティを創出する

印象的な映像 メッセージ タレント等によって付加価値をつける。

アメリカ的表現=合理主義 比較 挑戦によるストレートな訴求

日本的表現=抒情主義 イメージ モノ離れ的表現

ハ)Whatをいかに印象的に伝えるか

表現はすべてWhat(広告コンセプト)に帰結しなければならない。あれもこれもと欲張った
メッセージは逆効果、訴求ポイントは絞り込む程効果的。

二)具体的に訴求対象を設定、1対1の表現に

テレビの視聴者は幅広い世代に亘るが、誰でも見るから誰にでも通用する表現を、
という発想では誰も見ない。

ホ)ポジショニングが表現を特定する

生活場面のどこに商品を置けば、商品が活き活きと輝くかを考える。

―テレビCM企画の基本原則―

①誰にメッセージするかを特定する

<u>老若男女誰にでも印象を与えたいというCMは、原則的にはありえない。</u>(=価値観の差)。
話題を作ってくれる人達(=コミュニケーションリーダー)または、商品を買ってくれる人(=マーケットリ
ーダー)を相手に表現を考える。

②コンセプトを明確にする

商品の何(=どんな魅力)を第一に伝えるかを選択する。

CMはわずか15秒、30秒でメッセージする媒体だからあれもこれも伝えようとするのは、逆にメッセージ力を弱める。**1ポイント訴求に徹する。**文字数にして15秒で75文字、30秒で150文字、文字数が少ないほど伝わりやすい

③新鮮な切り口を表現アイデアにする

原則的には**1 or 2シーンで展開**を考える。

※カット的には15秒で3〜6、30秒で5〜10。1シーンのCMもありうる

―切り口の基本パターン１０か条―

1. 見たこともないウソをつけ(SFもの　特撮　CG)

2. オチを効かせて印象づける(たてまえと本音の落差)

「なんでも泣いたら買うて貰える思てぇ → あ〜っ、うちも泣きたいわ」

3. 誰でも知っている古典を使う

「つれづれなるままにひぐらし」→ 何か面白いことないかな(アミューズメント)

4. 誰でも知っている歌を使う(替えorそのまま)

「むすんでひらいて、手を打って → ありがとう」

5. 必然的な繰り返しを使う(しりとりもあり)

6. 職人芸を使う(本人のモノローグがベター)

商品との共通点を探せ。薩摩焼 → 手の温もり、音楽家 → 豊かさ、繊細さ≒商品

7. 動物をキャラクター化できないか

語呂合せ、ダジャレにもっていけないか。アシカの足利

8. 古い記録を使う

家族の昔、商品の昔、企業の昔(老舗、頑固)

9. ありのままの子供や方言を使う

にくたらしい子供、イガグリ坊主、素朴な百姓

10. ネガティブアプローチ=弱点を魅力にする

―絵コンテ作画要領―

1. ストーリーをカット割りする

LS　FS　BS　CUの使い分け。

LS～CUまで1Schottで取れるのが無難

2. メインカットを決める

※目立たせる工夫

3. 導入カットを決める

①後にインパクトを作る場合はLSから入る

②頭にインパクトを作る場合はCUから入る

③文字のみから入って問題提起することもある

4. カットのつなぎを決める

〔ZU ZB PAN DOLLY OL〕

・基本的にZUは緊張感。ZBはネタバラシ、エンド。OL(ディゾルブ)は時間、場所の移動。

　WIPEは話しの切り替え、回想。FOは場面の転換に使われることが多い。

・DOLLYは心象風景、(俯瞰は奢り、煽りは畏怖)PANは広さと高さ。

　(PANは背景が動く、DOLLYは背景が固定)

・できればUP,LONG,右,左を交互に。

・同一サイズ同一ポジションのつなぎは避ける。

・動くモノがフレームアウトしたら、その方向からフレームインさせる。

　※受けカット(返しカット)が必要な場合は登場人物の左右が逆にならないように

5. タイトルを工夫する

とびこませる　立体化する　アニメにする

6. ぶら下がりはＣＭの余裕

※シーンが変えられる。商品を強調できる。

山形屋絵コンテ
【例えば】

山形屋初夏のテーマ展開【カブトムシとテントウムシ」

1.ストーリーはテントウムシと カブトムシの対話

● 2匹がフレームインして向き合う

● ドアップで対話　口をモゴモゴ

● ステージにピンスポ

　ドリーバックして真上へ

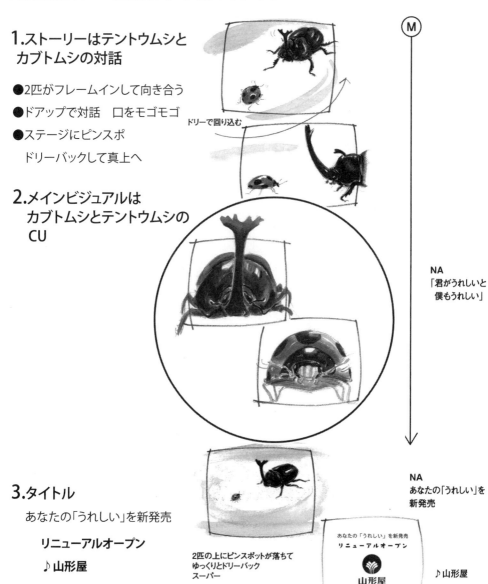

ドリーで回り込む

Ⓜ

2.メインビジュアルは カブトムシとテントウムシの CU

NA
「君がうれしいと
　僕もうれしい」

3.タイトル

あなたの「うれしい」を新発売

リニューアルオープン

♪山形屋

2匹の上にピンスポットが落ちて
ゆっくりとドリーバック
スーパー

NA
あなたの「うれしい」を
新発売

あなたの「うれしい」を新発売
リニューアルオープン
山形屋

♪山形屋

－CM制作用語－

ルーズ(ゆるめ)↔タイト(きつめ)

L・S ロングショット
広大な背景を活かす

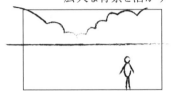

F・S フルショット
人物全体のスタイル、動き

G・S グループショット
グループの関係、やり取り　（2ショット・3ショット）

K・S ニーショット　膝上〜頭

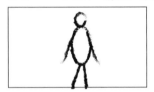

W・S ウェストショット ウェスト〜頭

M・S ミドルショット
漠然と中くらいのサイズ

B・S バストショット 胸〜頭

C・U クローズアップ　寄り

Fix   固定撮影   例えばFF(FサイズFIX画面)   FSで固定(三脚を使う事が多い)

Z・U   ズームアップ   寄る、**つまりレンズを伸ばす。**目的物に寄り切ることはZ・Iズームイン
                             視点を特定のモノ、場所に集中させる。

Z・B   ズームバック   引く   **つまりレンズを引き込む**
                             被写体がおかれている状況と関係性を見せる

Pan   パン   **カメラを振る**   左→右   (逆は逆PAN)
                             広さを表現、横長の被写体のディテール
                             複数の被写体の位置関係
                             視点の横移動、移動する被写体を追う

Tilt   チルト   カメラを上下に振る撮影(横がPan)
T・U   チルトアップ   カメラを上に振る(足元から顔へ)
T・D   チルトダウン   カメラを下に振る(顔から足元へ)

Follow   フォロー   カメラを動く物体に合わせて上下左右に振る

Dolly   ドリー   **カメラ自体を移動させて被写体を追う。**Truck(トラック)とも言う
                      【左右の場合】   パンに比べ被写体に執着し、迫力が増す
                                       背景を入れることで、臨場感が増す
                      【前後の場合】   遠近感が強調され、インパクトが増す
D・U   ドリーアップ(トラックアップとも言う)   カメラ自体を下から上に移動させて撮る
D・D   ドリーダウン(トラックダウンとも言う)   カメラ自体を上から下に移動させて撮る
D・I   ドリーイン(トラックインとも言う)   カメラ自体を移動させて被写体に寄る
D・B   ドリーバック(トラックバックとも言う)   カメラ自体を移動させて被写体から離れる

Focus   フォーカス   ピントの合う点を変えるレンズ操作、見せたいところを意図的に操作し
                             強調させる撮影技法。

Focus In	ボケた状態から徐々にピントを合わせること。 「目覚め」や「思い出す」場面によく使用される
Focus Out	徐々に焦点をぼかすこと。意識が遠のくなどの効果
煽り	カメラを低位置に置き、被写体を見上げる形で撮影 **被写体の大きさを強調し「威圧感」を出す** 逆に見下ろすのは、「**俯瞰**」。 さらに高いポジションから撮ることは「**鳥瞰**」（バード ビュー）という アオリを補正したい時は、シフトレンズでシフト撮影すれば可能
なめる	カメラと画面の間に何かを入れて、その奥の被写体を撮る **物をかすめることで奥行き、立体感が出る**
コマ撮り	1コマずつ撮影することでアニメーションなどに用いられる 静止した状態のものを少しずつ動かしながら撮影し、連続再生する ことで動いているように見せる技。「**ストップモーション**」 植物の成長、開花を一瞬で見せるときなどによく使われる
コマ落とし	**24コマ以下（ビデオの場合は30フレーム以下）で撮影。**ムービーカメラの標準 回転速度は1秒間に24コマ。コマ落としで撮影した素材を標準速度で映写す ると**画面の動きが早くなる。**スピード感のある効果が出るため、闘争や追跡の シーンでよく用いられる**低速度撮影のこと。**また、1秒間に1コマ以下という非常に 遅いスピードで撮影する技法は**インターバル撮影や微速度撮影**などと呼ばれ、 流れる雲や、花の開花、昆虫の羽化、1日の人の流れを撮る際に使用される。 意図的にコマを抜いて、ちょこまかした動きを出す場合もあるが、昔の映画が ちょこまか動くのは18コマで撮影された為で、意図してのことではない
ハイスピード	**高速度撮影、所謂スローモーションのこと。**目に見えない瞬間的な画像を撮影 することで、通常1秒間に24コマ（ビデオカメラ等30コマ）の撮影が一般的だが、 **ハイスピードカメラを使用して高速度撮影し24コマで再生するとゆっくりとした** 動きになる。

3. 編集

Cut　　　　　　　　ぷっつり切ってつなぐ始まりがC・I終わりがC・O

Fade　　　　　　　　じわっと始まるF・I、じわっと終わるF・O

O・L(Dissolve)　　　重なり合いながら変わる。F・I、F・Oの交差
　　　　　　　　　　　時間経過、つなぎの円滑化

WXP(Double Exposure)二重露光、二重写し

Focus　　　　　　　撮影説明と同様　ボケイン、ボケアウト
　　　　　　　　　　　目覚め、記憶が遠のく

Wipe　　　　　　　　画面の乗り換え、画面を切りながら次の画面へ
　　　　　　　　　　　丸ワイプ・ペイジめくり、すだれワイプ
　　　　　　　　　　　場面転換(シーンが変わる時)回想

2コマ打ち　　　　　　セルアニメーション用語**コマ伸ばし**1秒間24 コマの映像で、
　　　　　　　　　　　1枚の絵を2コマに渡って使うこと(12枚)。
　　　　　　　　　　　3コマ打ちの場合は(8枚)。セル動画独特の動きとなる。

4. タイトル

ライブ　　　　　　　撮りきりタイトル、フリップ等にZI

スーパーインポーズ　絵画面の上に文字が乗る

なめだし(ワイプ出し)　文章を順を追って読ませたり、ワイプを画面上の一部に適用して、
　　　　　　　　　　　筆字が書かれいくように見せるため筆の線をなめだしする。

飛び込み　　　　　　ZBを急激に行い画面にタイトルを飛び込ませる。

アニメーション　　　動画タイトル

5. 音声

Na（AN）	ナレーション　ナレーター
Back Ground	バックグランド背景音　音楽の場合BGM
For Ground	表に立つ音
M（Jingle）	CMソング　イメージソング　レコ選
SE（Sound Effect）	効果音
SL（Sound Logo）	社名　商品名　タイトルテーマ歌い込み
F·I F·O	徐々に始まる　徐々に終わる
C·I C·O	突然始まる　ぶっつり切れる
C·U	ボリュームアップ　音が大きく成る
スネークイン	ニョロっと始まる
クロス（OL）	音が重なる

6. 放送用語

テレビ番組	**スポンサード・プロ**（提供番組）
	サスティング・プロ（自主番組）
	生番組·編集番組
	ローカル番組·ネットワーク番組
	スタジオ番組·中継·録画（取材·ロケ）

テレビ広告

ステーションブレーク（ステブレ）　番組と番組の間、番組切り替えのためのブレーク。地方局は、この時間をスポットで販売する

スポットCM　ステブレで流されるCM

番組CM（タイム）番組提供によるCM、前·中·後CM及び提供クレジット

番組の長さによってCMの長さが異なる

PT（パーティシペーション・スポット）

番組中に番組提供のスポンサー（協賛／広告主）以外のCMを放送
すること。元は共同提供方式のことを言ったが現在は、提供クレジットを
入れないためスポットCMとして扱われる。
番組制作費を負担する必要がない。

ガイドタイム（案内CM）
CMだけで番組を構成する。

インフォマーシャル（インフォメーションコマーシャル）
企業や商品の紹介をCM枠より長い枠で詳細に紹介する。

番組生CM
番組放送中、生でCMを行う。
途中、収録素材をインサートすることもある。
HH（ヒッチハイク）番組終了アナウス直後のCM
CC（カウキャッチャー）番組前CM直後のCM
ID（アイデンティフィケーション）局名告知、放送開始終了時

放送素材　　　　**スーパーテロップ**　　映像にインサート、番組を中断させない。

　　　　　　　　　サイドマーク　　　　画面の上下左右に社名・タイトル等をスーパー
　　　　　　　　　ロールテロップ　　　前後左右に移動するテロップ
　　　　　　　　　　　　　　　　　　　　エンディングロール等、長い文章、キャストやスタッフ、
　　　　　　　　　　　　　　　　　　　　協力企業、団体の紹介

CC（コマーシャルカード）　　**NBAの放送規格（オペーク制作定規）で制作されていた。テロップ・**
　　　　　　　　　　　　　　　スライドを素材として使用、昔は、カラーカードのみでCMを構成
　　　　　　　　　　　　　　　動かないCMと謂われた

5.俺ったが制作したテレビCM

私が広告業界に入った1970年代前半と謂えば、ローカルのテレビCMは、動かない画像がほとんど。**テロップやスライドによる所謂カードCM**というものだが、15秒で概ね2枚、30秒で3枚の画像に音声を当ててOAしていた。

フィルムCMが劇場用映画と同じ機材(ミッチェルやアリフレックスといった35mmの大型カメラ)を使って短尺のドラマを創ろうとする時代だから、高価過ぎて田舎では到底作れない。カードCMなら30秒でも3万円程度なのにフィルムとなると一気に500万以上。ところが、そこはよくしたもので、セミプロや報道むけに16mmの小型カメラ(ベルハウエルやボレックス。スクーピクスというのもあった)を使えば画質は落ちるが価格も一桁落とせる。これなら、ということでフィルムCMづくりが始まった。

今ならデジタル編集で、撮影画像を一瞬にして編集できるが、当時は、ネガで撮影したフィルムをラボに送り、ポジに焼いてラッシュ–編集し、オプチカル(光学)処理でOLやWIPEといった効果を加え、**ネガ編集してポジでOA**、というのが通常で、京都や横浜にあったラボと行ったり来たりでは制作に1ヵ月を要する。そんな面倒な作業を省いて、いきなりポジで撮影し、そのままテープスプライシングで繋ぎOA、などという無謀なことも行われた。「ニュースはみなこの方法だよ」と、痴れっと言ってのけた時代もあった。当然そんな雑な映像は長持ちしない。1ヵ月も経てば、画面に傷がつき見るに耐えなくなる。これを**「雨が降る」**と言っていた。フィルムカメラはデジタルカメラのように即撮影というわけにはいかない。カメラのモーターの回転が一定するまで(通常は24コマ/秒)待つ。従って**「カメラ回りました」**から始まり**「ヨーイ」「スタート!」**となる。現場にモニターはなく、演出、撮影、照明スタッフが一々カメラファインダーを覗いて絵を決めていく。勿論、フィルムは一度光を通したらビデオのように再利用は出来ない。本番の緊張感は想像を絶する。不用意にカメラ前を横切ろうものなら罵声とともにパン棒が飛んでくる。昔のハイスピード撮影用(128コマ/秒)のベルハウエルはゼンマイ式(勿論モーターもあったが)で、思いっきり巻いてスタートすると「ギャーン」という凄まじい音とともに一瞬にしてフィルム1巻終了。あっけにとられたことを記憶している。**2000年になるとビデオカメラ、レコーダーがCMにも入ってきた。**もともとは、スタジオ番組の収録で使われていた1部屋を占領する程でかい2インチのVTR。すぐにロケ用の1インチが開発され、カメラ周りはカメラマンとVTRエンジニアの2人体制がCM現場にも適用された。そして一体型カメラ、ベーターカムの登場。編集のデジタル化が急激に進化し、アナログ画質を好む昔気質の監督も今では、フィルムカメラで撮った画像をデジタル化し編集する、といった方式を採用されているようだ。

【作品の例】

MBC開発
日本丸精密模型をダイバーが支えて池田湖に浮かべ飛沫、風をスタジオで合成

20周年企業CM 「帆船」 30秒

M：BG〜

Na:帆船は風をエネルギーに変える

　Offで女性

フライングジブ、ステイスルー、メインスルー、

その上にトップスルー、ゲルンスルー、

ローヤルが連なる

最後尾にスパンカー

いく種類ものセールが、

いく種類もの風に挑む

企業もまた、

いくつものセールを持ちたい

　　複合企業　MBC開発

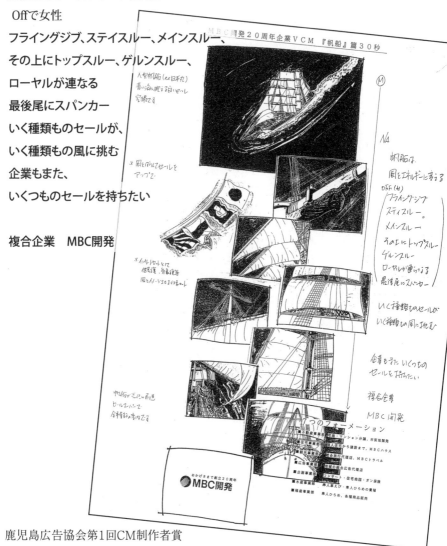

鹿児島広告協会第1回CM制作者賞

鹿児島テレビ

残念ながらコンペで落ちてしまったが未だに無念がこみ上げるお気に入りの2点

感動の自由　15秒　2タイプ

①

M：BG〜

感動の自由
KTS鹿児島テレビ

②

M：BG〜

SE：包を解く

　　シュル

　　シュル

　　シュルッ

　　パカッ

　　ポワーン(雰囲気音)

Na：鹿児島名物

　　鹿児島テレビ

吹上庵

鹿児島のオールスタッフが総結集。珍しく35mmを回して若手にCM作法を伝えようと目論んだ作品。
制作の苦労話はメイキングを1時間の特番にしてOA。

知覧店オープン「お蕎麦が似合う町」30秒

① M：BG～

　Na：遊という字に蕎麦を当てると

　　　　知覧という町が見えてくる

　　　この町には、和服の女性が似合う

　　　この町には一杯のお蕎麦が似合う

　　　昔ながらがいい

　　　　　Offで「こんにちは」「いらしゃいませ」

SE：(そばの水を切るサクッ)

　　　蕎麦茶屋　吹上庵

② M：BG～

　Na：そば打ち体験場を蕎麦屋が作ると

　　　こだわりが見えてくる

　　　「そば道場」知覧武家屋敷前にオープン

　女：「心を練りこめ 命を伸ばせ」

　SE：(ポヨーン)

　Na：知覧そば道場

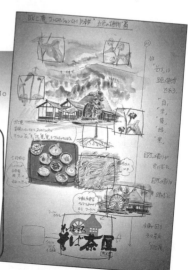

40年前、現在は日本でも注目されるチェーン店となった
㈱フェニックスの企画を担当するようになった最初の作品。
原点はそば茶屋吹上庵。

「蕎麦は五色の植物です」　30秒

M：BG～

Na：そばは五色の植物である

　　　白　赤　黄　緑　黒

　　　自然の香りが色にでた自然の香りが味に出た

　　　水車が回る そば茶屋吹上庵

焼き肉なべしま

30周年を機に長年歌い継がれたCMソングを作り変えようと画策したが、消費者の隅々まで浸透したなべしまソングには勝てず。ただ、ご飯が美味いから、野菜が新鮮だから肉が旨いというアプローチは大成功だったようである。

30周年「Nice to MEAT」　食材編　30秒

M：コマソン(新作)〜

Na：野菜も食べてみてください

　　お米も食べてみてください

　　自信があります

SL：Nice to MEAT♪

SE：(肉の焼けるシズル音　ジューン)

Na：30周年の

　　♪なべしま♪〜

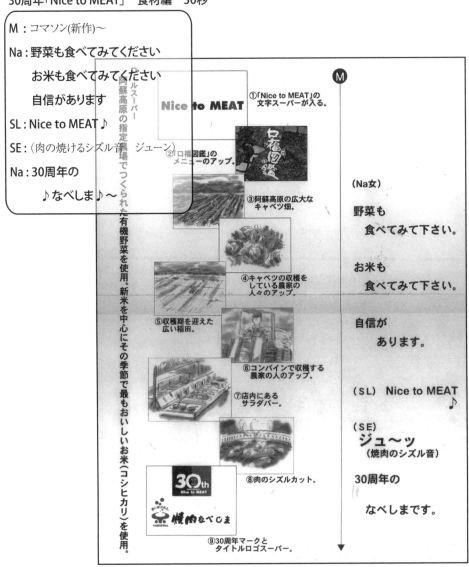

①「Nice to MEAT」の文字スーパーが入る。

②「口福図鑑」のメニューのアップ。

③阿蘇高原の広大なキャベツ畑。

④キャベツの収穫をしている農家の人々のアップ。

⑤収穫期を迎えた広い稲田。

⑥コンバインで収穫する農家の人のアップ。

⑦店内にあるサラダバー。

⑧肉のシズルカット。

⑨30周年マークとタイトルロゴスーパー。

テロップスーパー：阿蘇高原の指定農場でつくられた有機野菜を使用。新米を中心にその季節で最もおいしいお米(コシヒカリ)を使用。

Nice to MEAT

口福図鑑

30th Nice to MEAT

焼肉なべしま

（Na女）

野菜も
　　食べてみて下さい。

お米も
　　食べてみて下さい。

自信が
　　あります。

（SL）　Nice to MEAT♪

（SE）
ジュ〜ッ
（焼肉のシズル音）

30周年の

なべしまです。

本坊酒造桜島

霧島嘉例川駅で撮影、以後観光地として注目される。

CMソングはCD化され、今もカラオケで歌われている。

「嗚呼心酔い」 30秒

SE：(入構する列車警笛「ぽ〜っ」)

CMソング　♪頭の中を整理して

心の中を空っぽに

出逢ったときめき

のがさぬように

感動一杯

嗚呼こころ酔い♪

Na：本格焼酎桜島

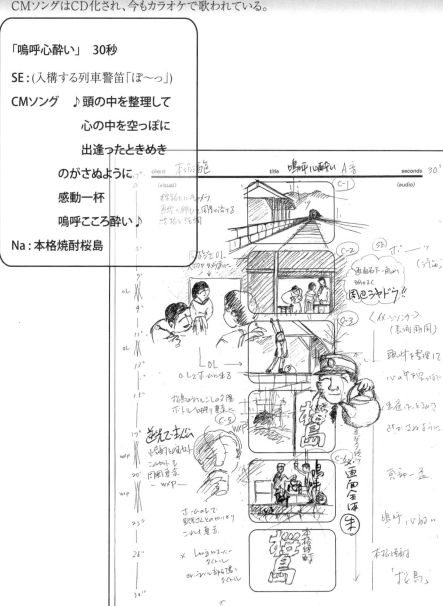

黒之瀬戸潮流とスタジオ撮り
桜を巻き込む水流を逆転して合成。

「桜島伝説」 30秒

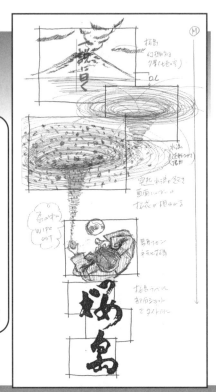

M：BG〜

男：一説によると
　　この山が生まれるとき
　　海面が桜の花で覆われたと謂われる
　　故に桜島、か・・・
　　僕はこの説が好きだ

Na：本格焼酎「桜島」

1992 ACC地区奨励賞

本坊酒造大淀黒麹ドライ

女優 稲森いずみさんが高校時代オーデションに応募、ダントツで採用。が、商品が焼酎なので
ちょっと大変だった作品。

「人生ちょっと辛い」 30秒

M：BG〜
男：二人で歩く道がある(陽気な声)
女：二人で歩く道がある(陽気な声)
男：一人で辿る道がある(沈んだ声)
男：二人で交わす酒がある(陽気な声)
女：二人で交わす酒がある(陽気な声)
男：一人で偲ぶ酒がある(沈んだ声)
SE：(酒を注ぐ音　とくとくとくとく)
Na：本格焼酎黒麹ドライ
男：人生ちょっと辛い

1991 ACC地区奨励賞

南日本銀行

バリエーションとしてOL編、父親編を同時撮影。
スタジオセット、背景に銀行のイラストを組み合成なし。

フレッシュバンク 「庶民の幸せ」15秒

SE：(街の雑踏音

　　　タタタタッ、キョロキョロ)

主婦：ハーハーハーッ　(息を切らして)

　　　ぎゃはははは (満足の大笑い)

Na：一家の幸せはこの笑顔から

　　　ナイスプラン!

M：ジングル♪〜フレッシュバンクなんぎん

1992 ACC地区奨励賞

中園久太郎商店

俳画、俳句で構成

「漬物の花」　15秒

M：BG〜

Na：大根漬ける

　　　足の指間に塩つまり

　　　大根、茄子、胡瓜

　　　贈り物に中園のお漬物

1992 ACC地区奨励賞

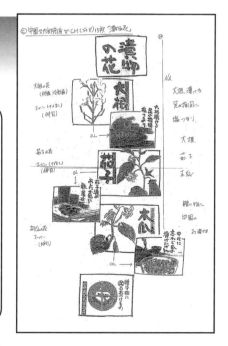

鹿児島フジカラー

「愛する人のいる方に」15秒

父親：1枚も10枚も

　　　1000枚も、10000枚も、撮りたぁい

Na：愛する人のいる方に

　　フジカラーダイレクトプリント

　　お近くのお店で

1991 ACC地区奨励賞

鹿児島県農協中央会
農畜産物輸入自由化反対
故郷は輸入できませんキャンペーン

「ドミノ倒し」　15秒

M：BG〜(ドキッとするME)

Na：日本の農業

　　「NO」業になっていいのでしょうか

　　知らないうちに食・民地

　　もう無関心ではいられない

1989 ACC地区ACC賞

　日本中で、移動中の若者がスマホを眺める時代と成り、その世代は20代から30、40代へと拡大しつつある。最早、通勤電車で新聞や雑誌を広げる光景は皆無と成った。

　こういった世相を反映して、ネット広告はここ数年急激な伸びをみせ、新聞.雑誌等のアナログメディアは急落、テレビ.ラジオも伸長はしているものの往年の輝きを失っている感がある。ただ今でも大衆に効率よくリーチするに、テレビに勝る媒体は無く、あらゆるチャネルがシームレス化するオムニチャネル時代にあって、テレビ広告とネット広告、はたまたリアル店舗とネット店舗がいかに共存していくべきかが問われている。

Advertising と Sales Promotionの分業化が必至

①テレビだけで物は売れない(**全体告知**)
②チラシだけで物は売れない(**エリア告知**)
③WEBだけでも物は売れない(**検索・シェア**)

　つまり広告と販促とコミュニケーション(インタラクティブ)の三つの機能のコラボによってモノが売れる=**Promotion**

テレビが輝きを失った

とよく言われ、2014年には「おわこん(終わったコンテンツ)」というテレビドラマが、低視聴率にあえぎメディアとして末期的症状を呈するテレビ業界を描いて話題になったが、果たして本当に、かつて、あれほど脚光を浴びてマスコミ界に君臨したテレビは全く効果無しの烙印を押される時代遅れのメディアなのだろうか?

　我々は箱から動画と音声が飛び出すテレビの登場に驚嘆し、出稿すればモノが売れる万能のメディアとして過信してきた。ところがインターネットというニューメディアが登場し、**Attention**(注意)・**Interest**(関心)で引き寄せられた消費者が、**Desire**(欲求)・**Memory**(記憶)から購買行動に入るという社会心理学的常識を覆し、**Search**(検索)から購買行動に入り**Share**(共有・拡散)まで伸展するという新しい流れによってテレビは輝きを失った。

AIDMAからAISASへ
テレビの持つ特性を再検討しなければならない

　一方的にせよ、大量の情報を大量の消費者に届ける機能は、アクセスしなければ開示されないインターネットと異なり、まだまだ有効ともいえ、かつての様に単一メディアだけで商品の購入に結び付ける威力は期待できないが、商品の存在、商品名、企業(店舗)のイメージを伝える。つまり、購入に至る、来店に至るきっかけ(話の糸口)をつけるには十分な力を発揮するものと思われる。

直接購入に帰結させない使い方
「えーっ!」とか「はあ?」つまり「!」「?」驚き
や疑問によって他メディアに誘引し、その
販促ツール内で購入の動機付けを行う形
に変わりつつある。

テレビは話題の糸口を創る機能に特化すべき

例えば
①テレビで話題の糸口を創りネットに誘引する。つまり**創作ドラマの導入部分のみTVCM**でOA「**?**」関心によってネットの本編ドラマを見させる。

続きは web で	🔍

②ネットで関心の昇華を図ると同時に、仲間(グループ)を形成させ、HPでドラマを完結させることによって**ファンクラブとして取り込む。**

③仲間共有の商品としてCM商品を位置付けクラブの合言葉は**固定化した「キーワード」**、サイト上で**商品を紹介**し、そのまま購入に結び付ける。

今すぐ検索　　　　🔍

④購入と同時に**Share**によって**共有・拡散**させる。

また、リアル店舗の多くが、廃業するかネット配信に軸足を移す中にあって、逆行ともいえる店舗販売を拡張している企業がある。店舗で手にした商品をネットで安く購入する**「ショールーミング」**に対して、ネット検索した商品を店舗で購入する**「逆ショールーミング」**する消費者も多いと聞く。これは店舗が、ものを売る現場ではなく商品のアイデンティティを表現する舞台だと考える発想から具現化された。

　フロアはカッコいいユニフォームを着た
スタッフのステージであり、コンサルタント
を演じるスタッフは客を楽しませるエンタ
ーティナーとなる。リクリエーションショッピ
ングへの対応と言えそうだ。

2015年
鹿児島CM合同研究会総会挨拶

新聞広告

一度に多くの人に対して情報伝達を可能にするのがマスメディア。インターネットの登場まで、広告のスタイルはこのマスメディアによってつくられ、特に新聞というマスメディアは、その後の広告のあり方を大きく変えた。

1.新聞広告の歴史

イ)マスメディア以前

声と標が広告の原点と言われ、律令制の中で「市」の決まりとして、大宝律令に標(しるし)が記載された。これらは後に、売り声や看板として発展した。江戸時代になると**引札**というチラシの原型が登場した。そば屋の引札や呉服店越後屋(三越)の引札がよく知られている。この引き札の発展に関与しているのが、**浮世絵版画の技術**。浮世絵の始まりは、1657年(明暦3年)に起こった江戸の大火の頃とされ、この大火による復興の様子を絵画にしたのが始まり。この頃はまだ、肉筆画と版画の両方が主流だったが、徐々に版画の技術が発展するに連れ、その価格も大衆的となり、江戸庶民の娯楽として親しまれるようになった。

ロ) 新聞というマスメディアの登場

引札や瓦版は、情報を告知する手法であったとは言え、藩という国境に阻まれ大量に拡散し人を集める、という意味合いではエリアが狭く、日本で最初のマスメディア、新聞の登場により、「広告」の存在は大きくその価値を変えていくことになる。

ハ) 日本で初めての新聞

新聞というメディアが、日本で初めて登場したのは1861年(文久元年)。長崎で貿易商をしていた英国人が発行した『The Nagasaki Shipping List and Advertiser』この新聞には長崎に入出港する船舶の情報や気象情報(予報ではなく過去の週間天気)などが記載されていた。**西暦の日付と日本の暦の日付の対応表も記載**されており、外国商人が日本でビジネスを展開するに必要な情報の橋渡しとなっていた。

※紙面には**Advertisement**と区分された広告枠が用意されていた。

購読の対象は、長崎に出入りする外国人であるため、上海を拠点とした会社の広告も多く、日本人をターゲットとした広告はなく、発行部数も週2回、100部程度と小さく、3ヵ月で廃刊とな

った。因みに創刊号（1861年6月22日号）の広告にInternational Bowling Saloon開業のお知らせがある。この日が『**ボウリングの日**』となった由来である。この新聞のタイトルにもある**Advertiser**が、日本人が初めて目にした「広告」を意味する言葉で、当初は広告と言う日本語はなく「**アドヴェルタイズメント**」がそのまま用いられていた。「**広告**」という言葉は、1871年（明治3年）に発行された、日本語での初の日刊紙『**横浜毎日新聞**』の中で用いられ、一般化したと考えられる。日本人として初めて、新聞広告を掲載したのは、**中川屋嘉兵衛**という商人で、『パン　ビスケット　ボットル　右品物私店に御座候間多少に寄らず御求被成下度奉願候　横浜元町一丁目中川屋嘉兵衛』という広告が1867年（慶応3年）に掲載されている。

二）広告を広めた福沢諭吉

新聞というメディアが、徐々に庶民へと広がり、マスメディアとしての有用性が高まると、**政治的な機関紙としての利用**が増え始め、公共性を持った情報紙としての本来の特性から外れ始めた。そこで、本来あるべき、ジャーナリズムのあり方を世に問うたのが**福沢諭吉**である。福沢は、「広告」にも注目していて、自ら発刊した「**時事新報**」の社説の中で『**商人に告ぐるの書**』と題して、当時の世の中に、新聞に広告を出すことがいかに有効かということを説いた。この中では、従来の**引札**では、全ての家々に届けるのは困難だが、新聞広告であれば、多くの家々に届けることが出来る。無料で配布される引き札は無料であるがゆえに読まれずに捨てられるが、**新聞は対価を払って購読している**ため、記事も広告も読まなければ損であるとの思いから、読んでくれるだろう、と説いている。

「**有料情報の価値**」に気付いていた、ということで興味深い。

時事新報が、広告媒体としての有益性を、自社の社説のみならず他紙の広告欄も活用して説き、広告も福沢諭吉自らが考えたものであったらしい。

その中で、新聞の広告媒体としての価値が、発行部数だけでなく読者の購買力にある、としていた点は、非常に先見性を感じさせる。

> 商売に廣告の必要なるは、兵士に武器の必要なるが如し。
> 何程の勇士にても、既にて敵を攻めて勝を取ることは難しく、
> 何程抜け目なき商人にても、広告を為さずして商利を博することはむつかしい。
> 廣告に種々方法ある中にも、新聞紙を利用するに越すものなきは、世界中の定論なり。
> 而して又其用に供する新聞紙は最も発行紙数の多きものを選ぶこと勿論なれども、

発行紙数に兼ねて、又其新聞紙を購読する者の富有上流の人物なる事を要するなり。

何となれば、商人の最も望を属する所の相手は、

社会下等の人物に非ずして富有上流の人々にあれば也。

時事新報は単に発行紙数の夥しきのみならず、

日本國内にて最も上流社会の愛読する新聞紙になるが故に、利器なるべし。

『廣告五十年史』より引用

ホ) 変わるメディアの変遷

売り声や引札といった人の手を介して伝達される広告からマスメディア、つまり人の手を介さず、一度に多くの人々に情報を届ける新聞広告へ。この出来事は「広告」のスタイルや価値観を大きく変えた。新聞から雑誌、ラジオ、テレビへ、日本にマスメディアが定着してほぼ150年。インターネットメディアの登場により、再び「広告」のスタイルや価値観が大きく変わろうとしている。電通の『2018年 日本の広告費』では、新聞媒体は前年に引き続きマイナス成長で、その広告費は1980年代後半から1990年代前半のピーク時から実に3分の1まで下落している、代わってプラス成長を続けているのが、インターネット広告。最近では新聞も紙媒体からデジタル媒体への切り替えが進み、新聞のメディアとしての再建が図られている。

2. 新聞広告の媒体特性

新聞・雑誌はTVやラジオと違って読者が金を払って購読する媒体であるため、記事を読む意思をもって接触される。従って新聞広告の特徴は、目につくと共に**読ませる仕掛け**が必要となる。媒体への信頼も高いことから感応性より説得性に主眼を置いた表現が多く、保存性、記録性、回覧性といった面からも、情報の正確性と理解できる情報量が重要視されてきた。が、Webという情報の受け皿、ストック、シェアという機能を持ったメディアの参入進化により、他のマスメディア同様、**コミュニケーションの緒**としての役割にシフトされ始めた。

①**記録性**　　電波のように消えない。保存性、閲覧性も高い。

②**説得性**　　充分時間をかけて目を通す事ができる。内容について理性的な判断ができる。

③**随意性**　　好きな時に、好きな場所で読める。繰り返し読むことも、回覧も可能

④**安定性**　　宅配による定期購読、有料購読、長期購読のため訴求対象が安定している。

　　　　　　（宅配は日本の特徴）

　　　　　　※有料であるため媒体に接する態度は電波広告より密で

読者の指向を把握してメッセージすることができる。

⑤**信頼性**　　伝統的な報道機関（日本初のマスコミ）

　　　　　　　※教養メディアとしての信頼が、そのまま広告に結びつく。

⑥**便宜性**　　スペース（サイズ）、回数、掲載日が自由に選べる。

3.新聞広告の種類

新聞の紙面は、**ほぼ全紙38,5センチ×15段**と決まっていて、広告は概ね「**記事下**」と「**雑報**」
に分類される。

記事下	営業広告	企業・商品広告　出版 映画
	臨時広告	営業外（人事 謝罪 公告 黒枠）
	案内広告	三行広告（標準活字のみで組む） 　　　　求人 売買 不動産 ショッピング
	記事広告	記事風に（特集 パブリシティ）
	題字下	題字の下3.5×2段
雑報	突き出し	記事下から突き出した広告5.25×2段
	記事中	記事の中に枠をとる7.0×2段
	案内中	案内広告の中に枠をとる3.5×1段 5.0×2段もある

意見広告

様々な主義主張の人に向けて自らの考えを表明するのが意見広告。保守革新を問わず、
各市民団体が意見広告の掲載を目指して市民運動などに活用している。

社告

商品のリコール・回収情報、株主への案内、経営者や創業者の訃報等を含む社内人事のお
知らせなど、商品購入者や株主、取引先など限られた関係者に気付いてもらうための広告。
通常は社会面の下2〜4段を使った地味なデザインであることが多い。

臨時広告

企業や行政機関が不祥事のお詫びや謝罪を新聞紙面上で行う。謝罪公告の文字があてられる事もある。広告に対して、公正取引委員会が景品表示法に基づく排除命令を出した場合のお詫びや、企業や行政機関によって著しい損害を与えられた場合、裁判で新聞に謝罪広告を出すよう求める場合もある。これも**社会面の下部が充てられる。**

三行広告

一段・2～10行程度の小さな広告。**元来は3行であった**が近年、行数は増減している。特にスポーツ紙や夕刊紙に多く、主に飲食業やパチンコ、新聞販売店、土木・建設関係、タクシー運転手など特定業種や職種の求人募集、雑件、貸金業、に使われる。夕刊紙では風俗店の広告だけ数面を占めるケースも多い。広告費と文字数の制約のもとで、**簡潔な表記や略称で表現されることが多い。**

書籍広告

産経新聞を除く一般紙では、一面下部3段を6～8個に分割して、書籍の広告に充てている。

（産経は一面に広告を載せていない）

求人広告

スポーツ紙や夕刊紙が、平日三行広告で求人広告を掲載しているのに対し、一般紙は主として**日曜紙面で、より大きなスペース（2段1/8以上）の求人広告が掲載される。**業種や職種も、大手有名企業や外資系企業が広告を出すことも多く、求人職種などの情報もきちんと掲載されている。詳細情報は、同時期に掲載している求人情報誌や求人情報ウェブサイト、求人企業のウェブサイトを参照するように記載されているものがほとんどで、読者層の違いを伺わせる。

※新聞社の広告料収入

テレビ・ラジオCMや雑誌広告では、掲載料金が前払いなのに対し、新聞広告では掲載料金が後払いというのが慣習となっている。新聞の場合、突発的な大事故が起きた場合に特別紙面を組む目的で、掲載予定だった広告を外し、記事を載せることもあるため、そ

4.媒体特性の時代変化

新聞広告は日刊という特性を活かし、いち早く最新情報を伝えるメディアとして機能してきた。更に宅配により読む習慣が生まれ、「**お茶の間で新聞を広げるお父さん**」が、当時の新聞のメディア特性を語るシーンとなり、高度成長、エコノミックアニマルの時代では「**電車の中でサッと目を通す**」のがサラリーマンの構図とまで言われた。日刊紙を八つ折りにして要領よく裏返し目を通す方法や、車内利用を考えた夕刊紙（スポーツ・芸能）の**タブロイドサイズ**も現れ、広告作法としては、ひと目で何が書いてあるか分かる**アイキャッチャーやヘッドラインが重視された**。また、書き手の生の声が聞こえないという批判から、書き言葉から話し言葉へ、文体の変化もあった。**新聞広告の原型が、生々しく訴える尋ね人広告**と謂われる所以である。マスコミ4媒体全盛の時代を経て、**インターネットメディア**（Internet Media）が登場、**オーディエンス**（Audience）との**インタラクティブ**（Interactive）、つまり双方向のコミュニケーションによって急激に進展し、Webを絡めた広告戦略＝クロスメディアが広告の主流となった。そんな中で2010年、フォルクスワーゲンはインドにおいて世界初のユニークな新聞広告を「掲載」した。新聞の内側に音声チップを仕込み、**新聞を開くと新聞が自動的に宣伝文句を語りかける**というもので「**トーキング・ニュースペーパー・キャンペーン**」と称した。欧米や日本ではメロディ付きクリスマスカード等で広まった技術だが、インドの主要6都市に220万個のチップ入り新聞が配られ、読者を驚かせた。ただ、セリフ前の**ビープ音を爆弾と勘違いして警察に通報する**事態が相次ぎ、爆発物処理班が出動する騒ぎにもなった。またいきなりしゃべりだした新聞にお年寄りが驚き、「気分が悪くなった」とか「新聞の中にお化けがいると怯えた」という批判も寄せられた。

日本では10月２０日が「新聞広告の日」。

Ⅶ 雑誌広告

1.雑誌の歴史

　洋学者、柳河春三が「Magazine」の訳語として「雑誌」という言葉を用いて創刊した「**西洋雑誌**」が、日本における初めての本格的な雑誌と謂われる。刊行されたのは1867年（慶應3年）の10月、大政奉還の年。その内容は、オランダで発行された雑誌を翻訳したもので、商業誌というよりは、思想や文化を紹介する啓蒙的色彩が強かった。現在、最も長寿の一般誌は「**中央公論**」。定期刊行を開始したのは1887年。学生有志で組織された会の機関誌としてスタート、創刊時のタイトルは「反省會雑誌」。定価は3銭だった（100円くらい）。次が「**週刊東洋経済**」（東洋経済新報社）1895年に創刊。当初は旬刊誌で1919年から週刊となり、それが**国内でもっとも古い週刊誌**と謂われる。その他、1903年創刊の「婦人之友」（婦人之友社）、1904年の『新潮』（新潮社）、1905年の「婦人画報」（講談社発売）、1913年の『週刊ダイヤモンド』（ダイヤモンド社）、1916年の『婦人公論』（中央公論新社）が100年以上の歴史を持つ。**大正時代の大きな出来事は、雑誌が相次いで発刊され興隆を極めた事。**
　「婦人公論」「主婦の友」は、婦人解放運動を背景に家庭哀話、現代婦人不平、結婚前の男女といった特集を組んだ。大日本雄弁会講談社は「少年倶楽部」「面白倶楽部」「現代、婦人倶楽部」「少女倶楽部」を次々に発刊。社運をかけての「キング」発刊に際しては、**当時のあらゆる広告手法を総動員し一大プロモーションを展開した**ことが広告史に記載されている。

【キングの発刊広告】
　新聞の大型広告、反復広告は言うに及ばず、チラシ　パンフレット　ポスター　立看板、幟を携えての販売店訪問、DMによる協力要請。ポスターは風呂屋.床屋にまで要請。発売日には5000本以上の電報を打ち、チンドン屋を使って街頭宣伝。仮装行列を仕立てての書店員のビラ配りまで徹底。北海道では書店が花火を打ち上げ、仮装行列でビラを配り大成果を上げた。

2.雑誌広告の特性

新聞、テレビ、ラジオとの決定的な違いは、メディアの成り立ちにある。無料で情報が受け取れるテレビ、ラジオ。有料でも宅配がほとんどの新聞と比べて、**雑誌は自分の趣味、趣向で選択、購入でき**、読者にとっては最も身近なメディアと言える。また、**広告主から言えば、雑誌は、専門誌、業界誌を含めて性別、年齢、趣味、ライフスタイル等によってターゲットが細分化されるクラスター媒体で**、到達率(リーチ)は極めて高い。また、特集タイアップやカラーの活用によって、企業のイメージづくりや流行の的確な反映に有効。寿命(記事・広告の有効期限)が新聞より長く、回読率も高い。感応広告、理論広告いずれにも使えるといった特徴を持つ。

雑誌広告の最も大きな特性は、ターゲットが選べること。

> # 新聞・雑誌の広告作法
>
> 一言で言えば新聞は読ませる媒体、雑誌はターゲットが見える媒体。従って、新聞は発想、切り口を新鮮に、読ませることでコミュニケーションを図るのが基本。雑誌は趣味、趣向による親密性を活用し、雑誌の個性に合わせたコピーライティングを必要とする。

イ) Copy Writingの構成

名称	役割	AIDMA
Head-line	キャッチコピー関心を掴む	A 注意
Sub-copy	キャッチコピーの補足・本文への導入	I 関心
Body-copy	説得・(起・承・転・結)	D 欲望
Caption	写真・イラストの説明	M 記憶
Logo design 住所・電話番号	指定マーク・指定書体	A 行動
Slogan	企業の掛け声	

※コピーライティング (copywriting) 文章における広告表現
　コピーライト (copyright) は著作権ⓒのこと

ロ) White spaceの活用

ホワイトスペースとは、<mark>主張する余白の</mark>こと。隙間なく記事、写真で埋め尽くされた新聞紙面の中で、何もない空間は、目を引く効果とコピーへ誘導する効果がある。テレビ、ラジオは、出会い頭の媒体で、情報は意図せずとも画面から飛び込んでくる受動的なメディアで、それに対して新聞、雑誌は、**読むという能動的作業を伴う**。読者の注意を何によって引くか、関心をもたせるか、そして如何に説得、納得させるかが作法の根幹。

読ませることでコミュニケーションを図る

ハ) Copy Writing作法

Copy Writingの作法には**感覚派「思いつき」**で書く作法と理屈派**「思い入れ」**で書く作法がある。つまり、まず発想しアイデアを出して、それを資料で裏付ける人と資料を積み上げ全て調べ尽くして、そこから発想する2タイプあるということ。何れでも良いが、<mark>コピーは芸術ではなく販売戦略の技術</mark>だということを念頭に置いて、感覚派なら、思いつきのアイデアを広告のアイデアに消化し昇華させなければならないし、理屈派なら、商品のポジショニング、コンセプトを聞かれて「？」では話にならない。

と、もう一つ、**クライアントの「らしさ」を大切にすること**。好きなタイプの表現、面白い発想、テクニックでも広告主のポリシーに反するものは創らないこと。<u>広告は文芸の類ではなく立派なビジネスツールとして計算されたものでなければならない。</u>

Head-line

①対話の緒、「何?」つまり「!」「?」を想起させる呼びかけである。

　Self interest(個人的な趣味指向)への訴求で好奇心にアプローチ。

②商品開発等でニュース性を付加する。或いは商品の新しい魅力を紹介する。

③便益性をストレートに伝える。

④ネガティブなアプローチは避ける。

⑤どの商品にも通用する表現は無意味。

⑥スマート過ぎる表現は好感につながらない。

Head-lineのタイプを分類すると

タイプ	サンプル	ボディコピーへのつなぎ
1.便益型	飲みすぎても呑まれない	桜島は酔い覚めが爽やか
2.誇示型	フランスにだって持って行く	世界が認めた、焼酎の逸品
3.ニュース型	世界の酒通が唸った	モンドセレクションで金賞受賞
4.アドバイス型	もっと会話を楽しむには	桜島は舌と心の潤滑剤
5.設問型	その酒に満足してますか?	芋、麹、水、拘りが味に出る
6.命令型	水は選んでください	良い焼酎は完成された作品です
7.選択型	焼酎通を自認するあなたなら	一口で、違いが分かるはず
8.好奇型	麹の黒と白、あなたはどちら派?	桜島で呑み比べてください
9.情景型	「焼酎は何?」…「桜島!」	その一言で恋に落ちた
10.情感型	一人もいい、二人は尚いい	一杯の桜島があれば言葉はいらない
11.連想型	仏師 深尾兼好の日常	風呂上がりの桜島に一日を溶かし込む
12.擬人化	「悩みを聞いてやるのが性分さ」	Barに置かれた桜島が語る

①Body-copyへの導入

②必ずHead-copyを受けて、その発想に不適切な要素を加えない。

③商品よりに話の展開を図る。

④ Head-copyとBody-copy双方に結びついていること

　　※Head-copyのKey-phraseを指示代名詞「これ」「それ」に置き換えるのも一つの方法

①伝えたい内容は先に書く

②コピーは必ず発展させる　　起・承・転・結 もしくは 起・承・展・結

Copy Writing作法教訓三ヶ条 （藤井則行氏）

①マーケティング理論や広告論が人前で喋れること。

社会学（大衆文化論）・経済学（流通論）がベースと成る。

思いつきのアイデアを広告の表現に昇華できるかが鍵。

②コピーは芸術ではなく販売戦略の手段であることを認識すること。

「我々は、その実行によって対価を得ている」という基本を忘れない。

商品のポジショニング（コンセプト）を尋ねられて「?」ではだめ。

③クライアントの「らしさ」を大切にすること

好きなタイプの広告、カッコいい表現、面白いテクニックであってもクライアントの

ポリシーに反するものはNG。

広告だけでモノは売れない。

コンセプトは5重6重の人の手を経て尚、歪められないことが基本となる。

コピーライティングには「思いつき」を核とする感覚派と「思い入れ」を核とする理屈派が

あるが、コンセプト不在「何となくいい」的なコピーは不可。

昔から言われていること

『広告はアートなんかじゃない、立派なビジネスツールであり

**　我々は文化のお友達ではなく、金銭登録器のお友達である』**

風が吹けば桶屋が儲かる

風が吹けば、砂塵が舞い目に入るから、目を洗うための水を入れる桶が売れる。と思っていたら、そんな単純な話ではないようだ。砂塵が目に入ったら目病みが多くなり、失明する人も出る。失明すると音曲で身を立てる人が多くなり三味線を習う人が増える。三味線の胴は猫の皮。そのため猫が獲られ猫が減ると鼠が増える。鼠が増えて桶を齧ると桶が売れて桶屋が儲かる。という長〜いお話のようだ。何れにせよ突飛な切り口から上手に売り物に結びつけることがコピーライティングのコツでもある。

コピーは発想・こじつけのトレーニング。

辞書・事典が発想の起点になる

頭の中の知識、体験、発想力だけでアイデアを練っても限界がある。机の前で何時間苦悶しようが発想は堂々巡り、そんな時、表に出て一服(最近はあまりいい顔されないが)、別室でコーヒーや緑茶、といったニコチンやカフェインの助けを借りたり、入浴や散歩で環境を変えたり、音楽を聴く、くるみを握る、トイレに入るといった、聴覚、触覚、臭覚を刺激するのも一つの方法。眠る前が一番頭が整理されるので、枕元にメモ用紙を置いておく、という人もいる。でももっと確実な方法がある。書棚の事典の類、百科事典、雑学辞典、西洋や中国、日本の故事事典、何でもいい。**その索引を「あ行」から順に目を通していくと新鮮な言葉、事象が必ず発想の起点となってくれる。**他には雑誌を片っ端から目を通していく(読むのではない)というのもいい。

要は頭に中身がなければ外から拾えーということ。

喋り言葉をそのまま取り込む

かの二葉亭四迷が始めた言文一致運動、つまり、普段喋っている口語体で文章を書こうという運動は、今やもう当たり前のこととなったが、どうもちょっと違う。

効率的に状況、感想を伝えるため、推敲し、言葉を選び、普段使わない言葉で表記するため、言葉に勢いがなくなって感動が伝わらない。付近で火災や事故、凶悪犯罪が起きると新聞もテレビも一様に「付近の住民は不安な一夜を過ごした」と書き、喋り、お役所の不祥事が発覚すると、これまた一様に「住民は口々に不満の言葉を漏らしていた」となる。最早骸と化した書き言葉に未来はない。

そこで、生の喋り言葉をそのまま書き言葉に取り込もうという、我らが大先輩、コピーライターの先駆者土屋耕一さんが言い出し、広告批評の天野祐吉さんが広めた「言文一緒」、一致

はなく一緒という手法を試してみることをお勧めする。

殺人事件なら

「野球のバット探してるのよ、うちの人、モー、怖いわよね-!」

現場近くでは声を掛け合い無事を確認する姿が見られた

役人の不祥事なら

「役人の顔見るとツバ掛けたくなるわ」

尋常ではない、今回の不祥事への市民の怒り

コピーの手管その④

商品（店舗）周りからドラマになるネタを探す

広告表現が、最早USP（Unique Selling Proposition）商品・市場環境を分析して、他にない特徴を探し市場のニーズに応えるという作法では通用しない、ということは先に述べた。

ならどうするか?商品（店舗）の周りを別の視点（ライターの目でも可）で見直して、ドラマになる切り口を探すこと。

意外と商品（店舗）の周りにはネタが転がっている。例えば焼酎なら、商品開発に際しての話、完成したときの感想、感激。名前の由来、ボトルの形、味のこだわり、一押しの肴、お客さんのユニークな感想、等々

例えば

嫌いだけど好き 　（杜氏さんのドラマ）

家に居ない親父は嫌いだったけど、親父が作った焼酎は好き

涙の味がした 　（ボクシング決勝で惜敗、忘れない味）

悔し涙を焼酎に溶かしてやった。此のラベルが俺の勲章

愚直 　（ネーミングの由来）

駄目だったらやり直す。10年があっと言う間に過ぎた

能登の海鼠腸 　（一押しの肴）

旨すぎるから大事に大事に呑みたい

158

広告余話6
ー俺たっが企画した焼酎のPR戦略ー

私は自他ともに認める呑んべえですが、我が家の系図を見ていただけると「さもありなん」と納得いただけるかと思います。これは土佐の銘酒司牡丹の正月限定酒「深尾」です。実はこのお酒の由緒を見ると、関ヶ原の後、山ノ内一豊公が土佐太守に任ぜられた時、筆頭家老として佐川1万石の城持ち大名となったのが、深尾和泉守重良。酒好きで本拠の江北から蔵元を連れていき土佐で酒を造らせたのが始まりとか。水良し、米良し、

気候良しで一躍、銘柄「司牡丹」は日本の酒の仲間入り。年末にはお殿様への感謝を込めて特別に醸した酒「深尾」を献上したと伝えられています。

この深尾和泉守という酒好き大名の家系は近江源氏佐々木流、美濃國深尾谷に端を発し朝小井城主として京極、六角、斎藤、織田に仕え信長自刃後、山ノ内一豊に拾われたということで、我が家とはこの時代に繋がります。従って、そのDNAを受け継いだ私は酒という酒は全て大好き。焼酎、日本酒、ビール、ワインは言うに及ばず、ロシアに行けばウォッカ、中国なら茅台、老酒、白酒、モンゴル近辺だとアブサン、

勿論、スコッチ(モルト・ブレンド)、アイリー、コニャック、バーボン、テキーラ、何でもOK。その土地で作られた酒をその土地で味わうのが一番、と頑なに思っています。

焼酎との最初の出会いは50年前、当時は鹿児島で日本酒を飲む人はほとんど無く、酒!と言えば焼酎で、日本酒なんぞは酒屋の棚の奥で変色していたくらいでした。この焼酎との出会いが強烈でした。「慣れたら、これでなきゃ物足りなくなる」と先輩から言われ鼻を摘んで一気飲み。二日酔いはないはずの焼酎で3日程寝込みました。 芋の臭いが前頭部にこびりついて半年以上「焼酎怖い」の生活。ところがこの「臭い」が「匂い」に変わるから不思議です。焼酎が好きになれば焼酎の仕事が舞い込みます。**私は焼酎の広告はカッコよさでは売れないと思っています。**勿論、特殊な特性、個性を持った商品で、ターゲットが若者に限定されるアプローチでは、ある程度の効果は期待できますが、長続きするとは思えません。新しい商品が出れば、必ず目移りがして乗り換える。それがこの世代の特徴です。

焼酎という嗜好品は、その銘柄を造る職人さんたちの思い入れやこだわり、製造に関わるドラマへの共感によって愛飲家を生み出すもの。最近よく言われる、所謂「**こころの壺**」**を刺激するものでなければなりません。**

私の仕事歴を振り替えると、最初にタッチしたのが薩摩酒造さんの「白波」。菅原謙二さんの「うまかぁ!」が一斉に風靡しました。次が

本坊酒造さんの「おはら」。駆け出しのコピーライターは、テレックスで送られてきた阿久悠さんの「さつまおはらの唄」に感銘、衝撃を受けました。

作曲は猪俣公章さん、唄は島倉千代子さん、角川博さん、豪華メンバーです。その後もバブルの影響で、鹿児島でもタレントCMや海外ロケが増え、さつま五代の「歴史が舌に舞う」は焼酎の源流、黒潮を辿って台湾からタイを訪問、タレントのマリアン、夏木陽子さん、横内正さんもローカルCMに登場しました。いい時代でした。

初めて新商品のプロモーションを行ったのが本坊酒造さんの「大淀」。小林の名水を使い、一次発

酵から蒸留まで現場で見守り、ハナタレと呼ばれる最初の一滴を味わい、大淀川に昇る朝日をラベルにして発売。その後造られた黒麹ドライでは「**人生ちょっと辛い**」をキャッチフレーズに、テレビCMには当時未だ高校生だった稲森いずみさんを起用。ACC地区部門奨励賞を頂きました。

そしてこの名水を割水にしてシェリー樽に7年貯蔵した原酒を、そのまま飲める17度に調整した「石の蔵から」の新発売。敢えて<u>テレビや新聞広告を使わず、鹿児島市の繁華街天文館で試飲させブームを創出しようと</u>、半月盆に特殊技術で「石の蔵から」と押印した丸石とパネル張りポスター、720mlのボトルをセットにして協力店に常置。カットグラスの白瓶と新鮮なラベル、そのままロックで飲める焼酎臭を完全に取り除いた味が受け、3ヵ月で欠品になる程の勢いとなりました。この機を逃さずイベント。

開封率を上げるため、案内状を絵葉書にして箱詰めで送付。驚異的なレスポンスを獲得しました。

イベントでは、フレンチにもあう焼酎をアピールするために、ホテルシェフに「石の蔵から」のためのオードブルを創作して貰う一方、

地元民報各社のアナウンサーにクイズの解答者や生CMを舞台で演じさせる、といったプログラムを企画、このイベントは5年目まで継続しました。また2年目からは原酒を貯蔵する津貫の石藏を素材にしたテレビCMや新聞広告を一気に掲出してイメージアップ。「石の蔵から」を定番商品に引き上げました。

　次に取り組んだのが、この津貫の石藏で仕込み醸造、蒸留させた本格焼酎「桜島」の発売。

　「桜島」という、願ってもない商品名を、まずは活かしてということでテレビCMで

「桜島」をはさんで旅人と地元の人々がふれあうシーンを追い、イメージソングを制作。

歌詞が「**感動一杯、嗚呼心酔い**」「愛情一杯 嗚呼心酔い」「真実一杯 嗚呼心酔い」の3フレーズに分かれるため、CMも3タイプ制作、霧島嘉例川を訪れた旅人が、駅長と心を通わせ、知覧でからくり人形作家父娘と愛情を深め、街の居酒屋で駅長と再開、真心を確信するというストーリーで「こころ」へのアプローチを展開しました。

　イメソンはプレスされ、カラオケにも登録されて今でもスナックで歌うことが出来ます。勿論、

これと並行して新聞広告。さらにやマスコミや愛飲者を集めてファンづくりを行う宴会イベント。さつまいもの形をした「芋じょか」といったプレミアムキャンペーンも効果があったようです。

古き良き時代はここまで。減圧して沸点を下げ低温で蒸留する減圧蒸留の進展や原料芋の品種改良によって本格焼酎は、どの銘柄もくせのないまろやかな味に生まれ変わり、広告表現の原点ともいわれたUSP(Unique Selling Proposition)、つまり商品特性の訴求だけで商品は売れなくなり、焼酎も呑み方の提案や付加価値の訴求(コンテスト入賞とかネーミング、ラベル、ボトル、パッケージのデザイン)に移行、かつては甲類焼酎の定番であった酎ハイ市場に乙類(本格焼酎)も参入し始めました。

アンヘスティバルでは「へ(灰)ボール」が商標登録されています。またプライベートラベルの制作も盛んで、企業や店舗の周年、個人の記念日に合わせたボトルが造られています。

本坊酒造さんも、炭酸割り焼酎「そうだ青春」を発売、テレビCMを中心に若者へのアプローチを開始、酎ハイパー

ティといったイベントも各所で実施されました。この流れは、飲食店や個人を対象にしたオリジナルラベルによるプライベートブランドを生み出しました。 ㈱フェ

ニックスさんの「二代目」「一本〆」は西酒造さんが作り、最近では、サッカーの鹿児島ユナイテッドがオフィシャルスポンサーの島美人さんで「焼酎ハイボール」を発売。サツマニ

2021年11月
焼酎マイスタークラブ講演

広告余話7
－酒は呑むべし百薬の長－

　酒飲みは長生きしないと言われています。確かに若山牧水のように酒が祟って44歳で亡くなった人もいますが、人それぞれ。呑んで呑まれて百歳まで生きる人もたくさんいるそうです。西洋ではオールドパーの創始者、トーマス・パー。この人の伝記によると80歳で初婚、1男1女をもうけて122歳で再婚、152歳で亡くなるまで酒を飲み続けたそうです。因みにオールドパーのラベル、封印のところに152の文字が刻んであるのは、この伝記によるものだとか。OLD THOMAS PAR AGED152。名門スコッチの誉れです。

　この他ヨーロッパではルイ14世が有名。朝から晩まであらゆる酒を飲み、健康を害して酒を止められた時は出入りの酒屋が干上がってしまったとか…。

　中国となるともっとすごい。酒呑まざる者、男に非ず、文化人に非ず。詩人の李白、杜甫、白楽天みんな大酒のみ。杜甫などは1斗呑んで左手で歴史に残る名詩を残したとか。

　最近は男のみならず、女も才女ほど酒を好むというデータが、ある調査で明らかになりました。そういえば男の巣であったはずのショットバーや居酒屋が女性に席巻された感があります。日本での大酒のみと言えば、何と言っても母里太兵衛。太閤秀吉の軍師 黒田官兵衛とその子、長政に仕えた槍の名手で黒田節のモデルとなった豪傑です。その謂れは、太兵衛が主君の使いで、やはり大酒飲みの福島正則を訪ねた時の事。福島正則といえば、加藤清正と並んで武断派の筆頭に挙げられるほどのやんちゃ大名で、酔った弾みで家臣に切腹を命じ、酔いが覚めてホントに家臣が切腹したのを知って、一日中号泣したというバカ呑み。役目を果たすため、主君から酒を禁じられた天下の呑兵衛が城に来ると知った福島正則、朝から宴会をしながら酒豪母里太兵衛に酒を振る舞い潰してやろうと待ち受けていたわけです。だけど太兵衛は主君の命があるので何が何でも呑めないとつっぱねます。業を煮やした正則は「黒田の家臣は揃いも揃って、腰ぬけだ」と罵った。堪忍に堪忍を重ねた太兵衛も、お家を誹謗されては「もはやこれまで」と直径1尺の大杯をとり、ぐいと一息、唖然とする正則をしり目に2杯、3杯と呑みきって、敬服した正則から「日本号」という正親町天皇拝領の名槍をまんまとせしめました。太兵衛は足もとも乱さず槍を担ぎ、御機嫌で今様を謡いながら帰ったそうです。

　　酒は呑むべし、呑むならば
　　日の本一のこの槍を
　　呑み取るほどに呑むならば
　　これぞ真の黒田武士

　　　　　　2017年11月　楽酒会会長卓話

163

広告余話8

－嗚呼酒よ－

私と同じ名前の吉田兼好という有名なお坊さんが書かれた「徒然草」という随筆をご存じでしょうか?

つれづれなるままに、日暮らし硯にむかいて、こころにうつりゆくよしなき事を、そこはかとなく書きつくれば、あやしうこそものぐるほしけれ

気の向くままに硯に向かって大して意味のない事を書き連ねていると、不思議なほどいろんな思いが湧いてきて感動してしまう。で始まる有名な書物ですが、その第1段の終わりに「下戸ならぬこそ、をのこはよけれ」と呑ん兵衛を讃え、第3段では「万にいみじくとも、色好まざらん男は、いとさうざうしく、玉の杯の底なき心地ぞすべき」全てに優れていても、恋もできない男なんて、底の無い玉杯みたいに役にたたない。と喝破しています。酒も恋も好まない奴なんて男じゃない。全く同慶の至り、恐悦至極に存じます。

さて、この兼好法師も愛でた酒も、世にいう聖人君主の手に掛かると、美味いが故に酔い潰れ人心を惑わし国を滅ぼす、と言いがかりをつけ禁酒令によって社会から酒が締め出されてしまうのです。

一番古い事例が中国。4000年も昔の事、美味い酒を献上して時の禹王を陶然とさせた酒の始祖義狄は、その酒が旨すぎたが故に、民の心が奪われてしまうと恐れられ流罪。酒造りは禁止となりました。

日本では賢帝と言われた聖武天皇が最初。養老の酒を讃え、年号まで変えられた先帝元正に背いて禁酒令を出したのが始まりです。

いずれも弊害こそ多く、すぐに解禁になったと伝えられますが、大事に至ったのはアメリカ。1919年から10年も禁酒法の暗黒社会が続きました。

民主主義の国ですから、王様の命ではなく、呑ん兵衛嫌いの一人の婦人議員が提出した禁酒の議案を、何も考えないぼんくらな下院、上院議員さんが可決。禁酒法施行前日は国中が大パニックになったとか、施行後は密造密輸が蔓延る暗黒街が生まれギャングの天下となりました。

かの有名なアルカポネもこの時代の人、賄賂をばらまき密造密輸やり放題、うるさい奴はマシンガンで黙らせて世界の大悪玉に成り上がったのです。ただちょっと面白いのは、呑むというのはDrink、呑みこむはSwallow。だからオブラートに包んで酒を呑みこんでも法に触れないと主張して無罪になった人もいるとか……。

そしてようやくこの悪法に気付いた人達の手で禁酒法廃止となったのですが、廃止に反対したのは、宗教団体や婦人団体ではなく、酒造業者やぶどう生産農家だったという

事です。何でかしら？　なんか変じゃないですか??

さて今夜はビアパーティ。ビールというお酒はワインと並んで世界で最も古い酒と謂われています。

ビールは古代メソポタミア文明の頃、約4000年前すでに麦酒として呑まれており、ウィスキーやブランデー、ジンといったお酒は蒸留法が開発されて後ですから、ずっと後の事になります。因みにビールの語源はゲルマン語のベオレ＝穀物の酒。呑めや歌えの楽しい時の為に酒はあります。酒呑みの事を上戸というのは、万里の長城の山頂寒い番所を警護する上戸と呼ばれた衛兵に、寒さを凌ぐための酒が支給された事に由来します。

笑い上戸、泣き上戸、怒り上戸。変わったところでは、壁塗り上戸。「いや　いや　もう……」といいながら右手で壁を塗り捲ります。

鶏上戸、「と、と、もう結構、こけこっこ」。

応援上戸「歌い手より大声で囃す」。

分配上戸「回数券などを配り捲る」…など。

さて今夜はどんな上戸が発見できるかたのしみです。

　　　2017年8月　のぼり病院ビアパーティ

第VIII章

セールスプロモーション

マーケティングコミュニケーション

VIII-1

マーケティングとは「企業及び他の組織がグローバルな視野に立ち、顧客との相互理解を得ながら、公正な競争を通じて行う**市場創造のための総合活動**」(日本マーケティング協会)と定義される。

①消費者のニーズを調査し
②ニーズに合った商品を開発し
③適正な料金を設定し
④流通させ販売する といった企業活動そのもののことである。

マーケティングとは生産から消費に至る道筋を活性化する企業の総合活動

従ってマーケティング戦略の基本は、

①**消費者志向**(Consumer Oriented)と
消費者満足(Consumer Satisfaction)の尊重
②**激化する競合への対応**
③**企業市民としての組織対応**

技術の驚異的伸展により商品の差別化が希薄となり、商品力から企業力の競争に変化。企業のイメージづくりに、消費者問題や公害問題だけでなく**企業の社会的貢献(フィランソロピー)や文化的活動(メセナ)**が重要視されるようになった。

このような社会性をベースにしたマーケティング戦略を**ソーシャルマーケティング**(Social Marketing)という

マーケティングミックス

VII-2

マーケティング目標達成のために行われる活動や手段は個別に遂行されるのではなく
それぞれを効率よく組み合わせて実施したほうがいいのは言うまでもない。

その要素は**4P**で表される。

①Product(製品)

商品特性・パッケージ・デザイン・ネーミング

②Price(価格)

安さより価値

③Promotion(広告・販促)

需要の掘り起こし、市場への参入、商品イメージの定着、購買行動の喚起等、

ものを売るためのあらゆるコミュニケーション活動。

④Place(流通)

商品をどこで売るか、どんな方法で売るか

また、保管や配送といった物流(ロジテックス)も重要。

※ライフサイクルとは

新製品が市場に導入されてから成長し競合を経てやがて成熟期に、あとは消費
者の嗜好変化に伴い衰退期を迎えるというサイクルのことで、導入期の積極的に
市場を開拓し商品を市場に紹介する時期には、プロモーションは広告がメインとな
るが、**成長期から競合期に入ったころがセールスプロモーションの活
躍時期、一気にブームを創出することが目標である。**成熟期、衰退期に
はプロモーションに対しても反応が鈍くなり、効果は期待できない。

イ) プロモーションの効果(動機付け)

①新規顧客の確保⇨試し買い

②リピーターの確保、定着化⇨継続買い

③販売業者への支援

ロ) プロモーションの限界

①長期に渡り購買行動の動機付けはできない

②広告の代わりはできない

③売れ行き不振の挽回はできない

ハ) プロモーションの方法(対消費者)

買う気にさせるセールスプロモーション

①**サンプリング**　　　　　商品サンプルを無料提供

②**モニタリング**　　　　　貸与して商品を試させる

③**デモンストレーション**(発表会・展示会)　店舗、イベント会場で商品に直接触れさせる。

④**プレミアム**　　　　　いわゆるおまけ、商品に封入、応募、抽選、懸賞等

⑤**ノベルティ**　　　　　相手を特定せず無料で粗品を配る

⑥**クーポン**　　　　　割引券、試し買いの動機付け

⑦**トレードカード**　　　　継続的な商品購入の動機付け

⑧**メンバーズ**(消費者の組織化・モニター)　特典をつけて顧客固定化の動機付け

⑨**サービスシステム**　　　アフターケア　取扱い講習　セールスマニュアル

⑩**POP**　　　　　　売り場で商品を際立てる、デモ実演

ニ) プロモーションの方法(対販売業者)

売る気にさせる流通向けトレードプロモーション

販売店向けのインセンティブ(モチベーションの誘発)を考慮。金銭的報償、社会的評価、自己表現の場の提供。従業員の場合、賞与として昇格や昇給の他、**プロフィットシェアリング**⇨利益の配分、**ストックオプション**⇨株式の取得権利の付与がこれに当たる。

①**販売店プレミアム**

②**販売店リベート**

③**販売店コンテスト**　　　売上、ディスプレイ、POP等を競わせる

④共同イベント　　　　　　　主体的に準備することで売る気の動機付け

⑤販売員派遣

⑥販促費用の負担(アローワンス)

⑦POPの提供

※プロモーションの実施は　PLAN―DO―SEE　によって行う。

PLAN (計画)

いつ、どこで、何のために行うかを明確にし、規模、エリア、使用ツール、

表現コンセプト、予算を確定

DO(実施)

制作管理が大切、表現、タイミング等、間違ったツールは逆効果。

スケジュール、予算を管理する。

SEE(観察)

ツールの流通管理が必要、<u>商機を逸したツールは無駄。補充、回収を計画的に行う。</u>

また、消費者、販売業者の声を吸い上げ、次に生かす(フィードバック)

セールスプロモーション VIII-3

マーケティングコミュニケーションにおいて**消費者に一番近い位置にあり、直接行動を
起こさせる**のがセールスプロモーション(SP)といわれる活動。

言い換えれば「短期間で商品を買わせる直接的な動機づけ」のことで、商品(店舗やサービス)の
存在、魅力を知らせるAdvertisingとは異なり**商品の購入(店舗への来店)という行動を引き出
す**ことを目的とする。従ってセールスプロモーションとは、広告のように商品(店舗)イメージを定着さ
せる機能はなく<u>短期集中型で関心を購買行動に直結させる即物的な戦略</u>といえる。生産者と
流通業者と消費者の3者の関わり合いを促進し、**消費者には購買意欲、流通業者には販売意
欲**を引き出す取組であることから、当然その対象は、社員、流通業者、消費者ということになる。

広告余話9
−広告屋の選挙−

広告屋というものは、選挙にも介入します。特に地方では広告屋の一票、印刷屋の一票、看板屋の一票も大事な票田で、選挙の度にいろんな話が舞い込みます。事務所開きや決起集会には必ずこういった面々が顔を揃え、「昨日の敵は今日の友、一緒に頑張りましょう」などという白々しい会話が飛び交います

私が最初に選挙に関わったのは、1976年、鹿児島市議会議員選挙での赤崎正剛氏のチラシ、ポスターから。投票日が花見時季に重なることから「鹿児島花見カレンダー」を作成し大量にばらまきました。

次が鹿児島県議会議員選挙の谷川洋造氏。キャッチフレーズの影響力を訴え個性を強調しました。

「政治は気概。本気、元気が熱気を生む」。

国会議員では1980年の参院選で井上吉夫氏の決起大会を演出、上方前後左右から遠距離でピンスポットを当て登場シーンを盛り上げた記憶があります。

1988年 科学技術庁長官となった宮崎茂一氏の選挙では、地元選出の県議を集め機関紙を作成。学者とも技術者とも言われる宮崎氏の人柄を徹底してアピールしました。

選挙を総合的にプロデュースしたのは、1988年鹿児島市議選の鶴薗勝利氏。2年前の統一地方選挙でゴルフのアマチュアチャンピオンの知名度をバックに立候補するも初陣を飾れず補欠選挙でリベンジ、「熱き野武士」を

キャッチフレーズに徹底して行動派を強調、スニーカーを履き、「Guts For Victory(勝利)」を歌いこんだジングルを作成し街宣車で県下を駆け回りました。

1995年には鹿児島県議選の志摩礼子氏。MBCの人気アナで「城山すずめ」を長年担当し、語ることが私の特技と「ピーチクPARKすずめの会」を結成。選挙事務所から看板、街宣

車、名刺、ポスター、パンフ、スタッフジャンパーまで一切をすずめのキャラクターと黄色のパーソナルカラーで統一しました。

「パワー『喋る』コミュニケーション」、「女の見

方で女の味方」といった政治家らしくないコピーも好評でした。

最も印象に残っているのが、2000年に行われた鹿児島市長選挙。安定した組織力で5選を目指す赤崎義則氏とその懐刀とも云われ、市が関与するサンロイヤルホテルの専務を委託されていた古木圭介氏の戦い。話があったのが5月。古木氏とその同窓M氏と3人で準備開始。立候補の表明を9月1日に設定し、立場が立場だけにすべて極秘、印刷物等も県外で制作しました。

まずキャッチフレーズを「**風を通そう!**」、**イメージカラーをクリアグリーンとプルーシャンブルーの2色**に設定。知名度の不足を補うため

「**活発市民 古木圭介**」の漢字8文字をその特性を生かして**四角にレイアウト**。新しいコミュニケーションツールとして、この頃普及し始めたWebを活用。「Challenge with us To Be

Network」を立ち上げ「勝手連」的な若者による支援を呼びかけました。そして夏に向けて**「風を通そう!」を唄にして鹿児島市内に拡散させること**を提案。本格焼酎桜島でもお世話になった鹿児島在住のマーシーバンドにプロデュースを依頼しました。出来上がったCDは市内各地の支援組織(勝手連)に配布、**ストリートミュージシャンには楽譜を渡し、通りでの演奏の他**、風を通そうライブへの協力をお願いしました。

市内中心街交差点のビル屋上に設置した「風を通そう!」の巨大看板や協力者軒先に立ててもらった幟の効果もあって、またたく間に「風を通そう!」というメッセージが浸透しました。

『何も言わなきゃ変わらない、何かやらなきゃ動かない、一人ひとりがメッセージ、若造と母ちゃんが議を言う時代、言わなきゃならないメッセージ』。

ところが、9月に古木氏の立候補が記者会見で表明されると、看板に候補者の名前が入っていないにもかかわらず、「候補者が特定される」と、選管から警告を受け、やむなく撤去。ところがライブにはたくさんの若者が押しかけ、たまたま居合わせた?古木氏のメッセージを大拍

手で聞いてくれました。当初報道各社が予測していた絶対不利の戦況は日毎に変化し、予測がつかない状況にまで伸展していましたが、選挙戦後半に入って、余計な茶々を入れる輩がいて「ポスターの色が目立たない紺と黄にしろ」と、強引に変更。コピーまで変更したためイメージが分断、大不評を買って元に戻すというお粗末もありましたが、最後の決起集会では、古木

氏の**イラストを巨大なタペストリーにして、大ホールの舞台に掲出**、これを旗にして中央駅前まで行進した時には、その勢いからして確実に勝利を確信、報道各社もこぞって古木優勢を伝えました。

　が選挙は魔物、最後は深夜まで開票がもつれ僅差で敗北となりました。

　この手法を成功させたのが、2003年の菱刈町長選挙。町民課の課長補佐 神園勝喜氏が現役町長に挑むということで、これまた無謀な選挙でした。

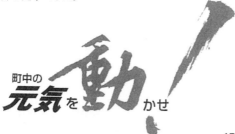

　投票日マスコミは現職の事務所に待機、現職は負けるはずはないと高を括り、祝勝会の仕出しも取り寄せていたようですが、開票が進むに連れ報道陣はソワソワ、早々と当確が出るに及んで一目散に神園事務所に駆けつける始末。その選挙とは、今までの有力者頼みの袖の下選挙をやめて、イメージ選挙に切り替えたこと。**首長の役務であるマニュフェスト「菱刈の財を活かす」をきちっと作り**、これからの町政のテーマ「**町中の元気を動かせ**」をロゴ化。スローガンの「**町政活気、神園勝喜**」はやはり8文字の漢字で四角にレイアウトしました。選挙スタッフを壮年、青年、女性及び各集落の担当に分け、マニュフェストの徹底周知を図ったこと。それぞれの担当責任者には、集会のためのレジメ、資料、映像(DVD)を配布。選挙事務所、街宣車、その他の選挙ツールは、デザイン、コピー、カラーともに統一し印象を深めました。候補者は、名刺、パンフを持って選挙期間中3回、全戸を回ったそうです。集会は動画を使った演出でかっこよく、若者たちの好感を得ました。

　浮動票が少ないと言われる地方選挙でも戦略によって取り込むことができる。

　その顕著な例がこの選挙でした。

　次いで2004年の鹿児島県知事選挙。56歳で

総務省を辞し、3期目須賀龍郎知事に挑んだ伊藤祐一郎氏。「**大胆変革日本一宣言**」というマニュフェストに共感。多くの知人の勧めもあってお手伝いすることになったのですが、デカすぎる選挙事務所にいろんな職種の人が出入りする組織選挙というのが馴染めなくて、積極的に活動を主導することはなく、東京の選挙の専門家という方の「地方都市の選挙に一番有効なのは『空爆』だね」なんて話を「???」と思いながら愛想笑いしていたら、なんのことはない「チラシを撒きまくること」だと分かりました。

これはアカンと思っていたら案の定「伊藤不利」の報道。東京の専門家氏は現場放棄したらしい。支援していた医師会の某有力者から「何か方法はないかね?」と要請があり、「いくら

素晴らしい政策でも読まなければ、読めなければ伝わらない、それならその方たちが一番信頼している各界の有力者にお願いして**『伊藤は知らなくても、俺を信じろ、間違いない』。と『檄』を送ってもらったらと**提案。

地方行政の熟練者、文化人、音楽家、宗教人、医師、学者、農業、漁業、畜産業、意欲のある女性等々、地域の著名人に「この人なら任せていい」というお墨付きを頂き、イベントで、チラシ

で、Web映像(この頃は未だ見る人が少ない)で知らせるのが得策だと、考えました。　公示直前に全戸配布した池口惠觀師と田原総一朗氏からの檄文チラシもその一環です。もう一つ、**携帯メールを使ってメッセージを拡散する方法を提案**。鹿児島県内の病院(或いは企業)の始業前、昼食時間を10分だけお借りして、社員、スタッフに応援メッセージの雛形を5タイプ、携帯電話に打ち込んでもらい、ひとり10人に送信してもらえないかと呼びかけたのです。

スマホじゃなく携帯電話の時代です。これを選挙に使用することが是か非か明確でなかったため、やったもの勝ちということで実行。かなり皆さん協力的でした。こういった最後のスパートが功を奏したのか伊藤氏は見事逆転勝利しました。

その12年後、皮肉なことに、この伊藤祐一郎知事の4選阻止のため政治記者を退職し帰鹿した三反園訓氏の選挙のプロデュースを依頼され、活動を開始。と言っても**支援組織なし、資金なしの選挙**で、それならば、とWebを最大限に活用。まず**中立的討論サイト「言うトピア」**を立ち上げ、支持者の中から医師、学者、放送人、高齢者、若者(学生)、女性を選びコメンテーターを依頼。現職に対する不満、失望、怒りを定期的に投稿してもらい、「**何か言わなきゃ、何も変わらない**」と呼びかけ、冷めた世間に怒りが充満

するのを待ちました。あとは金がなければ足で稼ごうと、各地を積極的に周り、合言葉の**「熱くなろう！」**を朱で大書した名刺に、**見開きでマニュフェストの要約を刷り込み**、例によってカラーを統一、オレンジとレモンイエローをいろんな会合でばらまきました。そして記者会見、マニュフェストをきちっとまとめ、**オフィシャルサイトHPを立ち上げて情報をWebに集約**。

この頃からようやく、世間で県政に対する怒りが充満し始め、日を追って激励コメントが増加、あれよあれよという間に当選となった次第。**相手の弱みを徹底して攻めた**のがこの選挙の勝因だったようです。

国政では2002年、長年鹿児島市議、県議を務め国政に打って出た加治屋義人氏。地方の時代が叫ばれ、猫も杓子も「地方が動く」だの「故郷が輝く」だのと言ったフレーズが蔓延する中で、元甲子園球児であったという個性を取り上げ**「国政へ直球」**というスローガンを提唱。**感動の政治**をコンセプトに全ての選挙ツールを統合。県内各地で実施したイベントではオープニング映像をドラマチックに演出しました。

2013年の参議院選では尾辻秀久氏。かつて途方も無いことをやる、という意味でボッケモン(朴訥者)と呼ばれ地域の人気者であった尾辻氏も、定年制のため比例区から地方区に鞍替えして出馬。長い、比例区という地域と距離感のある立場がボッケモンの印象を希薄にし

ていました。そこで彼を支援した**団塊の世代を中心に「ボッケモン尾辻秀久」を再度思い起こさせるため**、ボッケモン応援団を結成。

「**大義に立つ**」の信条を「**義**」一文字に象徴させ、選挙事務所

の高い天井からデカデカと吊り下げ、来訪する支援者やマスコミの注目を集めました。Webではオフィシャルサイトとは別に支援サイト「**ボッケモン応援団**」を立ち上げ、ボッケモン君キャラクターを設定。各ページにSNS face bookやtwitterへのリアクションボタンを設置、当時はまだ珍しかったスマホでも閲覧できるマルチデバイスで展開するとともに**地域のあらゆる分野のリーダーとの対談をネットで紹介しました。**

選挙のやり方は時代とともに変わります。ポスター、チラシ、パンフ、新聞、テレビの広報素材を作って終わりという時代は、とうの昔に終わりました。

コミュニケーションを生業とする我々広告屋も時代に即応した選挙戦略で対応する必要があります。特に浮動票が半数近くにまで増えた昨今では、戦略次第で予想を覆すことも大いにあり得ることです。

セールスプロモーションツール

VIII-4

VIのプロモーションの項でも述べたが、近年では、個人対個人だけでなく、企業対個人に於いても、最も有効なコミュニケーションツールとしてインターネットと言う新しいメディアが機能し、販売促進戦略に於けるクロスメディアの核としての活用が一般的となった。

Webにネタ、話題や情報を提供したり、Webで誘引した消費者の関心の受け皿として、アナログツールがまだまだ有効なことは言うまでもない。消費者に直接訴求し、行動を起こさせるメディア、つまりユーザーの懐に飛び込んでいけるツールであることから商品の「売り」に直結する。

まだまだ捨てたもんじゃないアナログツール

効率よくアナログツールを活用するには、それぞれのメディア特性を熟知しておくことが、今まで以上に重要になってきたといえる。簡単に言えば、<u>個人を名指しで懐に飛び込んで行くのがDM。購買現場で背中を押すのがPOP。限られたエリアにアプローチするのがチラシ。世代、性別、趣味嗜好を選べるのが雑誌、一方的に大人数に知らせるのがマスメディア。カタログやパンフレットは氾濫する情報の受け皿と言える。</u>

1.DM (Direct Mail)

イ) ダイレクトメールの定義

広告主が自分で選んだ相手に郵送、宅配等の手段を使い、直接的にコミュニケーションを仕掛ける行為。Hand DeliveryもDMに含まれる。

※相手を広告主が選べないマスメディア等は間接広告

ロ) DMの用途

・セールスマンの支援、訪問先の発見

・顧客との接触度を密に保つ(ご機嫌伺い)

・地理的、人的条件の不利な地区に対するセールス補助

・売り出し、展示会等の案内、サンプルの送付

・商品、サービスの紹介、住所・電話等の変更通知

・市場調査、名簿の修正確保

ハ）ＤＭの形状

手紙　折込チラシ　ブックレット　リーフレット　ハガキ　その他　POPUP　箱入り　缶入り　袋入り　巻物

※特殊な形態、料金後納、別納については規定がある。

※個人情報に関する法規制によりリストの収集、保管には注意を要する

二）ＤＭの作成

コピーライティングの基本

基本的には、Ⅱ-2で述べたラブレターの作法と同じだと考えれば良い。ただ単に情報を伝えるだけではなく、思いを伝えること。訴求する相手が特定されれば、可能な限りプライベートな切り口で語りかけることがレスポンスを高める。**もっとも重要なことは、プライベートレターに近づけること。**ＤＭはチラシやパンフレットと異なり、直接ターゲットの懐に飛び込む。「皆様」ではなく「貴方」にアプローチできる特性を活かさない手はない。接客で知りえた顧客、見込み客の個人情報をコミュニケーションの糸口に使うのも効果的。

例えば「**昨日のお話に感動しました**」

「**可愛いお子様ですね、〇〇様と瓜二つ**」

「**素敵なご夫婦ですね、憧れです**」のような書き出し

広告の文章作法に規定はないが、まず広告紙面に目を止めさせる工夫が必要となる。アイキャッチャーとなる写真やイラスト、見出しのコピー、あるいはこのコピーに注目させる他の文章との差(文字の大・小)や余白によって、AIDMAの法則の「A」、オヤッ！と注意を喚起し、関心を持たせることが望ましい。次にサブコピーや本文への導入コピーで「I」ナルホドと興味を継続させ、ボディコピーの起承転結で「D」欲しい、行きたいという欲望を駆り立てる。更に末尾分で「M」憶えておかなくっちゃ！と記憶に刻ませる。最後はP,S追伸でダメ押し、「A」購買行動に繋ぐ。開封させる工夫として、海外からAir Mailで送るとか重要情報在中、親展といった特定(選ばれた人)という意識を付与する。選ばれたお客様という意味で「ご当選の皆様」と明記するのも一策。また、受取人の不安を除くため透明封筒にしたり、個人名(担当名)を記し責任の所在を明らかにし、親近感を与えたり、必ず見る封筒の裏に気を引くメッセージを入れたり、チョットした工夫で開封率は高くなる。内容物では飛び出す絵本、匂いや音の出るメッセージも作られている。予算が許せばノベルティを同封した箱入りや缶入り、絵葉書パックのような特別の形状の包装も開封率を高める。

【文案の構成】
見出し 書き出し 本文 結び 追伸

無駄な言葉、平凡な表現はないか 言葉づかい、敬語、用語は適切か 誤解される表現、失礼はないか 相手の身になって心が動かされる内容かについてチェックする。

●見出し(Head Line)

販促の手紙は、本文の前に読者の注意を喚起する見出し、または本文の主旨

(エキス)、導入のための文章を入れるのが望ましい **言いたいことは先に伝えるのが原則**

●書き出し

習慣的な書き出しを踏襲する必要はない。「拝啓 益々ご清栄…」は不要。いきなり本文に

起・承・転・結の起=問題提起から書き出す。

●本文(Body Copy)

出来るだけパーソナルに、必要にして充分な内容を簡潔に、そしてリズムの流れに沿って

起承転結で説得

●末尾分

DMは始めと終わりが大切、最後に記憶に残す工夫。

好感を持たせるための儀礼的なお詫び、繰り返し等々

●追伸(P,M=Post Script)

DMの追伸はダメ押し、行動喚起の手段。

書き忘れを書くのではなく計画的

にPSを作成する。

イ）. カタログとパンフレット

どちらも商品選択のための情報を提供するツールだが、カタログは**商品ラインナップ**から顧客の要望に適合するものを選ばせる。パンフレットは**戦略商品をクローズアップ**して存在をアピールする。言い方を変えればカタログは店舗、当然、商品の絞り込み「マーチャンダイジング」が大事、これに対してパンフレットはその語源(ラテン語の愛詩の意)どおり恋文。相手の気をひくために斬新なデザイン、印象的な色彩、変わった形体等で顧客を振り向かせる工夫が必要となる。

カタログは店舗、パンフレットはラブレター。

カタログ作法

① 表紙は顔であると意識する

読者とのコミュニケーションを図る自己紹介のページ。

タイトル名にショルダーフレーズ(サブタイトル)をつける。

　　　Ex：【焼肉屋の例】

　　　　　ヘルシーなお肉がお口に幸福を運びます タイトル: 口福図鑑

② ＣＩ＝カタログアイデンティティが必要

写真の構成　レイアウト、書体(フォント)、紙質、カラーポリシー等を検討。

イメージを揃えることによって印象付ける。

③ シチュエーションフォトで夢を具現化

商品が似合う部屋、自然の中、や商品を使用するしゃれた場面を紹介することで

商品特性をバックアップする。季節感をだすことやサイズの解る対象物を傍に置く配慮も効果的。

④ カタログの置かれる場所を考慮

カタログスタンドに置かれる場合は、見える部分のレイアウトを考える必要がある。

また保存には不便だが少し大き目が効果的な場合もある。

⑤ 奥行、広がりを表現するのは(横づかい)横開き

奥行、俯瞰なら(縦づかい)縦開き。3ページ見開き、4ページ観音開きも可能。

⑥ 手や頭を働かせるアイデアを検討する。

遊べる仕掛け、(クイズや占い・POPUP・3D映像・ペーパークラフト)、裏を見る、

めくって見る、切って見るのは効果的(見えない部分が好奇心を煽る)

⑦ ひげ商品(棒線を引いて但し書き)、吹き出しは目をひく

使用者の声、賞賛、世評の裏付けデータの記入は効果的

⑧ カード方式にすると組み合わせ、組み換えが自由

製本せずに表3にポケットをつけファイルを入れる方法だと、営業目的毎の組換え、新製品の組み込みが自由にできる。普遍の情報は表紙4頁に印刷する。

⑨雑誌にする

商品にまつわるエピソードや商品ファンの声、科学的裏付け等を雑誌風に取材し読み物としてまとめる。

⑩ 生活情報を商品と結びつける

商品を使うと便利な情報、おしゃれな情報、使い時使いどころ情報を掲載。

　　Ex：キッチン用品なら料理レシピ、園芸用品なら庭いじりレシピ

⑪ 商品配置をジャンル別以外にする

　　Ex：男女、世代別、ライフスタイル別(あらゆるジャンルの
　　　　適合商品を集める提案型)

　　価格別(価格帯を色分けにするだけでもチョイスしやすい。)

パンフレット作法

パンフレットはカタログの戦略ツールであるため、コンセプトを明確にして、マスメディアやインターネットとの連動(クロスメディア効果)を図る場合が多い。

形状は頁物(ブックレット)と折による(リーフレット)がある。

①ファッショナブルに展開する

訴求対象を世代や嗜好によって絞り込むことができるため、時代に合わせた思いきった表現ができる。モノトーンによるプロっぽい表現、グレード感を強調した表現、世代特有の共有感覚にアプローチする表現(団塊世代のアイビーやトラッド)

②モノではなくシーンを売る

商品が最も引き立つシーンを創出、カッコよさで売る

③ 多媒体との連動を図る

テレビ、新聞、ラジオ。雑誌、ネットでの表現とのコンセプト統一を図る

④ 大きい効果、小さい効果

巨大なパンフ、極小のパンフはそれ自体関心を引き付ける

⑤ 形状に凝る

単品を扱うのでユニークさ、ニュース性がほしい。

商品の形切り抜き、野菜、果物、キャラクターの形、絵葉書にする、ケースに入れる

⑥ フォームを統一しシリーズやチェーン等関係のイメージ強化

一目でメーカーやグループ、商品シリーズが認識でき、保存整理しやすい。

⑦ 漫画効果の活用

難しい話、お説教も漫画なら読む。「創業者伝」とか「効果的な使用法」等

※名刺も有効なパンフレットだと考えることができる。

なぜなら、名刺の交換は日常的で広範囲にわたる。名刺にパンフレットの内容(HPとリンクさせれば、その一部でもよい)を記載すれば、ミニパンフとしての役割を十分果たす。パンフレットを配布するチャンスは、イベントや展示会、営業訪問以外そうそうあるものではないし、配布しても嵩張るため、ほとんどが廃棄されるという宿命を持つが、名刺は日常のあらゆる機会に配布でき、名刺入れという便利なグッズがあるため、礼儀としてもその場で廃棄されることはない。更に名刺入れから取り出し整理する時点で、もう一度閲覧に供するという特典を持つ。2つ折り、3つ折りにすれば情報量も十分である。

名刺をSPツールとして活用しない手はない。

ロ)ポスターとチラシ

ポスター、チラシのメディアとしての特性はエリアを限定し地域密着型のコミュニケーションが展開出来るということで、マスメディアにない説得力を発揮することもある。ご近所感覚で、送り手の身近で生々しい表情やメッセージが送れるため、受け手が行動を起こすような仕掛けが必要となる。ポスターとチラシの違いは、**ポスターが見せるメディア**、つまり「読まない」「鑑賞しない」「熟考しない」という特性を持つのに対して、**チラシは読ませるメディア**、つまり「手にとって見る」「繰り返し読む」「熟考する」「回読させる」という特性を持つ。

ポスターは見せるツール、チラシは読ませるツール。

ポスター作法

ポスター表現の作法は常識的イメージを裏切る方法を考える
ことから始まる。ポスターは読まれないため瞬時に勝負する。
熟考されないため言いたいことを1つに限定する。大きい
サイズほど空間(ホワイトスペース)を活かす。嫌味な芸術風を
指向しない。この4点に尽きる。

①通行人を立ち止まらせるビジュアルショック

目を引き付ける写真やイラストは勿論、コピーの内容、
書体、大きさ(巨大or極小)、ホワイトスペースでコピーを引立
てる。連貼(数枚を一組にして貼付)、特殊な紙質や表面加
工、立体化によってビジュアルショックを創出する。

②視線を誘導する

<u>穴があれば覗きたい。矢印があればたどりたい。</u>
<u>紐があれば手繰りたいといった人間の心理を利用する。</u>

③ コピー優先のデザインテクニック

<u>見た瞬間に読ませる、</u>理解できるデザイン・イラストでシンプルなコピーを際立たせる。コンセプト
を何かに例えてビジュアル化するのも一案。

④ コピーライティングにひと工夫

<u>疑問形は気にかかるもの、</u>疑問→解答をティーザースタイルで、コピー、ビジュアルを発展さ
せ、内容を具体化して読ませる。テレビ同様、言葉遊びも効果的、また達筆より下手上手(ヘタウマ)
の書、文字も印象に残る。数字や文字だけで視線を誘導する方法もある(大小、カラー)の使い分
け。

⑤写真にひと工夫

バラエティの豊富さを1枚の写真で表す。セールスポイントを写真でイメージ化する。組み合わ
せ(異質なもの、時間の経過、大小の比較)。見慣れないアングル、見えない部分のクローズアップ。
モノトーン・セピア調色で懐かしさ(安心感・くつろぎ)。モノクロの中のカラーでインパクト。

⑥ネガティブアプローチ

不安感や危機感を表現テーマにする。(生命保険、薬材)商品のハンディ、マイナスイメージを
妥協の訴求点として提示する。(被災商品、在庫、特殊なサイズ、展示品)

⑦ 素人の個性を借りる

子供は演出しなくてもあるがままで絵になる。

⑧B倍版連貼りで迫力を出す

4枚組、8枚組を1枚の作品のように見せる。
且つ1点1点もそれぞれ自立できるように。

チラシ作法

チラシは熟読させる、手元に取っておかせる、周辺に回読させることを意識して表現を検討しなければならない。ミニコミ特性をいかして、地域の特性や催事を対話の糸口にすることも1つの手段である。

①意表を突く

同時に折り込まれる(宅配される)チラシは、まず手に取られることが大切、真っ赤な透明袋に入れてみたり、紙質を変えてみたり、強烈な配色にしてみる。とか他ではしない折り方(開くとB2ポスター)をする。手配りなら、折り方で超縦形にするとか、真っ赤な封筒に入れるとか、巻紙筒状にするとか、様ざまな形態が考えられる。

②価値を持たせる

サービス券や割引券、クーポンを添付(規制有)、また行動を起こす切掛けとして注文書を刷り込む、実用性を備えたチラシとして、日替わりメニュー、地域のイベントカレンダー、交通機関の時刻表、思わぬ事態の便利帳、保存用カロリーブック等々

③地域コミュニケーションの糸口をつける

名物社長、店長、担当社員に語らせる。いち早く生活の最新情報を伝える。
地元の話題をからませる。季節のイベントに引っ掛ける(日本人は季節に反応する)

④ひとつ先の備え

用意周到な日本人の気質に対応する。

(冬場の水着ショー、浴衣紹介、夏場の暖房機、鍋物フェア、春先の雨傘フェア)

⑤ティーザー広告も可能

「何だろう?」が次の読者を育てる。情報小出しで期待感を煽る。

⑥数字のインパクトを利用する

意味ありげな数字を見出しにして推理させる。

コピーライティングは「?」か「!」で始まり「。」で終わる。
つまり「うそぉ?」とか「えーっ!」で　注意,関心を引き付け、
「なるほど買ってみよう。」と結論づける。「、」や「・・・」であってはならない。

⑦遊び心を利用する

診断テストや商品との相性占い、クイズ等、来店しなければ解答がわからない。仕掛けは、面白くて設問が多いほど効果的。景品をつければ来店促進にもなる(景表法に注意)

⑧紙面構成に特異性を持たせる

手作りのPOP感覚で親しみのある楽しい表現。商品を目いっぱい陳列し、宝探しの感覚で選べる品揃えをアピール。「言葉の豆辞典」のような蘊蓄のコラムを継続して掲出し、ファンを作る。カレンダーで保存意欲をくすぐる。(満潮干潮、試合日程、天気予想等、マニア向けの暦にイベント日程を組み込む)

⑨タイアップチラシを企画する

購買行動のストーリーができれば、タイアップを考える。

Ex：ホテルの宴会とスナックの二次会、観光バスとホテル・旅館のサービス、ビールメーカーとレストラン、茶処と菓子舗、酒蔵と窯元等々ユニークな程、面白い

3. 設置媒体(Position Ad)

イ)交通広告

交通広告の最大の特徴は、消費者の生活動線に網羅的なポジショニングを擁する媒体であるということ。通勤、通学、ショッピング、レジャーの移動途上時間にアプローチ。

特に電車広告は、長時間、視線が車内に向くことから、通常のポスターにない「読ませる」効果を発揮する。

その特性は

①インフォメーション効果

都市生活者にとって生活道線上にある交通広告は有力な生活情報源。

②プロモーション効果

人々の生活行動(通勤、通学、ショッピング、レジャー)を的確にとらえる。特に通常のマスメディアでは捉えがたいビジネスマンやOL、学生などの外出移動者にまで訴求する。(JR・地下鉄・私鉄の利用者は首都圏だけでも1日、3,600万人という膨大な数にのぼる)この数字はマス媒体に匹敵する。

③メモリー効果

掲出時間(日数)や接触時間が長く、安定したターゲットに反復訴求するため、認知を高めることができる。

④コストパフォーマンス効果

地域、路線、駅などをセグメントできるので、拠点対応に無駄がなく、利用者特性から

ターゲットの絞込みも可能。

⑤マインド効果

マーケットに近いためPOP効果があり、消費行動に直接作用する。

⑥アテンション効果

表現スペースが大きいため、ダイナミックな表現が可能(B3、B3ワイド、B0、さらに大型ボード等)、また立体ポスターや特殊素材の使用により注目を高めることもできる。

この様に、交通広告は極めて効果的な広告手段だが、広告目的に立脚したプランニング、エリアマーケティングに基づいた媒体の選定が欠かせない。

交通広告の種類

①中吊り

読ませる効果が高い。小説、エッセイ、小咄は退屈を紛らわせる。

マンガ、クイズ、検査、ゲーム、 伝言板、タウン情報

②駅貼り

展覧会的感覚 大型広告、目立つことを重視、1ポイント訴求

※駅 (交通ターミナル) は触れさせ、体験させるメディアとして機能商品デモンストレーション、サンプリング、イベント、パソコンによる情報提供・観光物産。交通アクセス等

アドスク＝アドバタイジング・スクエアとしての機能を持つ

③車輌買切り

飽きさせない工夫、企業情報をいろんな角度から提示

④階段隙間広告

毎日の繰り返し効果、必ず視界に入る特性利用

⑤タクシー広告

テイクワンとは、前部シート裏、ケース入りパンフレットのこと(レスポンスが期待できる)

リアウィンドウ 車外の視線を意識

サイドウィンドウ 乗客の視線を意識

※ボディにステッカーを貼ったり、屋根に電飾は屋外条例により禁止

⑥バス広告

反復訴求による効果。エリア設定がタクシーより有効。

(企業、商品ブランド訴求、地域イベント、キャンペーンの告知、標語等反復効果を求めるものに有効)

ハ)屋外広告

屋外広告は、広告の原点であり、最も大きな広告スペースを有するが、地域社会の美観を損なわない配慮が必要(屋外広告物規制条例)

屋外広告の掲出は長期に亘るため、制作費、媒体料以外にメンテナンスや電気料金の支払いが必要。設置については都道府県への許可申請を要する。

屋外広告の種類

①屋外看板	常設・臨時・野立て
②パナグラフィックス	内照式看板
③バックボーダー	バックを明るく、文字等を浮き上がらせる
④電飾看板	天気予報、時刻等公共サービスを盛り込む
⑤ポスターボード	壁面取り付け、野立て等マスメディアとの連動で企業(商品)のネーミング訴求 イメージ訴求に向く (3m×4m～6m×18m)
⑥広告塔・オブジェ	立体広告
⑦ストリート・ビジョン	屋外映像広告
⑧デジタル・サイネージ	店頭、メニュー等の紹介、動画も可能
⑨移動看板	車輌ボディor荷台設置の看板が繁華街を走る
⑩電柱看板	地域に溶け込み道標の役割も果たす

4. POP広告

POP広告とは、「**Point of purchase advertising**＝消費者が商品を購買する場で行われる広告」のこと。一般的には店頭・店内の陳列棚などに展示される販促物のことを言い、売り場に活気を与えて購買意欲を高めるとともに、**商品と直接触れあうことによって購入判断のあと押しをする役割を担う**。店頭は消費者が直接商品と出会う場。CMのヒットといったマスメディアだけでは商品が動かない事が多く、POPは「売りの完結」として機能する。衝動購入の9割が売り場で決定するとも言われ、**五感　視＝陳列・聴＝BGM、シズル・臭＝実演(鰻屋、たこ焼き屋・化粧品店)・味＝試食・触＝試用、試乗へのプレゼンテーションにより消費者の突然の気まぐれを左右する。**

イ.POPの種類と用途

POP広告は、「アウトショップ」「インショップ」「商品まわり」「店内装飾」に分類することができる。

「アウトショップPOP」とは、お店の前を通りかかった人を店内に誘導するためのもので、店舗のイメージづくりや、イベント、セールの告知、商品入荷等の最新情報を知らせる。

「**インショップPOP**」とは、店内のムード作り。お客様に好感を持たせ購買意欲を高める。商品広告とは関係なく売り場の雰囲気を盛り上げるための装飾のこと。

花見 バレンタイン 桃の節句 こどもの日 夏祭り 秋の行楽 クリスマス お正月といった季節の催事や地区の行事、コスプレも含めてインショップPOPと呼ぶ。目玉商品の陳列場所までお客様を誘導するといった配慮も必要。

「**商品まわりPOP**」とは、特定の商品をお客様に印象づける。商品特性だけでなく、購入判断に必要な情報を詳細に提示することが有効と言える。例えば書店では、店主や店員が実際に読んだ感想をアピールしたり、著名人の推薦文を掲出する。

ロ）POPの目的

①口頭説明の補助

POP広告の目的は、店舗が推奨したい商品を、店員に代わって情報を提供し、購買意欲を促進させることである。口頭説明は、店舗側の一方的な情報提供に陥りがちで、押し付けの印象を持たれることが多いが、POP広告は、お客様に強制する事なく弾力的に情報を訴求するため、購買目的を持っていなかったお客様を取り込むことができる。＝特売

②店舗イメージの訴求

もう一つ重要な役割は、店舗イメージや季節感を表現することである。これは販売促進に有効であり、売場の雰囲気を一変させる。商品の情報量が多く、店員による口頭説明が必要とされる業種や高級感を重視する店舗などでは、デザインを重視したPOP広告が利用される。

【POPの機能分類】

①情報を伝える＝メディア

商品情報 地域の催事 生活情報 流行

②売りたい商品を目立たせる＝マーチャンダイジング

③魅力的に見せる＝ショーウイング(ディスプレイ) 商品イメージを伝える

Ex：プッシュイントレイ(バラバラのものを型に収める)・隙間活性化

④お客を呼び込む＝サイン

Ex：ウェルカムマット 時計 等の公共サービス。

ハ）POPの種類

POP広告はその形によって様々な呼び名がある。

- ・卓上スタンド
- ・**大型パネル**（出力したものをパネルに貼る）
- ・プライスカード、値札
- ・タペストリー
- ・玄関マット、のぼりなど。

【壁はメディア】

なべしま店内には和田勉さんのメッセージを
始め多くのディスプレイが掲出されている。

(POP作法)

POP広告は比較的簡単に製作できるが、情報収集は欠かせない。商品情報やPOPのデザインに
関する資料（季節感を持たせるアイテム等）POP広告の基本は、商品名と金額、そして説明文（コピ
ー）で構成され、基本は「綺麗であること」。**乱雑な文字や汚いPOPはタブー**で、店舗イメージを下げ
たり、お客様に不快感を与えてしまう。

①商品山積み

無造作に商品を山積みすることで特売の雰囲気を作る。
ゆとりのスペースに整然と陳列すると高く感じる。

②「お買い得」と書かないでお買い得を強調

新鮮、シズル、希少価値、有用感で満足を提供。

③売れる土俵づくり

メッセージしやすい下地を作る。
商品の擬人化で親しみを抱かせる(携帯電話・洗剤・青果)
陳列をドラマ化、ワンシーンを劇場化(大河ドラマ・名湯の旅)
商品カテゴリー毎でなくテーマ、ライフスタイル別に展示

④季節を味方にする

季節ごとの催事、行事を見逃さないでタイアップ
地域のイベント情報への即応

　　Ex：正月 節句 花見 お盆 月見 運動会 文化祭

⑤見て、触って、使って実証

売りのポイントを協調、陳列ケース、パッケージから出して試しやすく展示。

　　Ex：自分で測定してみる(血圧計)、秤で軽さを見せる(靴、ジャケット)、感触で実感(ロリエショーツ)

⑥ゲームに誘う

相性占い　お肌のチェック　体力測定

⑦特別扱いの呼びかけ

みなさんという漠然とした呼びかけより、ターゲットを狭くしたほうが効果的

Ex：「仲のいいカップルの方」「センスのいいお客様」

「お子様の教育に関心のある奥様」(誕生日、初来店、記念日のお客様)

⑧数字は魔力を持つ

割引、大きさ、重さ、薄さ、歴史、緻密さ等、数字で示せるものは数字を強調

Ex：「初めて10,000円を切りました」「厚さ僅か0,3ミリ」「3,000年の古代水」

⑨不安(疑問)の解消

安さの原因を明確に=性能そのままの旧型、充分使える傷物

【メニュー、popの例】

広告余話10
－聞きかじり印刷の知識－

印刷物には「情報を伝えるツール」としての価値と「物」としての価値の2つの面がある。従って用途に応じた印刷物を制作するために、まず版式を選ばなければならない。

インクがつく画線部とインクがつかない非画線部を持つ印刷材料を「版」というが、その版式には次の4つがある。

1. 凸版

版の凸部が文字や画像になっていて、そこにインクがつく。活字を使う活版印刷(グーテンベルグが発明)、文字が鮮明なことから、名刺、書籍、ダンボール印刷等に使われる。

2. 凹版

版の凹部が文字や画像になっていて、そこにインクがつく。版面全体にインクを着け表面を拭い凹部のインクを残す。グラビア印刷等

3. 平板

平面にインクが付く画線部と、水の反発でインクをはじく非画線部を作り一旦ゴム胴にインクを移し取り(オフ)、それを更に紙に移す(セット)ことからオフセット印刷と言われる。

4. 孔版

文字や絵柄の画線部を孔にして、インクがその孔を抜けて非印刷物(紙)に着く。ガリ版刷り、スクリーン印刷等

カラー製版

白色光を波長によって分けると、青紫光、緑光、赤光の三つになり、色光は全てこの3つの要素(3原色)で成り立つ。

①加色混合(色光の混合)

色光による混合は混ぜる事で色が明るくなり**全ての色光が混合されると白光になる**

②減色混合(色材の混合)

色材の混合は混ぜるほど色が暗くなり、**全ての色材が混合されると黒色になる。**

③色分解

この原理を活用したのが色分解。カラー原稿を色光の3原色青紫、緑、赤のフィルターを透して撮影すると、原色だけが透過して残った色の全てが吸収され、青紫光透過の分は黒く記録される。これが**イエロー版**。同様に赤フィルターを透して**シアン版**、緑フィルターを透して**マゼンタ版**ができる。原則この3色混合で黒になるが、墨版を加えた方が明確なため、標準3色＋墨が一般的となった。

印刷の方法

印刷機は圧力の掛け方の違いで3つに分けられる。

① 平圧

版面に印刷インキを着け、用紙を於いて均等に圧力をかける。

②円圧

平らな版の上から円筒で用紙を押し付けていく。

③輪転

版も用紙も円筒に巻きつけ双方回転して印刷する。

製本

所謂頁物の綴じ方として

① 針金とじ

平綴じ(重ねて背をホチキスで止める)

中綴じ(開いて真ん中を止める)

② 無線綴じ

重ねて折りの背の部分を切り落とし接着剤で綴る

③ 網代綴じ

重ねた背の部分に切り込みを入れ、そこに糊を浸透させ接着する綴じ方。背が切り離されず糊で貼り合わせているので、本をノドの部分まで開くことができる。180度開ききることはできないので、見開きのデザインには不向き。通常の無線綴じよりも強度があり、紙面を広く使えるので文庫本や漫画誌、カタログなどに多く採用されている。背の作り方には、背が外に膨らむ堅背「タイトバック」、背が内側に膨らむ柔軟背

かれる腔背「ホローバック」等がある。

※花布(はなぎれ)とは背を補強する布。

製本各部の名称 (図アリ)

帯、カバー、背、喉、見返し、とびら、小口、花布

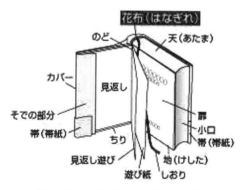

花布 (はなぎれ)

のど　天(あたま)

カバー　見返し

そでの部分　扉

帯(帯紙)　小口　帯(帯紙)

見返し遊び　ちり　地(けした)

遊び紙　しおり

「フレキシブルバック」、花布と背が分

紙の取り方

A判は国際規格、B判は日本規格。

印刷物は、A判、B判などの決まった規格に沿って作られている。A判は国際標準で、B判は日本独自の規格。A4やB5といった呼び方は紙の大きさを表し**A0(841×1189mm)**の紙を2つに折ったサイズがA1。A1の半分をA2。その半分をA3と表記する。**紙の短辺1に対して長辺が√2の比**になるのが特徴で、B判も同様にB0の半分がB1。B1の半分がB2となる。また、A判とB判は面白い関係にあって、A0の紙の対角線はB0の紙の長辺と同じ長さ、さらに、B判の面積はA判の面積の1.5倍である。また、A判とB判は、**菊判や四六判**と呼ばれる原紙寸法の規格から切り取りやすいように作られている。

印刷業界では紙の厚さはmmなどの長さの単位の他に、重さで表すこともある。コート紙90kgなどのように重さが記載されていて、同じ種類の紙でも70kgや90kgなど**重さが異なるものがあれば厚さが違うのだと考える**と分かりやすい。四六判や菊判、A4やB5といった紙の大きさと重さ、コート紙や上質紙といった紙の種類を選択して制作するのが常である。

菊判はアメリカ、四六判は日本

A版やB版といった紙を取る際、周囲に余白が必要となる。菊判や四六判はその余白を含んだ原紙の規格で、636×939mmの菊判は25×37インチのアメリカでの標準判サイズに由来していて、A判の印刷物を作る時に用いられる。一方、788×1091mmの四六判はB判の印刷物を作る時に用いられる。四六判の大きさは江戸時代に公用紙として使われていた美濃判に由来するもので、四六判の原紙を32に分割すると127mm×188mm

で4寸2分×6寸2分の大きさになるので四六版と呼ばれるようになった。

日本では戦前から印刷物の規格寸法として使用され、菊判と共に用紙の寸法基準とされていた。**四六判は書籍では単行本と呼ばれる大きさ**で、A6の文庫本より大きく、教科書やノートなどで使われるA5より小さいサイズ。ちなみに、四六判は紙自体のサイズ（788mm×1091mm）と書籍でのサイズ（127mm×188mm）の両方が、同じ名前で呼ばれるので要注意。

紙のサイズ

A版		B版	
A0	841 × 1189	B0	1030×1456
A1	594 × 841	B1	728 × 1030
A2	420 × 594	B2	515 × 728
A3	297 × 420	B3	364 × 515
A4	210 × 297	B4	257×364
A5	148 × 210	B5	182×257
A6	105 × 148	B6	128×182
A7	74 × 105	B7	91×128
A8	52 × 74	B8	64×91
A9	37 × 52	B9	45×64
A10	26 × 37	B10	32×45

JIS Z 8208により規定された主記号と併用記号。この2つを組み合わせて使用する。

主記号

	文字などを取る 又は替える		次の行に移す
	大きさ、書体 などを替える		前の行に移す
	上付き、下付き 右付きにする		行を新しく起こす (改行)
	字間に 文字などを入れる		文字、行などを 入れ替える
	不良の文字などを 替える		行を続ける
	回転した文字 などを 正しくする		指定の位置まで 文字、行などを 移す
	字間、行間などを 空ける		指定の位置まで 文字、行などを 移す
	字間、行間などを つめる		字並びを 正しくする

併用記号

トル	文字などを取る	Q	Q数
トルツメ	文字などを取り詰める	ポ	ポイント
トルママ	文字などを取り詰めない	☐	1字　全角あき
イキ	訂正を取り消す	倍	全角の倍数
、　。　・　． ，　：　；	読点、句点、中点、ピリオド コンマ、コロン、セミコロン等	分	全角の分数
オモテ	表罫　細線	⼤	大文字
ウラ	裏罫　太線	⼩	小文字
ミン	明朝体	イタ	イタリック(斜体)
ゴ	ゴシック	ボールド	ボールド(太字)

罫線の種類

表罫	────────────────
裏罫	────────────────
中細罫	────────────────
双柱罫(二重罫)	══════════════
太双柱罫	══════════════
子持ち罫	══════════════
両子持ち罫	══════════════
三重罫(三筋罫)	══════════════
破線(ミシン罫)	- - - - - - - - - -
リーダ罫(星罫)	･･････････････････
一点鎖線	─ ･ ─ ･ ─ ･ ─ ･
二点鎖線	─ ･･ ─ ･･ ─ ･･
波罫(ブル罫)	〜〜〜〜〜〜〜〜
無双罫	▬▬▬▬▬▬▬▬
かすみ罫	‖‖‖‖‖‖‖‖‖‖‖‖
斜めかすみ罫	//////////////

書体

　書体とは、字体が一貫した特徴と独自の様式を備えた字形をいう。英語の typeface の訳語としても用いられる。近年ではフォントと同義に用いられることがあり、フォントの使用ライセンスの単位として、1書体、2書体と数えることもある。

　日本語の文字は、「明朝体」と「ゴシック体」、「筆書体」、「デザイン書体」に大別することができる。明朝体は、横線に対して縦線が太く、横線の右端、曲り角の右肩に三角形の山（ウロコ）がある書体。ゴシック体は、横線と縦線の太さがほぼ同じでウロコがない書体。筆書体は、筆で書いた文字を再現した書体で、楷書、行書、草書、篆書、隷書の五体がある。デザイン書体は手書き風の書体やポップ体。

　欧文の書体も日本語と同様、4つに大別できる。一つは、「セリフ体」と呼ばれ、縦線が太くウロコのある書体で日本語の明朝体に対応する。二つ目は「サンセリフ体」と呼ばれ、線の太さが一様でウロコのない書体で日本語のゴシック体に対応する。その他の2つの書体は、筆記体とデザイン書体で、デザイン書体は、手書き風書体など個性的な書体をいう。また、一般に書体というと文字の形の様式やその分類を表し、フォントというと文字の種類（製品）を表す。

明朝体	書体	セリフ体	shotai
ゴシック体	書体	サンセリフ体	shotai
筆書体	書体	筆記体	shotai
デザイン書体	書体	デザイン書体	shotai

写植の規則

　現在文字はPCでフォント(コンピューターで使われる書体データ)を使用するため、ほとんど使われることはないが原点はこれである。

1級は0.25mm。これは**文字と文字との間隔(送り)**のことで文字の中心から隣の文字の中心までの距離のことをいう。※**文字の大きさのことではない。**

　<u>平体は文字の天地が正体より短い。</u>　<u>長体は文字の左右が正体より短い。</u>
平(長)1、平(長)2、平(長)3、10%ずつ縮小し、平(長)1:90％、平(長)2:80％、平(長)3:70％
となる。
例えば、18級で文字10字を並べる時、　18×0.25×10＝45mmスペースが必要となる。

イベント

現代において「イベント」といえば、運動会や文化祭などの学校行事、花見や誕生パーティなど個人的な行事、甲子園高校野球大会、オリンピック、サッカーのワールドカップのようなスポーツの大会、地域の自治体や社会が行う祭り(フォーラム、フェスティバル)、万国博覧会などの国家的な行事等を指すことが一般的である。また、販売促進のために行われるタレント・文化人の握手会やサイン会などを指すこともある。

イベントはライフメディア
モノをコト化すること。

つまり商品というモノにストーリーをつけてコト化するのがイベントで、日常でない非日常を体験させなければならない。モノが乏しい時代の非日常は容易だったが、モノが溢れ、コトが溢れる時代はイベントにかなりの演出を要する。**イマジネーションの刺激がイベント演出の主流になる**と思われる。また、昔の日常が、今の非日常ということもある。

　　Ex：**桜はモノ**だが、桜に料理とか踊り、宴会という

　　　　ストーリーをつけた**花見はコト**になる。

1. イベントの歴史

イベントの起源は祭り。日本の歴史上一番初めに行なわれた祭りは、
日本神話に記された「**岩戸隠れ**」。

八百万の神々がアマテラスに岩戸から出てきてもらうために行なった宴は、人が神を祀る祭そのもの。オモイカネがシナリオを書き、長鳴鶏を鳴かせ、鏡や勾玉を捧げ、MCアメノコヤネが占いを見せ、祝詞を奏上。フトダマが御幣を奉じ、芸人のアメノウズメが踊り、クライマックスは、岩の扉から顔を覗かせたアマテラスを、黒子のタヂカラオが引っ張り出し、太陽の光が戻って大団円。

祭政一致の古代社会では「**祀り**」は「**祭り**」、更に「**政**」に通じる。

祀りは神を喜ばせるための神楽や囃子といった芸能を発展させ、仏教伝来、神仏習合を経て神社が神だけでなく仏も祀るようになり、祭りもまた様々な意味を持つようになった。江戸時代には、庶民の娯楽として定着。神輿や山車の行列、獅子舞、花火大会、盆踊り、七夕等々、仏教行事に由来するもの、神仏に戦の勝利を祈念するもの、病気の平癒を願うものなど、新しい由緒を持つ祭りも生まれていった。

第二次大戦後は、連合国軍最高司令部(GHQ)により国家神道は解体され、「祭」は一時消失したが、後に伝統を引き継いだ人たちによって復興され、**神仏両方の行事として親しまれた。** その後は宗旨に関係なく「祭」そのものが「大衆イベント」として定着するに至った。

と同時に、GHQは1945年、戦後の日本に明るさを取り戻そうと**アメリカの3Aプロ野球球団**を招き、新しいイベントの形を日本に紹介した。この出来事はマーケティング理論の導入により企業を巻き込んだキャンペーンとして発展、**イベント=まつり→イベント=メディア**へと変化する糸口となった。また、伝統的な「祭」には、県外、海外から大勢の人が訪れ、地元の楽しみだけでなく観光要素として、新たな意味を持ちはじめ、**町おこしや地域のアピールを目的とした新しい祭り=フェスティバル**が各地で行なわれるようになった。

2. イベントの目的

イ) 感動させる

イベントは社会とのコミュニケーション。日常の延長では感動を呼ばない。驚かせる工夫、お客様の心を支配する計算が必要。

Ex：1988年の**『日立のオリエントエクスプレス88』**は、本物の列車を日本まで走らせ装飾、食事等全て本物を準備して感動を呼んだ。文化事業としても評価されている。

ロ) 広告・プロモーションの起点

商品、企業イベントは、触れさせ、楽しませながらその魅力を納得させる**媒体(メディア)としての機能を持つ。**つまりイベントは、売り手と買い手の2WAYコミュニケーションを指向するライフメディアであり、SNSや口コミとの親和性が高いことから、**イベントをイベントとして終結させず、広告・プロモーションの起点として機能させることが多い。**

新鮮な驚きは人が人を呼ぶ。

ハ) イベントの方向性

①二極化する企業のイベント戦略

●販促型イベント

企業のマーケティング戦略を構成する重要な要素としての商品展示、試用、試乗、試食といった販売促進を目的としたイベント

●メセナ型イベント

企業が社会に認知され、定着するための企業戦略として行われるイベントのことで、フィランソロピー(社会奉仕活動)やメセナ(文化活動)といった、企業の社会支援が行われている。

Ex：冠、協賛イベント

②地域起こし型イベントの隆盛

「地域の時代」が叫ばれた平成元年辺りから、地域のアイデンティティ化戦略の中で、本来の「祭り」とは異なる地域独自の集客イベントが実施されるようになった。芸術村、映画村、音楽祭、伝統芸能の復活。その背景には、**失われたものへの回帰思考**がある。

※イベント・プロモーション

イベントはプロモーション（販売促進）のための手段の一つとして行われることが多く、企業が直接的に顧客へアプローチできるという特徴があり、マーケティング手法として高い効果が期待できる。イベント・プロモーションとは、イベントのスポンサーシップを通じて、商品・サービスの販売促進や認知度の拡大を企図するプロモーション活動のことをいう。イベントでは企業と消費者が直接対峙し、商品、企業の魅力をダイレクトに訴求し、好感を持った見込み客を顧客化することができる。更に、**イベントで得られた『体験』は、消費者の印象に残りやすく、参加者の口コミやSNS(Instagram、FaceBook、Line等)によるシェア(情報共有)効果が期待できる。**

ニ) イベントの効果

①リアルな体験を提供できる

イベント会場で、商品やサービスを直接、顧客へ伝えることができる。顧客が実際に「体験」をすることによって、広告やCM、Webより明らかに強く印象を残すことができる.

②PR効果が期待できる

顧客が会場へ足を運ぶイベントでは、雑誌やインターネット広告に比べて参加者に認知されやすく、高いPR効果につながる。さらにイベント自体がメディアに取りあげられることもあり、イベントを通じた拡散効果も期待できる。

③集中的に顧客へリーチできる

限られた期間でのイベントには、特に見込み度の高い顧客へ集中的にアプローチすることが可能。イベントへわざわざ足を運ぶ顧客は、商品やサービスへの関心度が高く、より優良な顧客のリーチを獲得しやすい。

ホ) イベントの企画・運営

計画し準備するプロセス自体がイベントであり、プロデューサー、プランナーだけで完成さ

れるものではない。

①目的を明確化

何のために行うのかを明確化。地域イベントならイメージアップか活性化か。

企業イベントならイメージ戦略か販売促進か。

②テーマ、コンセプトを検討

基本的な方向性を明文化。地域や企業コンセプトとの遊離は不可

③全体構成

まず全体を考えてアイデアを付加する。骨格=**集客のための核イベント**を決めて、

肉=**滞在させるための参加型イベント**をくっつける。

④組織づくり

プロデューサーの選出と専門分野のスタッフ構成

主催者(クライアント)の窓口を一本化(意見調整を最少人数で)

⑤目標の数値化

動員数 売上げ 滞在時間 商品 企業の認知度(アンケートを実施)

⑥予算の設定

会場費　設営費　演出進行費　音響照明費　道具衣装費　飲食費　警備

管理人件費　告知広報費　記念品　お土産　SPツール　著作権使用料

⑦実施計画

会場デザイン・レイアウト　動線の予測　安全利便の確保　控室　実施時期　天候

鹿児島は灰、風、昼夜を考慮　演出・構成　観客の視覚・聴覚のコントロール(メリハリ)

司会、タレント、講師演者の選定　構成台本作成　動員集客方法

●告知のためのPR計画

媒体　Web対策　PRツール作成　会場で配るSPツール作成

●スタッフの役割分担

進行　設営　受付　場内整理　VIP・マスコミ対応　警備　救急対策

⑧運営マニュアルの作成

実行組織図(連絡系統)　準備、リハ、本番、撤収に至るタイムスケジュール、

スタッフの動き、演者の動き、道具、衣装の出し入れ

会場図面、舞台図面、食事時間、場所、主催者窓口、中心スタッフの連絡先、

備品チェックリスト等を記したマニュアル書を作成。

イベント演出

イベント演出の基本は、「印象に残すこと」を念頭にプログラムを組み立てることである。演出過多で、式典なら印象を分散させたり、祝賀会なら会食歓談の時間が極端に削られては意味がない。プログラムから演出要素のある項目をピックアップし、メリハリをつけることがイベント全体の印象を残すことに成る。

発注先で分けると、個人のイベント、企業、団体、自治体のイベント。目的で分けると、企業の販促や地域の町おこし、文化イベント、スポーツイベント、形態で分けると、冠婚葬祭、式典、祝賀会、記念催事。祭りやフェスティバル、コンサートやライブ、講演会やセミナー、展示会やフェア、などなど様々だが、**全てに言えることは、驚きがあること、感動、共感が有ること。**
企業イベントなら、必ず店舗、商品の販促や企業イメージのアップに結び付けなければならない。

1.個人イベント

誕生会に始まり、七五三、入学祝、卒業祝、成人式、結婚式、出産祝、厄払い、還暦、古希以降の賀寿の祝、銀婚式、金婚式昇格、退任、出版、受賞の祝、そして最後が葬式。ホテル、レストラン、結婚式場、斎場で慣例通りに進行しても卒なく完了するが、個人を意識した感動、共感に欠ける。
諸々の個人催事は、それぞれの「らしさ」を発現することで印象が深くなると思われる。地域には、それぞれの催事に昔からの習わしがあり、近年はその仕来りが消失しつつある。
昔の日常は、現代の非日常。その再現も一つのアイデアであろう。
照れず真剣に仰々しく行う程インパクトが有る。

イ) 誕生祝

一例として、赤子の額に「大（太）」女の子は「小」と紅で書き、神社参り、歯固めの石を拾って「お食い初め」、仰々しく「命名式」まで組み合わせれば、大イベントとなる。

※「大」は六大を表す大日如来の「大」と言われ、太と書くこともある。広い心、尊厳を表す。

ロ) 成人式

一例として、**大人になる覚悟の表明**

論語では15歳は志学、30歳が而立、20歳は精進修業の期間という意味であることから、山伏の装束を身につけ、竹の水筒、蕎麦団子（握り飯）を携え、近くの山頂に登る（神社仏閣があ

れば尚よし）下山して衣服を改め祝宴。論語を音読、自ら蕎麦を打ち皆に振る舞う。お神酒を頂き、予め準備した抱負を読む。列席者が承人となり署名連判、祝宴となる。

ハ）結婚式

一例として、薩摩の「**おっとい嫁女**」の習慣を再現。

友人たちが図って、嫁女を拉致。仲人（肝入どん）を立て、婿どんを連れて、オセどん（大人）、ニセどん（若者）たちが米1俵、鶏1羽、焼酎1升、大盃を持ち、祝宴の新婦側のテーブルで誓詞を差し出し、結婚の許しを請う。了解が得られれば、嫁女が登場し、両家が大盃を回し飲みで固めの盃を交わし、祝宴となる。後見人、先輩が高砂を詠い宴を始めるのも古くて新しい。

仏式による婚礼（挙式）

基本的には宗派の作法に則って行うが寺院ではなく結婚式場で行う場合は、信仰するご本尊、阿弥陀、観音、釈迦等の軸（巨大なタペストリー）、花の装飾（紅白の梅、桜、青竹、朱竹、）祭壇への献花、献灯、献香、献茶等で特徴を出し、お数珠の下賜、誓詞等で厳格さを演出する。

衣装・小道具に寄る演出（祝賀会）

新郎が甲冑姿で入場、両家の父と固めの盃を交わす。盃は薩摩焼、薩摩切子等特別の品を選び、場所は離れても父子3人で毎年盃を挙げる。新婦、両家の母は紬の同じ財布を持ち家計を引き締める印とする。**衣冠束帯、十二単衣での婚礼**。着付け師が入り、仰々しく十二単衣の着付けから宴が始り、新婦の両親が手をとって衣冠束帯の新郎の許に誘導する。

ニ）厄払い

男41歳（満39か40歳）女33歳（満31か32歳）を前厄といい、翌年の本厄、翌々の後厄を避けるため、厄払いが行われる。「**厄**」は「**役**」に通じるということで、社会の役に立つ年齢を迎えるため、その準備を行うのが習いで、その由来は1200年前に遡る。鹿児島では、大厄を未然に小厄で済ませるため節分に様々な行事、柊で打ち据えたり、水垢離をしたり、ふぐり落とし（褌を神社で落とす）、大盤振る舞い、身代わりのネクタイ、衣装切、苦手の喰い切り等が行われてきたが、昭和の終わり頃から以下の作法が一般的となった。

一例として

まず厄払い参集の案内状から物々しく

一筆啓上　〇〇〇〇君厄祓いの儀

厳寒の候　急々のご案内、失礼の段詫び申し上げます。
そもそも厄祓いとは陰陽道に由来する降魔の儀式で
平安の昔から2月3日の節分に穢れを払い、
神仏の加護を受けて、災難、凶事を未然に防ぐが狙いとか、
はたまた「厄」は「役」なり、とも伝えられ
歳の廻り、星の巡りで数々の「役」をこなすは、
これ「大厄」とも言える難行なり
我らが盟友、〇〇君といえば
親父譲りの高笑い、一見卒なき後継ぎぶりなれど、
天網恢恢疎にして漏らさず
山の神の目を掠め、仕事に託け遊行三昧などもっての外
ここはひとつ山の神になり替わり引導渡すが必定。
我ら発起人、仕来り通り節分に陰陽道の作法にて
厳しく「七難即滅、七福即生」の諸式を執り行いますれば
皆々様のご参集、伏してお願い申し上げます。

発起人敬白

次にプログラム
厄払い諸式構成案

茅輪くぐり
鬼に引かれて厄男赤フンのみで入堂。　修験行者、法弓、宝剣を携えて入場。舞台前で

山伏問答
本人、後見人と奥様にお祓いの是非を確認　螺吹奏・作法開始

結界
東南西北・中央の明王に行場の守護を願う各方位に5色の矢を射て七里結界とする

禊の作法
会場より諸先輩、友人が登壇・一言メッセージの後　柊、榊、ハリセンで身を清める

神鞭鬼毒酒作法
1斗瓶に清酒、ウイスキー、ビール、焼酎、プロポリスを混ぜあわせる

乾杯
厄男は大蜥蜴を飾った大杯で神鞭鬼毒酒を一気呑み暫し歓談
この間厄男白装束に身を改める

四汁一菜呑みとりの作法 (四十一歳)
珍萬古大僧正のお祓い

芸妓(奥様)第一膳から運ぶ、介添え

第一膳は茶の湯の作法 (お点前)　**山葵のお薄**

第二膳は信心の作法　**みみずの饂飩**

第三膳は毒消しの作法　**ゴキブリのお澄まし**

第四膳は降魔の作法　**ムカデの豆板醤**

第五膳は恵方の作法　**正露丸の恵方巻き**

ふぐり落としの作法
女難種火断ち作法ともいいオナゴボウで厄男の股間を清める
股間の花火炸裂、股間を隠して退場

人形身代わり作法
会場より友人が登壇し、洋服、ネクタイ、髪を切る

豆まき
よろず(万)苦(九)を分かつ19,999円

きっちり締め
万歳・三本締め・一本締め

ホ）半世会

41歳の厄払いから還暦まで20年も節目がないのはおかしい。特に、近年は平均寿命が延びて40代はまだ青年、50になって始めて健康の衰えに気づくのであれば50歳を節目として**健康チェックを行うのが自然**。ということで創作された。ことごとく50に拘った賀寿として、当初はゴーマル会という名称で始まったが、**50は1世紀の半分の半世、一生の半分の半生、してこれまでの悪行を振り返り懺悔する反省の三つ**を兼ねた「半世会」と改称して第一回は平成3年に実施された。正当な流れを継ぐ者として元々は、ひとりずつ順にナンバーが与えられNO15まで続いたが、そのうち、あちこちのホテルの宴会案内で「○○様半世会」と書かれた看板を頻繁に見かけるようになり、鹿児島では一般化した。おそらく500を超える半世会が行われたことと推測する。

【50に拘った作法】

ゴルフコンペを主催。50cmにティーアップした似顔絵がプリントされたボールで始球式。ネット50-50で50万円Get

祝賀会では

幸若舞、敦盛

　主人公が袴姿で謡い舞う

　「人間五十年下天のうちをくらぶれば…」

賀寿包丁作法

　御目出鯛のおすそ分け（四条流祝包丁）

壱斗樽鏡開き　乾杯

御昵懇〈五重献〉の儀

　半生会終了者5人から50cmの大杯に1合ずつ計5合、50匁の焼酎を注ぎ、五つの戒めで叱咤激励を受けた後、大杯で呑み取る。

　その壱、至誠心というは真実の心なり〈誠意〉

　その弐、情熱は人生を豊かにする〈熱意〉

　その参、迷いは自己の若さと心得よ〈向上心〉

　その四、生活の根本は安心起行にあり〈愛情〉

　その伍、一瞬を突き詰めて生きるべし〈気迫〉

五十尽くしの儀

　二人羽織　羽織の後ろに奥様が入り50cm、50g、五重に盛った蕎麦を50cmの太箸で食する。

へ）還暦（華甲賀）

還暦とは暦が還る事、つまり、子、丑、寅に始まる十二支と甲、乙、丙に始まる十干が一巡する事。例えば大正13年（1924年）甲子歳に生まれた方が、ひと廻りして60年後、昭和59年（1984年）再び甲子の歳に還ることを謂う。更に60年後（2024年）甲子の年には**大還暦**を迎える。また論語では**耳順**ともいい、人の言葉が正しく耳に入る歳のこと。華甲とは華という文字が廿と卅、十に分かれるところから足して六十、その始まりを表す甲をつけて**華甲**と呼び習わす。更に、還暦は赤子返りとも称する。赤とは仏に供える清められた水の事を謂い閼伽と書く。従って還暦は、この閼伽を身につけ怨厄を払う。男60歳は人生の節目、大厄に当たるからである。

日本という国はよく出来た国で，人生の節目ふしめに行事を設け、心と体の健康をチェックして、元気を取り戻す機会を作っている。

【祝賀会では】

赤尽くしの儀

魔を払う赤いちゃんちゃんこ、赤い頭巾を身に着け、赤い座布団に座る。
赤（閼伽）尽くしで、赤子返り。哺乳瓶からお神酒を頂く。

三厭五葷最中の儀

通常は精力がつきすぎることから、修行の妨げになると禁じられている、すっぽん、雁、ボラの三厭と葱（ネギ）蒜（ヒル）生姜（ショウガ）辣韮（ラッキョウ）韮（ニラ）の五薫を最中の皮で包み込み、観音様の真言を唱えて口に入れる。　オン　アロリキャ　ソワカ

六大瑜伽の儀

陰:白酒　　　陽:赤酒

この作法は弘法大師の**「即身成仏儀」**に記された**六大瑜伽の作法**で、六根を清浄にして大自然の所作を悟ることとされ、六大＝空・風・火・水・地・識の所作を溶かしこんだ紅白のお神酒によって執り行う。　無我の境地となり見事飲み干した処で杯を頭上で返し悟りを得たことを示す。

一座の年長者、知恵者、分限者、恩師、恋敵、朋輩の6名から叱咤激励を頂き、土器に注がれた紅白陰陽交互にお神酒を飲み干す。

【還暦生前葬】

十二支十干一巡して、ひとまず人生を終え、新たに無垢な閼伽（赤子）として生まれ変わろうということで企画されたのが「**還暦生前葬**」。従って参集の呼びかけは、

「ひとまず人生を畳むことに致しました。生前葬のご案内」

会場には祭壇、閻魔大王掛軸、棺、献灯、献香、献花、戒名を記した塔婆。喪服着用、受付は香典として会費を受け取る。似非導師が厳かに入堂し、でたらめなお経で引導を渡す。全員焼香、または献花。棺の中の本人画像が会場に映し出され、戸惑いが伝わる。導師退堂して冥界の王、**閻魔の冥府第五審判**が始まる。検察官は**闇黒童子**。弁護人は**三蔵法師**。それぞれの衣装が本格的。数人の証人が陳述し亡者の愚行、悪行、善行を訴える。証人尋問の際**浄瑠璃の鏡**（亡者の現世での姿が映る、実は映像）を使い進行。最後に亡者を棺桶からひきづりだし最終陳述。最後は、悪行もあるが善行もあるということで、現世に差し戻される。ここから祝宴。踊り連が出てどんちゃん騒ぎとなる次第。

ト）古稀の祝い

杜甫の「曲江詩」にある『**酒債尋常行處有　人生七十古来稀**』に因む。昔の七十歳は極めて長寿であったようだが、平均寿命が延びた今では古稀が長寿のスタートラインに当たり、祝う日は正月でも誕生日でも何時でも良いとされているが、できれば七十の立春の後が望ましい。

床の間に**歳寒三友**と称される、**松竹梅を飾り、金屏風に杜甫の詩を書く。紫衣着衣**。奥様に紫の頭巾、紫のちゃんちゃんこを着せてもらい、紫の座布団に着座する。紫は気品や風格を示す色で心を癒す色。聖徳太子の冠位十二階は紫が頂点。僧侶でも紫衣は最上位。

まずは「**四条流祝い包丁**」で魚に触らず日本刀と菜箸のみで裁いた「**おめで鯛**」に本人が箸をつけた後「**ありが鯛**」「**あやかり鯛**」と称して会場にお裾分けをする。

「**七曜七穀粥**」で命の根源**七穀**に溶かし込んだ**七曜**（日〜土）を腹に収め、七曜即ち宇宙の中心、天皇天帝の加護を祈念する。

鹿児島市電を借り切って
行った古稀

※歳寒三友

松は松柏の操より風雪と烈を等しくし志操を堅持す。

故に常緑を以て千年の鶴を招く。

竹は竹帛の功より竹札に手柄を載し後世に伝うる、故に光陰を以て万里の虎を招く。

梅は百花の魁より寒中に凛と咲き、君が千歳の挿頭（かざし）とぞ見ゆ。

故に優雅を以て春告鳥（うぐいす）を招く。

※七曜七穀粥

無病息災を願う粥を頂く。

七種類の雑穀（米、麦、あわ、ひえ、きび、ごま、小豆）からなる「七穀粥」。この粥に弘法大師が持ち帰った『宿曜経』に記された宿曜道（星占い）の七曜（水、金・火、木、土の5惑星に太陽と月を含める）＝天の加護を溶かし込み、吉兆とする。七曜とは、日月五惑星とともに北斗七星をも意味し、天皇という称号は北極星や北斗七星を神格化させた北斗信仰とかかわりがあり天皇大帝に由来するとも謂われる。北斗信仰は仏教と結びついて妙見信仰となり、妙見菩薩が武士の守護神とされるようになった。

以下、賀寿は**77歳の喜寿 80歳の傘寿**（81歳の盤寿）
88歳の米寿 90歳の卒寿 99歳の白寿 100歳の百寿
120歳の大還暦とあり、66歳で福禄寿に招福を祈念する
緑寿の祝いをすることもある。

緑寿の飾りつけ

1.企業イベント

企業は、社会との関わりから、地域住民、取引先、顧客、従業員、家族を対象に、様々なイベントを実施することが多い。販促面では、新商品の発表会、商品展示や試乗・試食・試飲会。大規模なフェア、景品付きのコンテスト。店舗では季節の歳時を取り入れたイベント。新年会、桃の節句、歓送迎会、花見、端午の節句、七夕、夏越、中元、サマーナイト、月見、収穫、紅葉、ハロウィン、クリスマス、忘年会、年越し…取引先、従業員に対しては、祝賀会や謝恩会等が挙げられる。

また、**企業市民**という考え方から、地域貢献策として、冠をつけたコンサートやスポーツ大会、講演会等の文化イベント（**メセナ**）や障害者、老人施設等の慰問、訪問を行う社会奉仕イベント（**フィランソロピー**）を実施している企業も多い。

更に、ビールやウイスキー、清酒、焼酎といったメーカーでは、工場や所有地を開放して市民とのコミュニケーションを図る企業もある。特に周年に係る企業では、イベントが大きな意味を持つ。

2. 販促イベント

我々が実施した具体例をあげると

イ) カレーフェスタ in Kagoshima

ゲートを潜ると、県外、県内から出店した数十を数えるカレー専門店が軒を並べ、会場全体に食欲をそそるカレーの香が漂う。展示ブースに目を向けると「**カレーライスを日本中に広めたのは薩摩人**」のパネル展示。配布された小冊子によると、日本でのカレーの普及に最も貢献したのは、明治の薩摩人とか。海軍カレーの**高木兼寛**。カレーもどき「肉じゃが」を作らせた**東郷平八郎**。ニンジン、タマネギ、じゃがいもを北海道で栽培させた**黒田清隆**。ライスカレーを寮食卓に乗せた**クラーク**。その教え子のカレー男爵 **湯地定基**。レストランでカレーを広めた**五代友厚**。すべて薩摩人の手柄と言える。**この歴史に着目、イベントPRのために日本最初のカレーレシピを再現**。地元の調理師専門

学校の協力でカエルいりのカレー。**会場に「薩摩とカレー」展示ブースを開設**。県外からの出店は15店以上、県内からも15店以上が出店。全店が小皿サイズのルーを販売、食べ歩きが楽しめる。**舞台では料理研究家や専門店シェフがカレー**の作り方を指導。薩摩カレー研究会の研究成果も発表された。会場ではカレー材料、〈野菜から香辛料〉の販売。

ロ) ビアフェスタ (Beer Festa in Amue)

ビアバイクがやってきた！ＹＡＨ，ＹＡＨ，ＹＡＨ

日本初上陸のビアバイクのお披露目イベント。会場中央に5,400×8,000の巨大なドイツ国旗と「BEER FESTA」タイトル、タペストリーを吊りビアーガーデンを設営。屋台では地ビールを含めた全ビールメーカーが店を出し㈱フェニックス全

業態(蕎麦、天ぷら、寿司、ステーキ、カレー)も出店。舞台では、デキシー系のバンドが雰囲気を作り、ビール銘柄当てコンテストや素敵庵のキャラクター仮装コンテスト。曰く「ビールで走るバイク」**12人乗りビアバイク**乗車客を募り定期的に人力で走らせ、会場各テーブルではパフォーマンス(バルーンアート、マジック、ジャングリング等)も行われた。

ハ) 新焼酎発売キャンペーン

「石の蔵からお便りします」販促イベント

7年の樫樽貯蔵で全く芋臭さの消えた新焼酎「石の蔵から」を、まず地元の酒場に置き、県外から(特に東京)の客に紹介してもらおうと企画。

立ち上がりではマスメディアを使用せず、販促グッズ(新焼酎の製法をイラスト絵葉書にした箱入りDM)及び720ml瓶と「石の蔵から」と印字した丸い石を半月盆にディスプレーした**試飲セットを飲食店に無料配布**して話題を醸成。ある程度広まったところでイベント。イベントではメディア関係者、飲食店、紹介顧客を集め、ホテルシェフにウイスキー感覚の焼酎オー

ドブルを提案してもらい、地元4局の女子アナに新商品のCM制作を依頼、自ら舞台で演じさせた。狙い通り天文館から火がつき県外からの注文が殺到。半年でヒット商品となった。

ニ) ブライダルフェア

結婚式場が派手な演出で婚礼のシェアを拡大する中、城山観光ホテルは**「ホテルブライダル」**を提案。ホテルの機能を生かした**ブライダルパスポート**を作成、婚約期間中、挙式後のサービス(飲食・宿泊特典や結婚記念日のサービス)を行う他、イベントとして、挙式予定者による**ブライダルファッションショー**を実施。衣装、舞台美術、振り付け、演出、音響、照明等全て専門家が行い、繰り返しレッスン。当日は挙式予定者のご家族、友人を招待してホテルならではのパーティを行った。並行してA3サイズの大型婚礼パンフレット、季刊誌「ブライダルエイジ」も刊行しシェアの奪還を試みた。

ホ) 大島紬販促キャンペーン

2020年、コロナ禍で新しい日常が当たり前になる中、こんな時だから"着るだけで心が晴れるふだん着"として本場大島紬を自由に楽しんで着こなしてほしい。と、今、最も注目されている振付師**air man**を起用。**ダンスしながら自分で着付けができるダンスを創作。**この「**紬deダンス**」をシェアし、様々な場所で踊る動画をSNSに投稿させ話題作りを行った。

並行して「**紬deポスター**」。紬のよく似合う商店の看板娘や名物親父に紬を着せて店頭で撮影。プロの手で大判A1ポスターに仕上げ、紬を着て商店をPRしていただく町興しの要素も加えた。

テーマは「**思い立ったら紬**」。キャンペーンの仕上げは紬を着て集まるパーティ。コロナ禍にあっては、人を集めることが難しく、翌年に持ち越すことになったが、このイベントでは「紬を着て行く場所がない、機会が無い」という問題点に挑んだ。企画のみ紹介すると

「**紬FESTA 2020**」茶道 書道 華道 香道 武道 合気道他、和装が似合う各分野とタイアップして実施、最大の狙いは一般参加者に、紬を着る楽しさを存分に味わっていただくため、**会場ホテルのロビー**、サロン、レストラン、**割烹は全て開放し**、紬を着て 食べる 飲む 喋る 遊ぶといった楽しさを満喫していただく。**当然パーティへも紬で参加。**『エアマン』が舞台に登場。振り付けの実演を交えたトークで、みんなでダンス、見込み客に「**気軽に紬で街に出よう**」と呼びかける。組合のWebsiteに職人が書く「紬と共に」というブログを貼り付けたり、**紬クイーン**にInstagramで、クイーンの毎日、訪問やPR活動、個人的な出来事まで様々な紬を着たクイーンの画像を掲出するとともに、日誌「紬Queenの『まみむ・メモ』」をアップする。

へ）鹿児島産豚の需要促進イベント

メガトンポークキャラバン

自動車を改造し鼻と耳を付けたピンクの**PR車「ポーくん」**を走らせ県内各地のスーパーに集客を図った他、最大の消費地、鹿児島市内屋外テントに**キッチンスタジアム**を仮設。

調理の専門学校や短大に呼びかけ学校対抗の豚肉料理コンテスト**「メガトンポークフェスティバル」**を開催。カメラでレポート中継し、会場モニターで観客に緊迫した経過を伝えた。優勝賞品は豚肉1年分。

店舗イベントとしては

ト）新蕎麦献納祭

10月8日を十（そ）八（ば）の日と制定。信州戸隠に伝わる新蕎麦献納祭に倣い、鹿児島吹上庵店頭で白装束に身を包んだ蕎麦職人が**「壱鉢、弐延、参包丁」**を実演。上下姿の関係者が吹上大穴牟遅神社に打ち上がった蕎麦を奉納、伊作太鼓踊りが賑やかに囃す中、新蕎麦が集まった市民に振る舞われた。

3. 文化イベント

イ) 4世代フォーラム

鹿児島西ロータリークラブが市内11のロータリークラブに声をかけ、高校生、若者、中年、高齢者が世代の壁を払って鹿児島の教育「郷中教育」について映像による問題提起から、討論に移る。PRにポスター、チラシ、HP、初めてSNSを使用した。**映像制作、取材にはパネリストに選ばれた高校生も参加**、誰も教えてくれなかった神話の邦鹿児島の話、現代に伝わる郷中教育等を自分の目で見て、郷土の誇り、魅力を改めて理解したようだ。

ロ) 神話の邦パフォーマンス

2011年の**九州新幹線全線開通に向けてのイベント**として企画されたもので、沿線に当たる国際ロータリーに加盟する福岡、熊本、鹿児島のクラブが協力して、襷リレーを行い、鹿児島では出水、川内、鹿児島中央の各駅で神話の邦パフォーマンスを実施しようと企画された。

舞台装置、シナリオ、衣装すべて手作り、全体を構成する音楽は古代音楽をフルート演奏に取り込んだオリジナルを制作。鹿児島、宮崎のローターアクトクラブのメンバーが練習を繰り返して本番前日、最終リハを終えて帰路、ラジオが東日本大震災の第一報を報道。全面中止に追い込まれたが、翌年国際ロータリー第2730地区の地区大会で披露された。

ハ) 鹿児島ズイングアカデミー定期演奏会

鹿児島短大の小笠原克己教授が指導するコーラスグループが**クラシックをもっと身近に感じてもらうためには?**ということで企画。反響板に囲まれ、ひな壇の上でコーラスのクオリティだけを伝えるのではなく、会場と一緒になって楽しむ。そのためには舞台装置や照明、演出が入ってもいい。ということで影響がない程度に反響板を外し照明演出を加え、メンバーに踊らせたり、布や小道具を持たせたり、クラッカーや花火まで使った演出を試みた。またコール鴨池や鹿児島大学フロイデコールでも演出として演奏会に加わった。

二）黒潮幻想－鹿児島の伝統文化を舞い結ぶ－

文化庁「**地域文化芸術新興プラン**」として実施。薩摩は神の邦、結びとは産霊、新たな生命を産み出すこと。日本舞踊の原点を神話に求め、天岩戸に行けるアメノウズメの舞い結び「産霊」から物語が始まる。

語り部が神代の出来事を語り、アマテラスによる瑞穂の国の出現、スサノオに転じて霧島神楽が八俣大蛇退治を演じ、天孫降臨から竜宮伝説天女の舞へ、南種子宝満神社の赤米お田植舞、歌舞伎の原点とも謂われる奄美加計呂麻の諸鈍シバヤ、忍従の歴史を伝える奄美島唄、薩摩琵琶の中島常楽院妙音十

二楽、戦勝祈願の伊作太鼓踊りと続く…次々と鹿児島の伝統芸能が上演され、**黒潮幻想のファンタジーを伝統芸能で紹介した**。越中おわら風の盆の客演からエンディングは鹿児島座敷唄で未来へと繋いだ。

ホ）目の健康講座

平成23年（2013年）県の眼科医会が主催、目の愛護デーに合わせて眼科医の講演や無料

で目の健康相談を行う、眼病に対する予防啓蒙のためイベントを実施。通常はトークショーや落語で集客を行うが、ちょっと変わったところで**地元劇団（MBCタレントグループ）による創作芝居**を準備し、新聞.ポスター.チラシ及びパブリシティで告

知した。内容は当時話題となったJIN（仁）のパロディOJIN（おじん）。タイムスリップした現代の眼科医が江戸時代に白内障の手術を行う、というストーリーで背景いっぱいを使った映像による効果を取り込んだ。

4. 周年イベント
イ）鹿児島県歯科医師会100周年

「歯ッピー歯ートキャラバン」を実施。虫歯大魔王と戦う**歯見芝居**と歯の健康診断イベントを柱にテレビCM.ポスター.チラシ冊子もつかい「**鹿（歯科）の住む街**」をテーマにかかりつけ歯科医療の啓蒙を図った。

214

ロ) 鶴岡保険事務所40周年

祝賀会でのオープニング、保険事務所の日常を映像で再現。オールスタッフを役者として出演させ身近な保険屋を印象づけクライマックスは上方講談の長老、**旭堂南陵が代表鶴岡五郎一代記を熱演し**、バックのスクリーンにはイラスト(漫画)で構成したスライドを上映した。

ハ) ㈱なべしま30周年

平成12年(2000年)焼肉なべしまが創業30周年を迎えた。

九州全域に店舗を展開し大躍進中であったが、この周年を機に改めて会社を見つめ直し、夢を形にする組織として100店、100億、100年企業を目指そう、ということでCIを導入。企業コンセプトを明確にし、それに沿った事業の計画、これらを象徴する統一イメージの策定を行った。その事業の起点が30周年イベント。まず、**店はお客様とのコミュニケーションメディア**と言う考え方から、マーク.ロゴを整理、スローガンを「**夢に味がある**」。30周年キャッチフレーズを「**Nice to MEAT**」とし、コーポレートカラーと設定した**墨と朱色**で全店を改装した。周年事業の目的は、お客様、取引先への感謝と従業員の意識高揚、そして地域社会へのアピール。**記念誌は雑誌風にして全社員が投稿、創業者山口悟氏の波乱万丈の一代は漫画にして掲載した**。式典.祝賀会は大型フェリー「クイーンコーラル」をチャーターして実施。30

年の歩み映像、桂竹丸師匠の高座、社員代表の誓いの言葉。サプライズで**実際の社員同士の結婚式を実行**した。20年後の50周年、これを上回る周年事業を計画したが、コロナ感染拡大でイベントは実施に至らなかった。

※周年イベントは、創業者や企業の歴史を語る映像(講談、講演もある)の果たす役割が大きい。

ハ) 藤安醸造150周年

　総業150年を迎える鹿児島の味噌醤油の老舗「藤安醸造」が、これを機に改めてブランディングを検討したい、ということでその計画を受注したのが2019年。周年事業は、企業ブランドを印象づけるチャンス。そこで提案したのが『未来を醸す』という新しい企業コンセプト。

　『味を楽しもう』が市場向けのアピールコピー、醍醐味も面白味も人間味も味のひとつ。さらに『会社を楽しもう』が社内向けのアピールコピー、未来を醸すのは、従業員とそれを支える家族。技に対する誇りと、会社への愛情がモチベーションを高める。その中で、周年事業の実施を検討したが、年末から燻っていたコロナの感染拡大によりやむなく延期、延期を繰り返し、ようやく3年後に周年パーティだけでも実施しよういうことになり、企画したのが、藤安の歴史を上方講談にして上演すること。大阪に飛び講談師旭堂南鷹とシナリオを打ち合わせ、パーティ向けの演出として新進気鋭の若手漫画家を起用。講談の背景50カットも完成。本番では、舞台に天地いっぱいの大吊布に「醸す」を大書。まだまだ大宴会が心配される時代、クラシックアンサンブルの演奏と映像を中心に展開した。またお客様の立ち歩き禁止のため、主催者が全卓（300名）を挨拶に回るという異例の進行となったが、無事終了、上方講談+漫画は大喝采を頂いた。

5. 団体・自治体イベント

【全国大会イベント】

イ) 日本青年会議所全国会員大会

1980年10月、鹿児島で初めての1万人式典。当時は収容する会場がなく国際大学（当時の鹿児島経済大学）フィールドハウスを借り切り**間口46m、高さ7m、5段の巨大ステージを仮設**。音響も九州一円からかき集めたBOSE（当時は最新鋭）50発を吊り、オープニングは九面大鼓、加治木太鼓踊り、おはら祭りの踊り連、合わせて総勢200名の郷土芸能の競演。<u>全国8ブロックの巨大JC旗はボーイスカウトが携え舞台を行進。オーケストラの音が一つずつ増えて、最後の鹿児島ではフルオーケストラになるという演出が実行された</u>。常陸宮ご夫妻が参列されるとあって会場入口

から50m、真紅のヴァージンロードを敷き、一歩ずつ道灯りをつけていく、という凝りよう。両サイドの大看板は終演間際に布が切り落とされ、次年度開催地のPRに変更。祝辞を時間内に規制するための青から赤に切り替わる手元ランプも、このときが最初。お陰でみごと定刻に終了した。

ロ) 全国社交業代表者鹿児島大会

1990年9月、懇親会会場のサンロイヤルホテルでは、ホテル玄関から会場のホールまで、組合に所属する店のママさん、**女将がドレスと和装で道を作り艶やかに出迎えた**。懇親会では、鹿児島バーテンダー協会創作による**カクテルショー**やおはら節の踊り指導が行われ、全国からの来客を喜ばせた。

217

ハ) 全国すし連鹿児島大会

1990年10月、鹿児島市民文化ホールに**7200×9000の大看板を仮設**、荷重オーバーで釣り上げるのに大苦労。オープニングはオケピットが使えるという会場特性を活かし県警音楽隊の演奏から暗転、一転して薩摩琵琶の演奏へ。花道から舞台にカラーガード隊に

誘導された大会旗と国旗、役員、来賓が登壇し、<u>ファンファーレと共に大看板がDown。式典ステージが完成するという演出。</u>秒刻みの進行には、スタッフの力量が問われる。

二) 国際ロータリー第2730地区・地区大会

2012年11月鹿児島市民文化ホールと城山観光ホテルを会場として3日間に亘るゴルフコンペ・各種会議、懇親会他、全体のプロデュース、演出・進行・設営の全てを担当した。「ロータリーを学ぶ」を合言葉としたこの大会は、活動の原点「職業奉仕」に焦点をあて、本会議では、ロータリーを代表する論客4名を招聘しセッション。会場周辺では、ホールでロータリーのPRを行う広報館や地域の「匠」による行動展示（実演）を行い、懇親会では、東日本大震災のため中止となった、ローターアクトのパフォーマンス「神話の邦」を披露した。最終日はNHKスペシャルの星野真澄氏が映像を通して「職業人の使命」を熱弁し感動の中で幕を閉じた。

※国際ロータリー2730地区では、2002-2003年度地区大会
同年の鹿児島西RC 50周年、2012-13年度鹿児島西RC 60周年
に於ける、式典祝賀会の演出、設営、記念誌の編集を担当した。

6. 地域おこしイベント

イ) 天文館元気宣言「八六まつり」

1993年、八六豪雨災害で壊滅した天文館が、市民の支援で
営業を再開したが、観光客はほとんどなし。そこで企画されたの
が、マスメディアを集め、街の復活を告げる「天文館元気宣
言」。これが全国に報じられ、「八六祭り」を生む。ママさんたち
による「**天文館八六太鼓**」が創設され、七夕に因んで笹を飾り、
2000本の竿燈を設置、県下各地の太鼓も駆けつけ、舞台は勿
論、通りの其処此処で演奏。店舗は謝恩価格で開放され、金
券となる小判も発行された。店の子たちは浴衣姿で通りに出
て、**天文館始まって以来、3万人の人出**と応対し、華やかな祭り
となった。ところが喉元すぎれば熱さを忘れる、天文館を愛し支えてくれたお客様への感
謝の気持ちを忘れるなと名付けられた「八六まつり」の名称が災害を思い起こすからと
いう理由で3年で消滅。お客様への感謝の気持ちはどこへ行ったのか?

7. 自治体イベント

イ) 鹿児島市制百周年「サザンピア21」

1989年3月16日〜5月14日迄60日間に渡って実施された**地方博**。(当時は全国的に地方博がブームだった)「火山と未来」をテーマに13のパビリオン、飲食エリアには県内から多数の業者が出店し、**88万人**もの来場者が訪れた。オープニングイベントはエアチューブの巨大な仮設ゲートに青と白2色の風船数千個が取り付けられ、熱気球に吊るされた直径3mのくす玉が準備され

たが、風速7mで断念。火山をテーマとした**創作舞踊『ラ・桜島』**直径5m、長さ30mのエアドームに直径3mの球体、中にダンサーが入りスタート。クライマックスは200人の幼児が火の粉となって駆回った。次いでテープカット。同時に宇宙少年団が発射する**ミニチュアロケット100発を打ち上げ**、花火とともにゲートに張り付いた青白の風船が一斉に空に上がる、という企画だったが、これも電圧不足で散発。生中継の全局テレビカメラが一瞬ターゲットを失った。演出担当としては死ぬほど長く感じたが、わずか5秒で花火が打たれ、風船が昇り、カメラはPAN UP。あまり気づいた人もなく式典は無事終了した。緊急トラブルに対しての対策、伏線が重要だとつくづく思った。

ロ) '88 KAGOSHIMA CUPヨットレース

1988年7月、国際火山会議に協賛して、鹿児島市と地元テレビ局KTSが中心となり錦江湾と大島群島、トカラ列島を舞台に「**火山めぐりヨットレース**」を企画。湾内トライアングル、インショア、火山めぐりオフショアの3レースを計画し、マーク、ロゴを作成、ポスター、プログラム等々に展開、盛大に歓迎パーティまで行ったが、天候に恵まれず不調。

屋外イベントは天候に悩まされる。特に鹿児島は降灰もある。翌'89年は、スターティングに海洋少年団による手旗を採用、親子のスケッチ大会で盛り上げ、表彰式では優勝者に薩摩切子のカップを進呈した。KTSはニュース報道やワイドショー、特別番組で大々的に報道した。

ハ) 国民文化祭かごしま2015『炎の絆フェスタ』

薩摩焼の里『美山を遊ぶ』日韓文化交流事業

400年前、朝鮮の役で島津義弘に連行され、島津家の庇護を受け「薩摩焼」を起こした美山陶工の祖先を偲び、故地韓国から持ち帰り、安置されている日韓友好の炎を灯火台から採火、あらゆる行事に使用する**採火式**から始まった。<u>この炎で焼き上げた陶芸作品と地域の方々の手形を窯を割って取り出し、朝鮮開祖壇君を祀る玉山宮高麗神のお祓いを受け、韓国衣装を身にまとい巡行してイベント会場</u>

へ。会場では巨大モニターの生中継でこの巡行を伝え、美山の歴史紹介ビデオ「炎の系譜」を上映。採火入場して舞台に並ぶ美山陶工制作の壺に点火。オープニング演奏は「みんなの空の下」。韓国の国技テコンドー、南原市立国楽団、和太鼓 太鼓坊主、日韓交流バンド「WINA」と続き、クライマックスは、この3つのバンドが「おはら節」をセッションで演奏。<u>フィナーレは会場全員に紙コップに入れた小さなろうそくが配られ</u>、灯火の中で司馬遼太郎氏のエッセイ「21世紀に生きる子供たちへ」がジャズピアニスト田島良一氏の演奏をバックに朗読され、これを受けて美山小学校の子どもたちが、「みんなの空の下」を合唱。花火が打ち上げられた。

7. 宗教イベント

イ) 禅の写真展

1981年、島津家の菩提寺でもある鹿児島屈指の名刹、玉龍山福昌禅寺からの依頼を受け、薩摩川内市のホテルで「禅の写真展」を実施。持ち込まれた写真の展示を中心に、廃仏稀釈を免れた薩摩禅宗の仏像、法具、昔の諸道具なども展示、会場では希望者に座禅を組ませた。PRツールではポスター.冊子を作成。**モノトーンが映えた。**

ロ) 西本願寺鹿児島別院落慶法要

1982、年300年もの念仏禁制を経験した唯一の地域、鹿児島に高さ33m、14万枚もの瓦から成る甍が出現した。当時の**「瓦の上に夢がある」**というコピーが薩摩門徒の歓喜を伝えている。落慶に際しては、法要の他、宝物展 梅原猛氏 永六輔氏の講演 仏教音楽 高石ともやとナターシャセブンの演奏会等、様々な記念行事が行われたが、我々が担当したのは、ポスター.記念誌の制作と消滅しつつあった**「かくれ念仏」の映像記録**。偶々、飲食に同席させていただいた大谷光真門主に直訴し制作が決まったもので、半年掛けて鹿児島全域と熊本、宮崎の一部を取材、16mmの映画にまとめた。多くの殉教者を出しながら密かに講を結成しガマ（洞窟）や船上で念仏を唱えたという名残。壁に名号を塗り込んだ霧島講「カヤカベ」や本山から親鸞、蓮如の連座絵図を下賜され、お名号や絵図、法具を別々に保管したという県下最大の講、内場仏飯講等も取材の機会を得た。**かくれ念仏の水墨画像は絵葉書や記念誌にも採用されている。**

ハ) 炎の祭典―桜島大柴燈護摩祈願祭

　1986年桜島の降灰被害が社会問題化する中、高野山真言宗僧侶で炎の行者と尊称される**池口恵観師が、桜島を大自然の護摩壇に見立て、大柴燈護摩祈願祭**を実施した。桜島の広大な溶岩原に高さ16m、4階建のビルに匹敵する壇を中央に五壇を仮設し、焼き尽くすというもの。珍しい修験の作法をイベント化し、市民に披露した。**竜巻が起き消防車が待機するほど**の壮絶な現場で、その炎は対岸の鹿児島市からも望まれた。KTS、MBC両局で1時間の番組制作。不思議なことに桜島の爆発が、この祈願を最後に収束した。

二) 烏帽子山最福寺 大弁財天開眼法要

　1989年、前人未到と言われる**焼百萬枚護摩供**を成満された高野山真言宗の池口恵観大阿闍梨が、これを機に発願。10年の歳月を費やして完成した**総丈10間18mに及ぶ世界一の木造大弁財天像**と、この御仏を安置する大仏殿の開眼落慶法要が営まれた。**奈良の大仏以来とも謂われる大仏の開眼**は、参考となる資料がなく、難航したが、弁財天が技芸、芸術の神と言われていたので、その方向でプログラムをまとめた。平成12年5月14日、法要そのものは高野山真言宗の修法に乗っ取り、和田有玄管長のご親修で執行。130人を超える僧侶の行道を迎える大仏殿では、参道50mに白布と赤パンチを敷き詰め、KTS室内オーケストラの演奏と白鳥バレー団の天女の舞で迎えた。御導師が入堂、登壇して開眼作法が始まるや、東京芸大の澤和樹先生のヴァイオリンの清らかな調べが会場を満たし、本尊左右の大蓮華がスルスルと下降、此の幕に仕込まれた散華が会場に降り注いだ。落慶祝儀舞は狂言の和泉元彌宗家、退堂では韓国伝燈芸術団が先導した。その後が技芸奉納。小学生のジャズバンド、リトルチェリーズ、極真空手、沖縄のエイサーと獅子舞、天野宣と阿羅漢の和太鼓…大祇師、恵観大阿闍梨の護摩供が始まると、世界的なフルート奏者、**工藤重典氏と木村紀子、澤和樹クワルテッド、再び阿羅漢が行大鼓に唱和**させ、弁天護摩ならではの音楽的律動をもった幻想的な護摩供となった。

ホ）高野山清浄心院 鳳凰奏殿 栄山帰堂落慶法要

池口惠觀高野山真言宗大僧正が2014年から住職を務めておられる高野山別格本山清浄心院で2019年5月15日、**護摩堂「鳳凰奏殿」**と位牌堂［**栄山帰堂**］の落慶法要が営まれた。

奥の院に隣接する「清浄心院」は宗祖弘法大師が入定前に開山され、自ら自刻像（**廿日大師像**）を残された高野山でも屈指の名刹。住職就任から5年かけて惠觀流の大護摩を焚くため建立された。法要は、宮大工西島靖尚棟梁が開門し、法弓を以て境内を浄め、散華入道する僧侶方を迎えるかたちで始まった。高野山の修法で厳かに落慶法要が進み落慶祝儀舞は<u>狂言和泉宗家</u>。「末廣がり」の高笑いが座を盛り上げた。我々は、今回は進行には関わらず翌日のリーガロイヤルでの祝賀会で披露するオープニング映像の収録に専念。その日のうちに編集して祝賀会に臨んだ。舞台看板として巨大な写真パネルに「令和」と揮毫。左右に仏旗と鳳凰奏殿、栄山帰堂と筆字で大書して掲出した。

「天空の森」という、とてつもないリゾート計画に携わってきました。忘れの里「雅叙苑」という霧島で手に入る温泉、囲炉裏、茅葺きの古民家、肉、魚、野菜といった天然資源を活用し、都会だけをターゲットとした旅館を大ヒットさせたオーナーが「霧島で一番早く陽が落ちる場所で売れたから、今度は霧島で一番早く日が昇る場所にリゾート施設を作りたい」という突飛な発想に絆されて、気に入って取得したという手つかずの山を視察した。

「360度の眺望が開ける、まさに天空の森だよ」という話は夢のまた夢。雑木だらけで視界は全く開けておらず、今から重機を買って自分で拓くという気の長い話。10年伐採し、道を作り、ヴィラを建築すると、なかなかいい感じ。「へー、凄い」と感心したら「天空の森の広さは約0.6平方キロ(東京ドーム13個分)。**なんと世界最小の独立国家ヴァチカン**

市国(0.44平方キロ)より広い。ここに5棟しか作らない。1泊一人30万でどうかな?」と冗談みたいな本気の構想を聞かされ、ありえないと思いつプロジェクトに参画し、コンセプトメイキングから企画、コピーライティングを担当しました。

まずは、このリゾートの位置づけから

ー天空の森が目指すものー
高級、豪華、贅沢という概念を超越した
新しい価値観の創造

贅を尽くした「洋」、粋を極めた「和」。天空の森はそのどちらにも捉われない、どこにも無い価値観を創り出そうとしています。「**価値観**」**とはこだわりをいかに満たすか、ということ**。滑稽なようでも、この霧島の地を日本神話を拠るべに「**神々の邦**」という1点に拘って見直せば、太陽の神アマテラスが燦々と陽光を降り注ぎ、大地の神オオヤマツミが地の恵みを生む。海の神ワダツミが海の産物を恵みに変える。人知を超えたこの造化の神たちの至上の産物を損なうことなく頂くことが天空の森のこだわり、つまり価値観であろうかと考えます。**至上の産物**とは何か?

①目線を変えてみると

　旅の歴史は、徒歩から車、船、列車と変わっても人の目線であることに変わりはありません。でも、**空からとなると、これは神の目線。高天原のアマテラスが豊芦原瑞穂の国と称したように日本は恵に満ちた邦です。天上から俯瞰すると、衣食住の原点が見えてきます。**九州を例にとると、雲仙　九重　阿蘇　霧島　そして桜島。さらに南は開聞　屋久島

奄美諸島。植生の異なる山々が九州の天井を形作っています。そしてこの樹木は衣、住の原点。針葉樹　広葉樹　照葉樹　雨の多い屋久島には巨大な杉が育ち、奄美諸島には芭蕉布、島の泥やテーチ木は大島紬を生み出しました。また地質の異なる大地は食の原点。桜島のシラス土壌は作物を選び、世界一大きな大根や世界一実をつける小みかんを育てました。

　一概に日本一の黒毛和牛と言っても、大隅半島と薩摩半島では肉の色が異なります。喜界島にはこの島の土にしか育たない花良治みかんが取れます。海に目を移せば、リアス式海岸の入り江、黒潮の流れ、岩場、砂地、大陸棚、深海　それぞれの場所に、その地でなければ育たない魚介類や装飾品としての珊瑚や海亀(べっ甲)が生息します。気候風土

が異なる磯部では、伊勢海老、旭蟹、夜光貝、アワビ、ナガラメ、タカエビ、雲丹、亀の手、びな、日本に大陸の文化を運んだ黒潮は鰹、鮪など回遊魚を誘導し海峡の潮の流れは、屋久鯖、花鯵など貴重な食材を育てます。

　空から見れば、錦江湾は古代噴火の大カルデラであることが一目瞭然。周りを囲む大地から流入する豊富な養分で、錦江湾は鯛や鰤を始め**日本一魚種の多い湾**と言われています。言うなれば、**太陽の神と大地の神、海の神、それに四季の神が造り給いた「季節のかけら」に注目したい、ということです。**

　神々のように空から訪れるのも新しい旅の期待感を高めます。ワクワクしながらご来苑頂きたいのです。予測される豪華さや粋さに「天空の森」は価値を見出しません。想像を超えるもの、何処にもないものが「天空の森」の売り物です。

②もっと地域を光らせたい

　辺りを見回してください。兎追いしあの山は?小鮒釣りし、かの川は残っていますか?ドイツやヨーロッパの国々で高級住宅として重宝される茅葺木組みの家は、日本に残ってい

すか?旅の最大の楽しみでもあったご当地の名物は?海水浴の冷やし飴やレモン水は?かからん団子を頬張った農家の縁側は?ご先祖から伝わった地域の仕来りは?故郷が年々光を失い消えようとしています。**東京や大阪、いや全国のどこからでも地域の特産品、希少品がお取り寄せできる時代です。**でもこんな小さな日本でも、地域によって気候、風土、人情は微妙に異なります。その違いが町の匂いです。地域で生れ育てられてきた特産品

は、その環境の中で味わうのが一番です。

　焼酎には割水という言葉があります。度数調整のために水で割ることです。この割水は仕込水で割るのが常。同じ大地をくぐってきた水は、焼酎本来の味を損ねないからです。**本来の旨さを味わうには、その土地で、その土地の食べ方で、その土地の匂いの中で食べるのが一番。**東京の街中で食べる豚しゃぶや焼酎は本当の味とは言えません。

　かつて、のんびりと旅した時代は、駅や宿場ごとに名物があって、それを食い損ねると悔しい思いをしたものです。これは食だけではなく、**地域の魅力であった風景や産業、伝統工芸、年中行事も然り、そんな地域のアイデンティティが光を失い消滅し始めています。**

　火を消してしまっては、もう元には戻りませ

ん。お取り寄せではなく、現地に来てもらうことで、その特産品を産み出した大地や海、気候風土、培われた技が魅力を増幅し、地域が再び光を放ち、耀きを増し始めるのです。

③観光を育てることが地域に利益を齎します。

　「天空の森」は、**森を切り開く(開発)ことで、森を守り、人が自然と共存できる空間を作りました。**間伐によって桜は大きく枝を広げ見事な花を咲かせます。秋には紅葉が夕焼けよりも赤く輝きます。

　守ることは、次に繋ぐこと。急激な社会の進化に置き去りにされ

た田舎。この何物にも代えがたい忘れ物に気づき、守らねばならないとの認識に立って、私たちは、**「ここにしかないコト」**を商品化しようと考えました。

「コト」とはストーリーです。「ここにしかないモノ」を県外、海外に「お取り寄せモノ」として

送るのではなく、**神々の邦に齎された産物を、神の目線で産地を見て、産地の歴史が培ったストーリーと共に享受して頂きたい**のです。

この商品は、**消えよ**

うとする地域の光に活力を与え、地域に利益が齎されるものでなければなりません。

将来的には、神々の邦は霧島から南九州、日本全域つまり豊芦原瑞穂国のすべての「ここにしかないコト」を商品化したいと考えています。

ここにしかない「モノ」ではなく「コト」を提供します。

次にこの魅力を日本、いや世界に呼びかけてみました。　【パンフレット導入コピー】

「田舎に住みたい」

という方が増えています。

贅沢を極めれば極めるほど現代人が失った自然の温もりに回帰したいと願うようになるのです。

でも、そのまま田舎に身を置いても便利さ、快適さに慣れた現代人には自然の良さだけを味わうことはできません。

だから、私たちは、手を加えることで原風景をより原風景として感じ取れるようにしたのです。

森を森のまま残しながら負の要素を取り払うため、森のキーパーが働きます。

菜園を絵になるように整え、お客様が野菜を手に取り、口にしたくなるようなそんな風景ができれば最高。

五官を通して五感の

存在に気付くのです。

ご承知の様に霧島は神々の故郷と謂われています。

高千穂の峰にアマテラスの一族が降臨し大地の神の娘、海の神の娘を娶り大地と海の神の尽力を得ました。

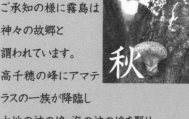

衣食住に費やされる自然の恵みは全て神々からの賜りもの。

四季の女神の祝福を受けた大地からは季節のかけらを、森の神の恵みを受けた肥沃な海からは豊かな魚介類を、鮎や鰻は海神、川神の使いで霧島まで川を上ってくる。

そう考えた方が楽しいに決まっています。

当然「食」にもドラマ、ストーリーが必要となります。

メニュー開発

ー「食」の物語ー

　ご承知の様に霧島は神々の故郷と謂われています。高千穂の峰にアマテラスの一族が降臨し大地の神の娘、海神の娘を娶り大地と海の神の尽力を得ました。

衣食住に費やされる自然の恵みは全て神々からの賜りもの。

だから、自然との共存を脅かす乱獲や環境

破壊は、あってはならないものだと考えています。日本書紀の記述ではアマテラスは、弟のツキヨミ〈月夜見尊〉をウケモチ〈保食神〉の処に遣わしたことが記されています。

ウケモチは、大地を向いて米を吐き、海を向いて魚を吐き、山を向いて獣を吐き、豪華な料理にしてツキヨミをもてなしました。

ところが、気の短いツキヨミは「口から吐いたものを食わせるとは汚らわしい」とウケモチを斬り殺してしまったのです。それを聞いて怒ったアマテラスが、ツキヨミを遠ざけ、アメノクマヒト〈天熊人〉を検死に行かせると、**ウケモチの**

屍の頭から牛馬、額から粟、眉から蚕、目から稗、腹から稲、陰部から麦、大豆、小豆が生まれました。

以来太陽〈アマテラス〉は月〈ツキヨミ〉と共に天に昇らず、ウケモチは「食物」の神、養蚕の神、五穀豊穣の神と称えられるようになったのです。

豊富な食材は料理をも発展させます。これは、食物文化の始まりを告げる物語です。

（日本書紀）

※古事記では、スサノオとオオゲツヒメの話として同じ話が記載されています。

更に、「日本の食」には、四季の神が関与します。

春は佐保姫、白くやわらかな春霞を纏った女神。
夏は筒姫、井筒つまり井戸に因む水の女神。
秋は竜田姫、竜田と言えば紅葉の名所、緋色や黄金を象徴する錦を纏った女神裁田とも書き、裁縫や染色の神とも謂われます。
冬は宇津田姫、白姫とも呼ばれる雪の女神。
「天空の森」には、四季を通じて日本中から神々への貢ぎ物がもたらされます。

野菜や肉は四季の女神の祝福を受けて季節のかけらを、森の恵みを受けた肥沃な海からは、豊かな魚介類を、鮎や鰻は海神、河神の使いで霧島まで川を上ってくるのです。

例えば、夜光貝は螺鈿に使われる巨大な巻貝。奄美、沖縄にしか生息しないといわれます。琉球、つまり竜宮で海神の食卓を飾った貝は先史時代から貴人の食用に供されました。花良治みかんは喜界島にしか育ちません。柑橘系NO1と言われる、その香りは夏を司る筒比売神の仕業。五穀米は、言うまでもなく保食神の体から生まれた農耕の種、お肉も魚も勿論、保食神の産物、太陽（アマテラス）の恵みで育ちます。

天空の森で収穫する野菜はすべて四季の女神たちが舞い降り、慈しみ育てたモノ。刀豆の花はほのかに甘いが農園でしか見られません。だから四季の神に感謝し、その場で採れたてを味わうのです。等々、食菜のすべてをこのコンセプトで選び、料理を活かす最良の気配りで提供できれば豪華な食事に飽きた方々は、新鮮な感動を持つに違いない。

こうして齎された貴重な産物を地域起こしに使えないかと考えました。

我々は天恵の調達部
－天空製作所とは－

旅館業は、旅館事態が日本固有の文化であり地域の文化を保存しながら、地域の文化力を紹介するショーウィンドウでなければなりません。

天空製作所は、地域の魅力を調達する部（べ）

「天空の森」のコンセプトで記述した通り、天孫ニニギに始まる神代3代の血は、大地の神と海の神の血を母なる女神から取り込み、霧島で建国の覇気を養いました。だから、ここ「天空の森」には、天津宙〈アマツソラ〉の下、つまり瑞穂の国　日本の各地から「大地の恵み」「海の恵み」が集まり、天孫に随行した知・技・芸といった職能部の民によって至福の幸に仕上げられたのです。

更に言えば春の佐保姫、夏の筒姫、秋の竜田姫、冬の宇津田姫、四人の四季の女神によって「四季の恵み」が生まれました。春には春野菜が実り、その森のエネルギーで海も潤い、桜鯛が育ちます。この海山の幸を頂いたのが薩摩の酒ずし。夏には海神の使いが川を上り、霧島に神饌を運びます。役目を終えた鮎やウナギは、海神に報告するため川を下り海で産卵するのです。このように全ての食材には神々とのドラマがあります。

私たちはこれを「季節のかけら」と呼んでいます

そしてその宴を盛り上げるために芸の神、アメノウズメが動き、神樂に始まる日本の芸能が開花「人の恵み」が生まれたと考えるのは間違いでしょうか？

〈霧島九面太鼓は、猿田彦と天鈿女命、随行の7人の神〈9つの面〉が主役〉

<u>**日本の、その地にしかない大地、海、季節、人の恵みを集め、その価値を識る方に紹介することが「天空製作所」の使命です。**</u>

天空製作所は、安心・安全を絶対条件に、この土地にしかできない、この土地でしか作れない個性に富んだ商品を開発するとともに日本中の地域、人、愛情が生み出した**Only One**を発掘し、**天空製作所ブランド**として販売。「天空の森」で使用するだけでなく、世界に紹介します。

その土地の土、気象条件でしか育たないものを作る**Tenkou Farm**。その海、その潮流でしか育たないものを作る**Tenkou Marin Farm**。その川、その流れでしか育たないものを作る**Tenkou Liver Farm**を、委託農園として各地に開設し、地域の魅力を発掘することも天空製作所の役目となるでしょう。

その基準は安心・安全に地域の個性や

特別の技術を加味したOnly One

1. その地域独自の伝統、技術などを駆使し
   特定の人や企業だけが製造する製品
   (木工 金工 その他の工芸品)

2. その地域の生産者が愛情をもって育てた
   農畜産物と加工品

3. その地域で水揚げされ、その地域で加工
   された水産物

4. その他、品質、個性が天空製作所の基準
   に適合したあらゆる製品

※シールではなくタックやラベルまたは商品に直接
　タイアップロゴを表示します。

　ここでしか味わえない満足を求めて天空
の森はまだまだ進化します。極めて特異
な高級リゾートとして定着した**天空の森は**
「TENKOU」と改称。どこにもない洗練され
た田舎というアイデンティティが、どこにでも
ある高級リゾートに追随したようで不満です
が、**田島健夫という突飛な発想を持った**
オーナーの元で、新しい企画は次々に生
まれていきます。

企画書 その②
ヒトに戻る快感

人でいる間を人間と言います。

本能でなく社会的欲求を持つのが人間。

豊かな暮らしを求め文化を思考し名声を得て

賢を極めた人が行きつくのがホモ・サピエンス＝

サル目ヒト科ヒト属としての「ヒト」の本能。

人為的に完成された至高の食材も、

計算された快適環境も、技術を尽くした調理も

それはそれで賢の極みと言えるでしょう。

でも、それでも心が満たされなくなったら

ちょっとお時間を頂きたいのです。

ヒトに戻る快感を私たちはご提案します

洗練された音楽の後、

お部屋で聞く虫の声は感動を助長します。

贅沢な食事の最後に出る薬草の鍋は

五臓六腑が旨いと言います。

衣服という鎧を脱げば

肌に触れる風や温泉が心地よい。

日常の臭いをすべて洗い流せば

季節に香りがあることが解ります。

辺りを見回して緑の中の翠と碧を感じたり

夜空のドラマ、流れ星を数える余裕が

生まれたら、目から心が癒されます。

目で耳で鼻で舌で肌で感じる快感を

体験して頂きたいのです。

数百万、数千万を費やして
豪華列車や豪華客船の旅に応募しても、
所詮は団体旅行。全ての個々人の満足を得る
事は出来ません。

「行ってきます」から
「ただいま」まで
全くストレスを感じな
いて旅ができたら、
美しい風景、貴重な
文化、美味しい料理
と、感激された旅の
大切なファクターを
目線を変える、切り口
を変えることで新たな
感動が生まれること
を実感して頂きたいのです。
これはあなた様にしか提案しない
あなた様だけのプランです。
勿論旅行カタログには記載されておりません。
例えば
羽田空港までお越しください。空港であなた

様をエスコートするコンシェルジュがお待ちし
ています。一切の手続きは不要、チャーター機
までご案内します。今回の旅の目的は、高天
原から降臨した瓊瓊杵尊を体験して頂くこ
と。飛び立つとすぐに富士山がご覧いただけ

ます。ご神体の此花開耶姫は絶世の美女と
謂われる瓊瓊杵の奥様。古事記では「炎の
出産」で知られています。(といったご案内を行
います)
伊勢神宮【天照】と【豊受大神】〈食の神〉、そ
れに天孫降臨に従った【猿田彦】【天鈿女】、
橿原神宮【神武天皇】、出雲大社【素戔鳴、
大国主】、沖ノ島【世界遺産〈住吉3女神〉】、
壱岐【古神道神字日文・月読総本社】、九重、
雲仙、阿蘇、屋久島を上空から眺め高千穂
に降臨。瓊々杵が【此花開耶姫】を見初めた
開聞岳を望む。瓊瓊杵は何故高千穂に降り
たか、何故開聞岳の麓、阿多笠沙を最初の
宮城と定めたか、空から眺めれば一目瞭然。

鹿児島空港に着陸、15分で天空の森で
す。まずは「茜さす丘」の露天風呂から、
今降りた高千穂、韓国を
望み、農園でつまみ食いも
よし、川遊び、散歩。
家鴨が歓迎してくれます。

そして夕日の中でお食事、アペリティフは専
任のバーテンダーがお二人のためのカクテ

ルをおつくりします。お
食事は最もいい産地
の、最もいい時期の
食材を、最もいい調
理でお出しします。お
酒は勿論、ワインでも
日本酒でも、ご希望

通りにソムリエが準備しています。今回は古
代の宮廷食のように食材そのものの旨さを味
わって頂くこと。採れたてしか味わえない野菜
や果実は、森で自家栽培しています。

　食事が終わったら、ヴィラ天空に移ってお
寝すみまでお寛ぎください。広いデッキと露天
風呂、ゆったりとしたリビングと別棟の寝室が
ご自由にお使い頂けます。

<u>星空を眺めたいと仰れ
ば、お飲み物と軽食をお
持ちし、お席をおつくりし
ます。</u>
折角だからエステで全
身の疲れを癒したいと仰
る奥様、お嬢様にはいつ
でもご準備いたします。
天空の森すべての設
備、スタッフがあなた様だけのために機能しま
す。1泊では物足りないと思っていただけれ
ば、連泊のプランもご用意いたしております。
チャーター機を使って世界遺産の屋久島、硫
黄島、トカラ列島を巡って、奄美で本物の鶏
飯をランチにというプランも可能です。

天空の森に提案した企画書抜粋

233

第IX章

ブランディング

ブランド(**Brand**)という言葉は、英語の「Burned」=焼印を押す、がその起源。最近よくブランド、ブランディングという言葉が使われる。企業ブランディング　CI戦略　CIブランディング　CIデザイン　VIやBIといった言葉で表現されることもある。「ブランド」とは、商品やサービスにおいて、**ユーザーが共通のイメージをもつ形のない価値**のようなもの。

つまり他社の製品やサービスと区別、差別する手段で、それはネーミングやキャッチフレーズ　ロゴマーク　デザイン　その他の企業・商品イメージを形成するアイテムに現れる。

また「ブランディング」とは、マーケティング戦略の一貫で、ブランドをユーザーなどに浸透・認識させるための長期的な取り組みのことを指す。

ブランディングとは、

　　競合する企業の製品との違いを、明確に提示するとともに、差別化できる共通イメージ
　　(高級感、品質の良さ)などを創出し、社会に広く認知させることを目的としている。

このブランディングについて詳解する前に、その原型となった戦略=80年代にアメリカを中心に日本でもブームとなった**CIS=Corporate Identity System**について検証してみよう。

IX CIS-1

CIS(Corporate Identity System)とは企業理念や企業目標を定め、それに基づく行動・表現を統一すること。つまり社会に対処して**企業(組織)の個性を打ち出す経営戦略**の事である。

そのためには現状を分析し、社会環境、市場環境に照らして、企業(組織)イメージの確立と向上、組織の活性化が図られなければない。

CIは次の３つの方向で検討される

① **VI＝ビジュアル・アイデンティティ**(組織イメージの視聴覚的確立を図る)

② **MI＝マインド・アイデンティティ**(職業意識を向上させプライドを醸成する)

③ **BI＝ビヘビア・アイデンティティ**(理念に基づく事業計画の独自性を推進する)

具体的にその流れを解説すると

STEP 1 事業コンセプトの確立

企業・グループの特性・存在意義は「何」か? の「**何**」を模索する。

創業理念とCS(Consumer Satisfaction)=消費者満足の一致点を見出すこと。

組織をどう認識し、社会からどう見られたいか、その見え方を考える。

① オーナーより創業理念についての思い入れや、思想、由来、未来への期待等

　詳細にスタッフに理解を求め、組織としての考え方の統一を図る。

② 事業コンセプトをスタッフの総意で策定する。

　事業コンセプトとは、創業理念に基づき事業を遂行する中で、時代性や社会性、

　市場環境(顧客の志向変化)を加味し、今の時代に即した、グループの方向性を示唆するもの。

　事業コンセプトとして策定された言葉 (スローガンでありキャッチフレーズ)は**不変のフレーズでは**
なく、時代と共に進化するものでなければならない。CIとは事業コンセプトやビジュアルを確
定して完了するものではなく、組織が存続する限り、時代に沿って検討されるべきものである。

STEP 2 自信と誇りの醸成

事業コンセプトに基づき事業を遂行するために、従業員の意識はどうあるべきか? 事業計画・販促
計画・PRは? これらを象徴するビジュアルは? イメージ戦略は?について検討する。

① MI (マインド・アイデンティティ)

「敵を知り己を知らば、百戦して危うからず」この格言の実践といえる。事業コンセプトの策定で
市場を知り、消費者の動向を知った。次は己、自分を知る番。組織の特性「施設・機材・技
術・サービスは?」を従業員全体に把握させ、ひとり一人の自覚に基づく事業への積極参加を促
進する。社員教育による**従業員の意思統一と、誇り・自信の醸成がMIの目的となる。**

② BI (ビヘビア・アイデンティティ)

事業コンセプトを具現化する事業のあり方を模索する。各セクションのリーダーから、職場での
問題点を提起させ、他施設の情報分析、顧客を含めたお客様からの意見聴取(アンケート等)を
考慮して事業計画を策定。本事業の促進を図るため付帯事業やPR計画を立案する。

③ VI (ビジュアル・アイデンティティ)

MI BIを象徴するマーク、ロゴタイプを検討。施設のマーク、ロゴタイプを意味づけて整備。事業所ロゴと列記することにより、グループとしての社会的認知を向上させ、事業コンセプトの内外に於ける理解を促進する。**VIとは企業のアイデンティティをデザイニング**すること。信頼、誇りを組織内で共有し、対外的なアピールを行うシンボルとも位置付けられる。

VIの策定はコミュニケーション戦略と並行して進めるのが効果的

STEP 3 以降の作業として
① 情報発信から情報交流へ

パンフレットによる企業・グループのイメージ統合、区別化。名刺(ミニパンフ)への転用、シェア。ホームページの活用・組織内情報誌の活用。メディア広告及び看板、屋外広告のイメージ統合、区別化。サイン・キャラクターの統合と活用。

② 社会的、文化的企業(組織)としての取り組み

講演、研修、世代交流事業の企画と実施。

CIからブランディングへ
IX-2

企業のコーポレート・アイデンティティ(CI)を確立し、統一的で明確な企業メッセージを発信しようという試みが、80年代にアメリカを中心にブームとなった。

この方法は企業メッセージの統合という意味で、企業の進化に素晴らしい結果をもたらしたが、同時に重大な欠陥を包含した手法でもあった。

その欠陥とは、**企業がCIを確立しても、それをマーケット・イン思考で確立しなければならないという発想が希薄**であったこと。

企業が顧客から見た時の具体的な提供価値としての独自性を定義し、企業活動に落とし込むのではなく、**自社の理想としてCIを定義し、シンボルマーク化するお披露目イベントで満足**してしまい、肝心の顧客に伝わることなく、単なる自己満足に終わってしまったことが、落とし穴になった。シンボルマークの開発やCIの広告キャンペーンの実施に関わった、企画業者が企業に顧客不在のCIを導入させた結果、CIに巨額の資金を使っても、一時的な盛り上がりだけで企業業績が継続的に上昇するわけではないという世間の評価を作ることになってしまった。

90年代にドン・E・シュルツ教授らによって提唱された**IMC＝統合型マーケティング・コミュニケーション**は、こうした過ちを正そうとしたものである。

これはCIキャンペーンのように、抽象論と精神論をVIとして統一するだけで完了するのではなく、変化する消費市場に対応し、**顧客の視点から有効なマーケティング・コミュニケーションを仕掛け、企業の業績を上昇させる目的を持った戦略として機能し、顧客が商品やサービスを認知し、価値を認めたものだけがブランドとなる仕組み**である。従って、企業が一方的にその魅力を叫んでも、消費者に浸透しなければブランドとは言えない。

1. CIブランディングとは？

CIは、VI MI BIで構成される。VIは視覚の統一、MIは理念の統一、BIは行動の統一を表していることは前述の通りだが、CIブランディングとは、企業のコンセプトや経営理念などを明確化し、ロゴマークやシンボルマークなどを使って、企業メッセージを内外に発信していくことで、存在価値を高めていくという企業戦略である。近年では、**BI (Behavior Identity)に代わって、BI (Brand Identity)という言葉が一般的になった。**

2. BI（ブランドアイデンティティ）とは？

CIより、更に明確にブランディングしていくことで、ブランド価値を高めていくというブランド戦略。BIの定義としては、「それぞれの企業が提供するサービスや製品を顧客にどう思われたいかを明確にする」ことにある。要は**企業のブランド独自の価値と、ユーザーが心の中に描くイメージを一致させる**ように働きかけるということ。

3. VI（ビジュアル・アイデンティティ）とは？

ビジュアルとは、視覚に訴えるものという意味。この場合、企業のブランドを視覚で統一するためのシンボルマーク、商品イメージのロゴマーク、ブランドカラーなどのことを指す。目的としては、統合されたビジュアルで消費者の視覚に訴え、ブランドイメージを浸透させていくということ。そのため、ブランドイメージのロゴマークなどは、会社案内、商品案内のパンフレットを始め、商品パッケージ パブリシティ ホームページ 諸々の広告などに使用されるため、企業のブランドイメージや本質を表現する高いデザイン力などが求められる。VIに基づく**商品や商品パッケージのデザインは、ターゲットユーザーに向けて直接訴求できるメッセージ**でもあり、それぞれの企業の商品イメージを差別化することができるということになる。

4. ブランディングの種類

ブランディングは、次のように「何を」「誰に」「誰が」という基準を元に6つのブランディングの手法に分類される。

何をブランディングするか

①商品・サービスのブランディング

消費者をターゲットに、商品・サービス単位で行うブランディング

「ブランドマーケティング」とも呼ばれる。

②企業のブランディング

従業員・株主・取引先・消費者などをターゲットに、企業単位で行うブランディング

「コーポレートブランディング」とも呼ばれる。

誰にブランディングするか

③アウターブランディング

消費者・取引先など自社の外側にいる人に向けてブランディングを行うこと。

④インナーブランディング

従業員など自社の内側にいる人に向けてブランディングを行うこと。

誰がブランディングするか

⑤B to Cブランディング

B to C=企業が消費者に対してブランディングを行うこと。

※B to Cとは、Business to Consumerの略、

企業(business)が一般消費者(Consumer)に対して行うビジネスモデルのことをいう。

⑥B to Bブランディング

B to B=企業が企業(法人)に対してブランディングを行うこと。

※B to Bとは、Business to Businessの略、

企業(business)が企業(business)に対して行うビジネスモデルのことをいう。

5. ブランディングとマーケティングの違い

ブランディングは「商品や企業のイメージアップ」。マーケティングは「売れるための市場作り」のこと。つまり相手に自社の商品は○○だと思ってもらうのがブランディング。

マーケティングは相手に自社の商品は○○だと伝えること。両者は似て非なるものである。

その違いを具体的に言うと

ブランドの構成要素 (ブランドアイデンティティ)

ブランドアイデンティティとは「消費者にどのようにイメージしてほしいか」を具体的に表す旗印。

ブランディングとは、読んで字のごとくブランドを形作るための様々な活動を指して使われる言葉。

「ブランド」というのは、簡単に言えばある商品を別の商品から区別するための要素で商品

のデザインやシンボルマーク、ブランドロゴ、商標、名称、キャッチフレーズなど様々な要素が組み合わされてブランドが形成される。そのブランドを消費者に認知させ、市場での消費者ニーズを知り、自社商品の強み・ポジションを明確化するのが「ブランディング」である。具体的に言えば、広告宣伝や販促 PR 顧客とのコミュニケーションといったマーケティング活動の根底にブランディングという概念を置くということ。

つまり、まずは自社の商品の価値をブランドとして明確にした上で、そのブランドの価値を正しく伝える様々な施策を実行していくということといえる。

これは社外（Outer Branding）だけでなく、社内に向けてのInner Brandingも含まれ、その企業で働く従業員一人ひとりが、企業理念やビジョン、ブランドの価値観への理解を深めることで、より愛着があり信頼される価値あるブランドとして向上定着する。

ブランディングの作法 IX-3

（敬天会グループへのご提案）

【敬天会グループ】の具体例で解説します。

STEP 1 企業理念の確定

1. まず企業理念を確立します。

創業の理念と目標、を改めて確認するとともに全スタッフで共有し、それに基づく行動の規範を定め、日々変化する社会に対応しうるグループのアイデンティティー(個性・特性)を明確にしていきます。現在、医師法によって保護された医療機関の経営に対する特例が有名無実化し、医療機関の競合が激化しています。競合を征するのは企業のアイデンティティと言われる時代です。敬天会グループが「何」を心の拠り所とするグループなのか、何を得意とするグループなのかを地域社会にアピールしなければなりません。極論すれば「社会に役立つ金儲けをしよう」＝仏教で謂う「自利利他」の精神を取り込んだ経営方針の策定をグループ全員の一致した意思として行い、社会的認知を得ようとするものです。

【理事長の信念（創業理念）】

私は医療に対する奉仕を天職と考え、ひとを慈しむ気持ちをもって、ひとに利益をもたらす事業をしようと考えてきました。私の理想は「ゆりかごから車いすまで」、人生のあらゆる局面で相談

に応じられる施設をつくること。薬に頼る治療ではなく、子供の頃から体力を鍛え病気にならない体力づくりを指導できる予防医学(半健康で病気に進行しつつある未病を防ぐこと)を目指すことです。これらを、スタッフ全員で話し合い企業理念が生まれました。

慈悲を以て本とし 利他を以て 先とす (秘蔵宝鑰)

という弘法大師の言葉を企業理念の柱に据えます。常に世のため人のためになることを考えて行動する菩薩行のことです。

社是
私たち 敬天会は 社会への 奉仕を 天職と 考え
常に人を 慈しむ 気持ちを 忘れず
自らを 律し 、敬天愛人の 精神を 以て
人々に 利益を 齎す あらゆる 事業を 遂行します。

STEP2 企業(組織)コンセプトの確立

敬天会グループとは「何」か?の「何」を模索します。

企業理念とCS(Consumer Satisfaction)消費者満足の一致点を見出すこと。

自社をどう認識し、社会からどう見られたいか、その見え方を考えます。

1.各部署からリーダーを選出しCI準備委員会を立ち上げます。

委員は役職に関係なく、理解力と判断力があり行動的な人材

これに理事長(院長)・総務(庶務・広報)担当者が加わります。

2.院長より企業理念について思い入れや、思想、由来、夢、未来図等々

スタッフに理解を求め、組織としての考え方の統一を図ります。

3.企業(組織)コンセプトをスタッフの総意で設定します。

企業コンセプトとは、企業理念に基づき事業を遂行する中で時代性や社会性、市場環境(顧客の志向変化)を加味し、今の時代に即した、企業の方向性を示唆するものです。現在、グループが置かれている社会環境、市場環境を分析し、普遍且つ不変の企業理念

「慈悲をもって本とし、利他をもって先とす」を事業の根底に維持しながら、現在の社会環境に即応した活動の方針で、グループ全体の活動の基軸となる言葉

「組織の事業コンセプト」を検討します。

アンケートの結果から各部署のアピールポイントを整理すると以下の通りです。

1 スキルに対する信頼と納得

2 介護特性の開発と対話

3 他所にない寛ぎと笑顔

4 利用者を熟知した施設の完備とスキルの充実

各部署のアピールポイントの共通項を抽出すると

`「施設や技術に対する信頼の醸成と積極的な思いやり」`

つまり他所にない高度なスキルや心のこもったサービスの提供を確立する事が敬天会グループのアピールポイントということになります。

更にこの内容を含包し事業の方向性を示す解り易い言葉＝記憶しやすい言葉に置き換える作業を行いました。各委員からたくさんの案が提案されましたが

「しあわせ奉仕」

といったフレーズが的確にアピールポイントの意図を語っています。これに具体的な内容を暗示するサブコピーMind & Skillを加えれば事業の方向性が見えてきます。

つまり統一性のある事業活動を展開していくためのマネージメントコンセプトと言えるもので、経営者が事業開設の目的として提示した「慈悲を以て本とし利他を以て先とすという経営理念を「今」に即応した経営方針として従業員の総意で置き換えたMind & Skill　しあわせ奉仕が組織(事業)コンセプトとなります。

Mind & Skill
しあわせ奉仕

但し、この言葉(スローガンでありキャッチフレーズ)は不変のフレーズではなく、時代と共に進化するものでなければなりません。CIは企業コンセプトやビジュアルを確定して完了するものではなく、企業が存続する限り時代に合わせて検討されるべきものだからです。

4. MI（マインドアイデンティ）の確立

次にこのコンセプトを具現化するにはそれぞれの事業分野で何をすべきかを検討します。

外部への働きかけの活発化と内部の力の結集を意図した事業コンセプトの策定は組織全体が共有でき、且つ経営の基本方針となることが求められます。新たな組織行動原理を確立すること、つまり従来の組織行動原理(ドミナント・ロジック)を変換し、新しいパラダイム(規範)を創出する組織をあげての取組が必要ということです。待ち体質を排除し、自主性、積極性をもって、目的を120%遂行するリーダーシップが養成されなければなりません。まず、いかにして意欲的に事業に参画するか、**MI=マインドアイデンティティ**の確立です。「仕事も自分を表現する一つの手段であり、組織と自分の理想を一致させたい」と考えることがプライド・愛社精神の根底となります。

Mind & Skill
しあわせ 奉仕

言葉は語感(=発音と字面)でイメージを創ります。たとえば既成フォントを選んで組み替えるだけでもその内容がよりわかり易くなります。

この企業マインドをCIコンセプトとするシステムへの展開

(自信と誇り・自主性の醸成と社会認知)

CIS(Corporate Identity System)とは企業理念や企業目標を定め、それに基づく行動、表現を統一すること。**つまり社会に対処して企業(組織)の個性を打ち出す経営戦略**の事です。情報化時代の経営戦略として登場したCI戦略は、当初デザイン戦略やコミュニケーション戦略として位置づけられ、自閉的であった企業の社会との交流手段として機能しましたが、当然の結果として見せかけだけのデザインや実態を伴わない企業イメージのアピールに止まらず「伝える内容」つまり自らの実態の問い直しに繋がり、**企業自らが時代のニーズに合わせて変化すること**が生き残りの条件と成りました。

CISは次の３つの方向で検討されます。

●社会との関わり方として(企業イメージ)

VI=ビジュアルアイデンティティ (組織イメージの視聴覚的確立を図る)

●経営の考え方として(企業実態)

BI=ビヘビアアイデンティティ (理念に基づく事業の独自性を推進する)

●組織の役割・使命として(企業理念)

MI=マインドアイデンティティ (職業意識を向上させプライドを醸成する)

組織のアイデンティティの構造は氷山に例えると、罫線の上が外から見える企業の姿(企業イメージ)です。見える部分は小さくてもその下に大きな実態が無ければなりません。実態の底には企業理念があり実態を支えています。VIだけでCIは成り立ちません。

アイデンティティの核は企業の心ともいうべきしっかりとした企業理念=MIです。

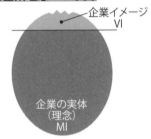

企業イメージ
VI

企業の実体
(理念)
MI

5. MIの理解と共感

CI計画を構成する要素は

① 企業理念

「慈悲を以て本とし、利他を以て先とす」

② 企業目標

「ひとり一人が仕事への誇りと他人を慈しむ気持ちを持ち、

人生のあらゆる局面で高度な支援を提供する集団となる」

③ 社員の行動指針

私たち敬天会は社会への奉仕を天職と考え常に人を慈しむ気持ちを忘れず

自らを律し、敬天愛人の精神を以て人々に利益をもたらすあらゆる事業を遂行します。

④事業ドメイン(主たる事業領域)

⑤事業ビジョン(事業戦略の枠組み)

⑥イメージ目標(社会からどう見てもらいたいか)

※事業コンセプト=CIコンセプトの設定は言い換えればこの6つの要素を満たすCI戦略の目標設定ということになります。目標設定にあたっては、組織(経営者)の目線とスタッフの目線、社会の目線の三つの視点が必要で、三つの目標の重なる部分が大きいことが重要です。

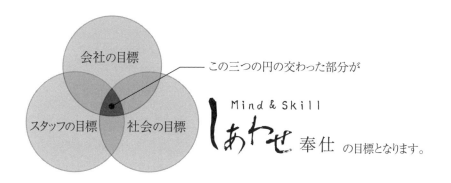

この三つの円の交わった部分が

Mind & Skill
しあわせ 奉仕 の目標となります。

現在、企業(組織)としての事業戦略の展開のありかたが変化していることは、ご承知の通り
です。戦略立案者と実行者が分業していた時代は終わり、**経営者・経営スタッフではな
く、直接社会と関わる現場スタッフが経営戦略の立案に参加する時代**です。CIコンセプトの
展開、浸透を「社員運動」として提起できないでしょうか?起業理念はビジョンに支えられて
本来の意味を発揮します。CIコンセプトをいかに組織内に浸透させていくかが、CI計画におけ
る最大の課題です。どんなに素晴らしい理念・コンセプトであっても、それが企業の現実に繋
がらなければ全く無意味。経営者のマスターベーションに終わってしまいます。

STEP3　自信と誇り・自主性の醸成

企業コンセプトに基づき事業を遂行するために、従業員の意識はどうあるべきか? 事業計
画・販促計画・PRは? これらを象徴するビジュアルは? イメージ戦略は? について、それぞれ
リーダーを選定し検討します。

1. MI (マインドアイデンティティ)

「敵を知り己を知らば百戦して危うからず」この格言の実践です。企業コンセプトの策定で
市場を知り、消費者の動向を知りました。次は己、自分を知る番。組織の特性(施設・機材・技
術・サービス)は? を従業員全体に把握させ、ひとり一人の自覚に基づく事業への積極参加を促
進します。**社員教育による従業員の意思統一と誇り・自信の醸成がMIの目的です。**

2. BI(ビヘビアアイデンティティ)

企業コンセプト しあわせ Mind & Skill 奉仕 を具現化する事業のあり方を模索します。各セクションのリー
ダーから、職場での問題点を提起させ、他施設の情報分析、患者を含めたお客様から意
見の聴取(アンケート等)を考慮して事業計画を策定。本事業の促進を図るため付帯事業
やPR計画を立案します。

【提案された具体例】

①専門医・看護師・介護士による病気を識るための研修・講習・講演の実施

②アトピー症克服プログラム「戦え! アトピアン」

　　※2階を講習会場・患者サロン(ギャラリー)の側面を持ったスキンケアセンターに改装。

　　　動画によるアトピーの啓蒙

　　　「戦え! アトピアン」や講習、治療の程を映像で紹介すると共に専任の看護師が専門的

　　　治療プログラムを実行する。またスキンケアやエステ、癒し空間としてのアロマテラピーも

　　　取り込めば更に魅力が増す。

③老人と子供の触れ合い図る(社会参加)事業の実施。

　　※じっちゃん(ばっばん)の昔語り

　　　近所の幼稚園、学校の協力を得て子どもを施設に招き、お年寄りの昔話を聴かせるイ

　　　ベントを実施。聞き取った昔話を本にまとめる。

　　※ギャラリーを使ったじっちゃんの作品展示

　　　お年寄りの趣味や特技に発表の機会を与える。絵画、木工、竹細工、陶芸同好会を作

　　　ることで生きがいが生まれる。　　　　　　　　　　　　　　　　(舞踊・コーラス・カラオケ)

④けやき農園で巨大カボチャ等、話題になる作物を栽培する。

STEP4 ビジュアルの開発・展開(VI)

　　MI.BIを象徴するマーク、ロゴタイプを検討。(医)敬天会or敬天会グループのマーク、ロゴタイプ
を意味づけて整備。<u>事業所ロゴと列記することにより、グループとしての社会的認知を向
上させ、事業コンセプトの内外に於ける理解を促進します。</u>

VIとは企業のアイデンティティをデザイニングすること

つまり現在漠然と使用されている敬天会グループのシンボルマーク、ロゴタイプを改変し、見た
瞬間に認知される感覚訴求力と企業のセンス、文化性を高めるデザインによって、信頼、誇りを
組織内で共有し対外的なアピールを行うシンボルと位置付けます。VIの策定はコミュニケーショ
ン戦略(看板・名刺・パンフレット・チラシ・車体カラーマーキング等)何を通じてシェアするかと並
行して進めるのが効果的であることは言うまでもありません。

シンボルマーク・カラーシステムの策定

【CIコンセプト】

企業理念

慈悲を以て本とし、利他を以て先とす。

企業目標

ひとり一人が仕事への誇りと他人を慈しむ気持ちを持ち、

人生のあらゆる局面で高度な支援を提供する集団となる。

社是・行動指針

私たち敬天会は社会への奉仕を天職と考え

常に人を慈しむ気持ちを忘れず

自らを律し、敬天愛人の精神を以て

人々に利益をもたらすあらゆる事業を遂行します。

+

Mind & Skill

しあわせ 奉仕

の意図、意味するモノを踏まえて象徴・デザイン化を図る、したがって**企業性・企業文化を語る「意味づけ」が必要となる。**例えば、慈悲・思いやりを表す円、円の組み合わせで利他・社会奉仕。シャープなラインや幾何的なパターンで技術、スキルがイメージとしと表現できる。

【カラーシステム】

カラーシステムはコーポレートカラー(社員が共有する企業イメージ・らしさ)を設定し、これをサポートするサブカラー(アクセントカラー)も併せて特定する。マーク再現に関して背景との関係が重要になるので、具体的な適用に際して、統一感が可能なようにマニュアルで規定しておく必要がある。

●コーポレートカラー

現在各事業所で使用されている色はグリーンとオレンジ、色彩学的に、**グリーンは日本人が最も好む色で、もっとも嫌われない色とされている。**それは、日本の豊かな自然と四季が反映されていて、ゆるぎない土壌をイメージするからで、正確には**C100:Y60の緑青。**青は海山 空から連想する爽快感と安心。興奮を抑え冷静にする色。緑は自然がもたらす癒しと平

和、集中力を増す色であることから緑青または青と緑の2色をベースカラーまたはメインカラーとする企業が多い。ただCY色彩は穏やかな反面、**飽きやすい**ということからアクセントカラーの設定が必要と思われる。**オレンジ**＝暖色系YR、特にオレンジは食欲をそそる色、陽気で快活、色彩学的には**元気を与える色**でビタミンカラーと謂われる。ただ大嫌いが同居する色とも謂われ、多様は避けなければならない。**黄色**＝中国では皇帝の色とされ、高貴な色、暖色系YR色彩は永く接しても飽きないことから最近はブルーシートに代わってイエローシートが人気となっている。

アクセントカラーとして、ピンクとイエローを検討した。

【ロゴタイプ】

最近は、ロゴタイプに既成フォント(書体)を使用する企業が多く見受けられる。特に美容室、ヘアーサロンでは英文の既成フォントがほとんどといった状況。ただ印象として残るのは、どこか1か所にでも創作された部分があるもの、<u>この作為がオリジナリティとなり記憶を増幅する。</u>

例えばこんな形

 小児科・内科・皮膚科
延寿堂クリニック
ENJU-DO CLINIC

グループホーム

介護付き優良老人ホーム

 保育園『MUKU』
※むく鳥はけやきに集まる

通所介護施設

（提案）

シグネーチャーシステムとマーク・ロゴの組み合わせ

シンボルマークやロゴタイプを様々なアイテムに使い込むには、企業体の顔としてのシグネーチャーシステム、<u>つまり署名の体系がきちんと決められていなければならない。</u>事業所名との組み合わせ モノクロ モノトーン 反転での使用についても併記し、明確に規定する「運用マニュアル」の作成が望ましい。

STEP 5　CIの体質化—CI発表

CIコンセプトが『企業理念体系(社是・社訓・行動指針)』=MI、『事業ビジョン(事業コンセプト・スローガン)』=BI、『シンボルマーク(マーク・ロゴ・コーポレートカラー)』=VI、で記号化されることによってCI開発は完成する。勿論そのために必要であれば、企業名・グループ名を変更することも考える必要がある。**社名(グループ名)の持つ記号性、象徴性はCIの最たるものである**からに他ならない。企業理念だけに限定されたCIは不完全であり、企業理念はビジョンに支えられてこそ、その意味を伝えられる。CIの発表は「新創業宣言」という形でトップから伝えられることが多い。これは企業としての節目と捉えなければならない。

<u>**CIの発表はCI計画の終了を意味するものではなく、CI活動の起点、つまりCIコンセプトに基づく新しいCI運動(事業提案や意識(プライド)形成、地域社会へのイメージ戦略)の呼びかけとなることが望ましい。**</u>

CI発表はお披露目や展示会、講演会といったイベントだけではなくあらゆるメディアを利用した広報や広告による告知としても広く行われるが、こうしたメディア告知が従業員に対するメッセージ効果を持っていることも意識すべきで、**CI運動を解りやすく解説するCIブック**を内外に配布することも効果的であろう。

CI体質化プログラムの実施

① 企業文化変革

・社員の意識変革

意識改革が社員のメリットとなるように個人は企業のカルチャー・エレメント(文化の素)

企業文化は構成員ひとり一人の価値観の共有によって生まれる。

・制度の改革

人事評価制度が大きな意味を持つ。

減点主義より加点主義、年次給より能力給が活性化意識を高める。

・組織の改革

権限や職制の見直し。

・仕事の見直し

各人が個々の仕事の進め方を再確認、トップや幹部も同様。

・オフィスの変革

CIコンセプト実現の場、働きやすい職場作り。

・社内運動の見直し

新しい運動体系の構築。節約、リストラ、ノルマがモチベーションを下げていないか。

・取引先の見直し

お客様、取引先との関係改善の無い企業文化変革はない。

② 新規事業展開

・シンボリック事業の開発

企業の顔となる新規事業の開発に着手する。

CIコンセプトは事業やサービス、商品に裏付けられて活きたものになる。

・ブランドの見直し

ブランド発想の導入、既存商品(サービス)の見直し

・お客様との接点を明確化

相談、問い合わせの窓口(電話1本orネットで可)を開設し社会との対話を心がける。

③ 社会活動展開

・フィランソロピー(公益)活動

メセナ(文化支援)活動との関わりを深める。

・地域活動

企業としての地域活動(祭りやイベント)への参加、協力、講演会、セミナーの主催

従業員の地域活動の支援。

《今後の作業として》

① 情報発信から情報交流へ

パンフレットによるグループのイメージ統合、区別化、延寿堂クリニック グループホーム「いしき」

老人ホーム「けやき」リハビリデイサービスの名刺(ミニパンフ)への転用、シェアを図る。

ホームページの活用・組織内情報誌「しあわせ通信」は病院内外で流通させても法的に

許容されるコミュニケーション手段である。看板、屋外広告のイメージ統合、区別化。サイン・

キャラクター(エンちゃん、ジュ君、ドウちゃん)の統合と活用

② 社会的、文化的企業(組織)としての取り組み

講演、研修、世代交流事業の企画と実施。

広告余話12
－我々が実施したCI・ブランディングの実例－

(財)鹿児島中央霊園

　1989年、日本の墓は、中世以降墓塔中心で霊域としての環境を軽視、暗い、怖い、陽が当たらない、足場が悪いといった印象があった。そのイメージを払拭し、明るく、楽しく、陽の当たる、家族で憩える公園のような霊園を建設するという霊園ブームにのって、鹿児島に新しい霊園の建設計画が持ち上がった。立地は西陵新興団地に隣接する南東斜面。環境、交通の便、宗派を超えた管理、核家族化が進行し墓地の需要が高まる時代、場所としては申し分ない。

　まずネーミングを検討。忘れ去られることの恐怖を踏まえ家族や友人が気楽に訪れ、対話が楽しめる(超次元のコミュニティゾーン)ということから

「COSMO PARK鹿児島中央霊園」と命名。ロゴマークには偲樹(人思う樹)と名付けた1本の大樹、英字のシンプルなフォントと筆字の組合わせを採用。コーポレートカラーとして、大樹を環境の良好さを表す緑、英字を深遠な宇宙を表す青、筆字は荘厳さを持った黒を使用。野立て看板やビルの屋上、壁面看板には大樹の実写を組み込んだ巨大なパネルを設置、誘導表示として電柱広告を採用した。

　広告コンセプトとして、交通の便、自然環境、管理システム、現代の霊園に望まれるすべての要素を満たした時の感想の言葉
「ここだったらいいね」
を設定し、媒体全体の表現を統一した。媒体はイメージ訴求として新聞 TV ポスター機能訴求としてインフォマーシャル チラシ 説明会イベントを活用。管理等でのVP「これからの霊園」やパンフレットを営業ツールとして準備した。

　建設が始まり、シンボルツリーとして知覧特攻基地の**大樹の移植**と法事や一服スペースとして管理棟**「暢憩舎」**の開設を提案。

　現地説明会や頒布会に合わせて「鶯の囀りを聞く会」「万燈会」「朝顔市」等の集客イベントを企画した。

ここだったらいいね
COSMOPARK
鹿児島中央霊苑

暢び暢びと憩う
暢憩舎

(株)フェニックス

1992年、創業20周年を機に鹿児島飲食業の先鞭をきってCIを導入。それまでのフェニックスフーズからフーズ（食品）を外し、より広い視野で飲食ビジネスを展開しよう、と「FENIX」と改定。

これは南国のシンボルであり、九州人の夢を乗せて走ったJR（当時は国鉄）の準急「フェニックス号」に肖って命名された旧名から「Phoenix」。始祖鳥の永遠のイメージを頂き、これに食を楽しむFood Enjoymentを加え **Food Enjoyment Phoenix 略して FENIX**としたもので「腹を満たすだけの食」から「味わう食」、更には「楽しむ食」へ<u>食を遊ぶ時代への進化を予測し命名された</u>。これからは「食」を扱う企業にも発想の柔軟性が求められる。この柔軟性を「遊びごころ」と呼び、企業コンセプトを「**遊び心がおいしい**」とした

シンボルマークは地球を包む豊かな自然を中心円とそれを包む緑（FENIX Green）の楕円で表現。右上に開かれた空間は無限の可能性、そしてこの空間と接する大地1/4円には燃えるような社員の情熱の色（FENIX Orange）を置いた。

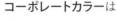

コーポレートカラーは

FENIX Green、豊かな自然、環境の保護。
FENIX Orange、社員の自覚と情熱。

企業理念「運鈍根」

成功するために必要な、三つの大切なもの。一つは運。一つは鈍と言われるほど動じないこと。最後が根気。近江商人の商いの心得で、他に三方よし（売り手良し、買い手良し、世間良し）

行動指針（飲食事業五原則）

一、元気な笑顔で接客

一、メニューは早く

一、いつも清潔に

一、調理（味付け、盛り付け）の統一

一、身嗜みと礼儀作法

CI発表と実行

CI発表当日、一斉に看板、運搬車両、帳票を新ロゴに変更
「PHOENIXからFood Enjoyment phoeNIX FENIXへ」

新聞全15段出稿、TV・ラジオCM送稿、ニュースリリースを作成しパブリシティを誘発。全社員、主な取引先の手による

記念誌「**PHONIX FAMILY 20**」を制作。特に取引先の粋な広告が受けた。新しい会社案内作成、感謝のお食事券、これらをひとまとめにして箱入りで配布。

事業計画

中央集中・食材加工システム「フェニックスキッチン」を整備。生産体制を整える一方「遊び心がおいしい」をコンセプトに以後40年に亘って事業展開。

水車が回る**そば茶屋吹上庵**は「**昔ながらがいい**」をコンセプトに茅葺き、古民家、井戸のある店をイメージに建築、内装、調度、メニューにも拘り、多店舗展開。

給食サービス事業は冷凍技術を活かし、県下の学校や施設と食堂委託契約。広くフードサービス事業として、親しみやすい名称、「BIG POT」に改称。

ステーキ＆ビア**素敵庵**は炎のパフォーマンスとお箸で食べる柔らかいステーキで話題に。

左党の**左膳** 天ぷらの左膳は「**日本酒が飲**める天ぷら屋」をコンセプトに揚げたて天ぷらのカウンターを重視。日本酒を提供。

遊食彩菜**「いちにいさん」**は、1号店が東京遊楽館で鹿児島の食をPRするために開設。日本橋〜神戸、神戸〜小倉、小倉〜鹿児島、国道1、2、3号線を使って食材を運ぶので「いちにいさん」。**「焼く、煮る、蒸す」鹿児島菜食主義**をコンセプトに、黒牛の陶板ステーキ、黒豚しゃぶの蕎麦つゆ仕立て、鹿児島の海山の幸の蒸しもの、を提供。人気を呼び、その後、鹿児島、札幌、銀座、汐留、西宮、福岡と全国展開へ

江戸前ならぬ薩摩前寿司**「喜鶴本店」**は老舗寿司屋を買取、錦江湾の魚(さつま前)を提供。「気取らぬ粋」で寿司を大衆化。

手近なお持たせ、薩摩最中の「ばあちゃん家」は軽羹一辺倒の菓子業界への進出。

この他、蕎麦屋自慢の出汁のテイクアウト、鹿児島空港ターミナル、鹿児島市役所、鹿児島中央駅ターミナルへの出店。更に素敵庵 左膳 いちにいさん 吹上庵 を県外にも展開

等々。60周年を迎える今日まで、まさに「遊び心がおいしい」を実践している。

（株）焼き肉なべしま

2000年、創業30周年を目前に控えた㈱焼き肉なべしまは、もっと、「美味しさへのこだわりと心のこもったおもてなし」といったなべしまの魅力を伝えたいとCIを導入。

「Nice to MEAT」を30周年のテーマとしてキャンペーンを展開した。素晴らしいお客様、素晴らしいスタッフ、素晴らしい食材との出会いをMEAT（MEETではない）で表現。全店になべしまらしさの創出を目指しVIを検討。従来の印象を崩すことなく整備し。

「**夢に味がある**」をスローガンとして加え、新キャラクターとして「**元気くん**」を設定した。

コーポレートカラーは日本の色 朱、飲食業への情熱、**Red**ではなく朱。日本の色墨、社員の自覚と誇り、**Black**ではなく墨。

この新しいVIを全店で展開。「**店はメディア**」を店舗コンセプトに、肉 米 野菜「3つこだわり」、美味しいわけ「6つのこだわり」「美味しい食べ方」「なんでも伝言板」等のパネルを設置。ディスプレーも徹底して朱と墨にこだわってリニューアルした。

CISは役員だけでなく全社のプロジェクトとして検討され、CI委員会を組織し、お客様にアピールする「店はメディア」VI計画。新しい事業展開「100年、100店舗、100億」を目指すBI計画。CI活動を社内に浸透させ自覚と誇りを育てる「チャレンジ100」。MI計画が全社員の参加で実行された。

30周年の喜びと感謝を伝える式典祝賀会を中心としたイベントやメニューの研究開発も同時進行。

CI発表は記念誌とTV-CMを中心に展開され、記念誌は全社員総出演の投稿やインタビュー、部門、世代別の対談で構成され、巻頭には創業者「山口悟物語」を読み切りコミックで掲載。積ん読、記念誌ではなく手に取る記念誌を目指して制作した。

式典祝賀会は大型フェリークイーンコーラルを貸し切って実施。サプライズとして**社内結婚式**が華やかに行われた。

この流れは、経営が次世代の典孝社長に引き継がれ、50周年で新たな検討が加えられ、50周年テーマはコミュニケーション時代を反映して「**MEATING**」。お肉を囲もう、鉄板コミュニケーションと進化。スローガンは「**笑顔で一歩前へ**」。社員のモチベーションを上げるフレーズが採用された。

コロナで祝賀会は中止となったものの、**手に取る記念誌**の思想は活かされ、全店舗が自分の店の個性をアピール。山口悟物語は続編を加え1冊のコミック誌となった。

㈱リンガーハット

2004年、全国で長崎ちゃんぽん、皿うどん、餃子の「リンガーハット」と、とんかつの「浜勝」を経営する㈱リンガーハットから「第3業態のテストマーケットとして福岡の和食店舗をうどん店にリニューアルしたい」というオファーがあり企画着手。㈱フェニックスの「いちにいさん

汐留店」をご覧になった、当時の米濱和英社長自らの電話で始まったが、うどんの発祥地ともいわれる福岡にあって競合はかなり厳しく、店舗、食のアイデンティティを明確にし、差別化しなければ太刀打ちできないという中で考えたのが「**ご馳走うどん**」。もともと和食ファミレスで、一定の顧客を有した旧店舗の名前が「そこかしこ」で、この名前の上に載せ、売りを明確にした。

粋な蕎麦、素朴な蕎麦と言われるが、そんな蕎麦と違い、うどんは昔からご馳走と言われ、裕福な農家や稲庭饂飩のように大名が口にした程のメニューであったらしい。そこで本来のうどんの魅力を店の顔にしようと試みた。

【ご馳走うどんのBranding】

今回のリニューアルは、うどんに特化し、うどん本来の魅力にこだわり三味三様のうどん料理を提供することにある。

三味とは食感の違い。

①温かい出汁を掛ける（鉢うどん）

②湯がきたてを桶に盛る（釜揚げ）

③冷たい喉ごしを楽しむ（ざるうどん）

三様とは味覚の違い。

①出汁で煮る（寄せ鍋うどん）

②海鮮と味噌で煮込む（味噌煮込みうどん）

③ポン酢、胡麻ダレで（うどんシャブ）

食感・味覚の異なるこの6つのメニューを柱に、一品としての創作うどんやトッピングを贅沢にしたご馳走うどん。出汁が身上のうどん屋ならではの肴や種物を提供。お茶の時間には甘党メニュー、地元の八女茶を準備した。

店舗の売り、個性、アイデンティティ、

これをコミュニケートすることがBranding。

外観は通行車両への認知のため電飾の縦型大看板と屋根上の木目看板を設置ファサードは、玄関暖簾の他に印象づけの日除け大暖簾。

<u>**メニューはコルトンで大きく美味しく目に入るように。**</u>

玄関横に**手打ち場**（味を見せる）。**うどんの薀蓄ディスプレー。**

ロビーには丼と箸を持った信楽の**満腹大狸。**カウンターを新設し**焼酎バー**を開設（壁に100銘柄）。客席は短尺暖簾でシンプルに区

分けとアクセント。甘党、ドリンク（焼酎）、持ち帰りメニューは冊子にして提供。

グランドメニューはA3 16ページ

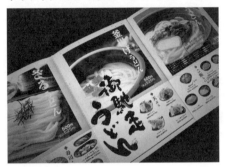

P1.表紙　P2・3. うどん談義　P4〜9. 三味三様　P10・11. 単品・創作メニュー　P12・13. 酒の肴とドリンク　P14・15. 宴会メニュー　P16. 裏表紙　持ち帰り

●販促ツールとしてリーフレット（会合・宴会需要対応）

●インフォメーションカード　名刺サイズ二つ折り（三味三様メニュー＋地図、電話営業時間）

●掛け紙・箸袋・POP

●ユニフォームを刷新

　動きにキレ、黒を基調にショートエプロンとバンダナ

●商品マニュアル・接客マニュアルの作成

●オペレーションシステムのチェック

　メニューの確定から看板内装のデザイン施工、販促ツールの作成。従業員教育（マニュアルに基づきトレーニング）オペレーションシステムの確立までを開店まで2カ月で完了した。

※この実績が評価され、翌年、東日本の小都市のリンガーハットの不振店への対応として、リニュア

257

ルを伴う改革案のプレゼンテーションに参加。長崎
ちゃんぽん、皿うどんの専門店は東日本では珍
しく、人気を独占できるが、いかに人気があって
も、毎日、毎週の来店は期待できず、小都市で
は顧客のボリュームが確保できない。その対
策は、嗜好の異なるファミリー、グループが一緒
に食事できる場所を作ること、と提案の方向を
まとめ**古くて新しい食堂を模索。**

長崎ちゃんぽん、皿うどん、餃子、とんかつを
ベースに、トルコライス、家庭のカレーライス、ハ
ヤシライス、昔ながらのミートソース、ナポリタ
ン、オムライス、に丼、うどんを加えた、**好いとこ
取りの大衆食堂スタイル**を提案。

店舗の改装は、費用をかけず、今の建物
のファサードを、柱組と看板だけでイメージを

変えるデザインとし、コンセプトは**エキゾチッ
ク・ジャパン**、名称を**おらんだ食堂**とした。

この企画はプレゼンに勝利し、数十店舗に
も及ぶ不採算店舗のリニューアルプロジェクト
に加わったが、時代の急激な変化で中止、
残念ながら日の目を見なかった。

医療法人光智会　のぼり病院

2003年、3年後の開院55周年と病院の全
面改築を控えて、病院のイメージ統合と組
織の活性化を図るため、CISの導入を決
定。当社がコンサルティング業務を担った。創
業以来の企業理念を見直し、新しい病院の
コンセプトを構築することから始めた。病院内
外のアンケートを実施し、病院が「どのように
見られているか?」を調査。医療機関であるこ
との保護行政や優遇税制を離れ、競合化し
つつある現情を踏まえ、ホスピタリティを最優先
させた最先端の産科病院の資料を検証、

・新しい企業理念として

感動の共有

あらゆるシーンで愛情あふれる病院

・行動指針として

愛を示そう

患者さまと周辺社会と仲間と自分と自
分が働く病院に

・行動規範として

5 S is seeds of love

奉仕・安全・誠実・笑顔・迅速

・標語として

熟慮即行・具合挨拶・感動共有・
一日一善・切磋強調

・コミュニケーションのための

キャッチフレーズとして
あなたの笑顔がみたいを設定した。

そして次年度からは、病院スタッフから選ばれた**CI策定プロジェクト**を組織化。職員の意識向上、プライドの情勢、モチベーションのアップを目指す**MI委員会**（愛称ムーン）と病院事業、メセナとしてのコンサートや奉仕活動、周年イベントを企画実施する**BI委員会**（愛称マーキュリー）、イメージ統合のためのビジュアル（ロゴマークやカラーポリシー、内装、ディスプレーから広報）を検討する**VI委員会**（愛称サンライズ）がそれぞれに分かれて行動を開始した。

ムーンは入院患者 外来 スタッフ 取引先に対する態度や言葉、クレーム対応を含めて処置処理の方法などサービスマニュアルを作成。さらにスタッフの特技（パーソナル・アイデンティティ=PI）を調査し、スタッフの教養講座への活用を図った。また、スタッフの取材編集による壁新聞もコミュニケーションツールとして機能するとともに、自主的な活動という意味で、スタッフの自覚を促し、モチベーションが向上したと思われる。

マーキュリーは、イベント専門家のレクチャーを受け、運営の効率化を研修。定期イベントや周年イベントの実行スタッフとしての自覚が生まれた。リピーターを増やしのぼりファンを作る「**女性が元気になるイベント**」「**親を対象にした性教育**」「**マタニティヨガ**」「**夫婦で学ぶマタニティ講座**」等を計

画した。

サンライズは、VIがBrandの象徴であるとの認識に基づき時間をかけて検討。丸ゴシックを採用し濁点をシャボン玉のように丸くすることで愛情を表現した。マークはイニシャルのNに頭を付け赤ちゃんを抱く母親を象徴、濃いピンク、薄いピンク、白で印象的にした。

コーポレートカラーは、のぼりピンク（DIC2468とアミ50%）、のぼりグレーとして（DIC521）を採用。使用方法をマニュアル化して病院全面改築に向けて徹底したイメージ統合を図った。

**医療法人光智会
産科 婦人科
のぼり病院**

新装なった病院は、サイン関係をVIに沿って整理、婦人科にはグリーンを新しく採用し産科と区別した。キッズ＆パパルームやハートチェア（記念撮影に使用）。患者とスタッフを結ぶピンクポスト、自然光を取り込んだカフェテリアも新たに開設。すべてが**あらゆるシーンで愛情あふれる病院**という理念、コンセプトに基づいている。

CIの発表は、病院のリニュアルオープンで一目瞭然。また案内状、入院案内、病院案内、料金表等々一切のツールが新しい**VI**イメージで更新され、55周年の祝賀会や院内紙「**Space Mere**」でも詳しく紹介した。

最後にわが町鹿児島の未来をプランニングしてみた

EX-4

海から元気が入ってくる
―港を活用した鹿児島市の活性化計画―

提案概要

1.タウンマネージメントによる路面回遊の創出

交通アクセスの整備・エリアのネットワーク化

デザインコードの設定・個性的なゾーン創り

2.名店、銘品、鹿児島の売りの集約

「日の本一名店街」

「天文館のランドマーク」

3.ウォーターフロントを健康ゾーンに

「North Nose」北埠頭の活性化

4.古き良き時代の街並みを残す

「名山堀昭和街」の復活再生

5.回遊導線の確保

路面電車の北埠頭海岸線延長

レンタサイクルポートの充実

6.インバウンドを意識したサイン計画

ARによる街案内

はじめに

郷土の文化に愛着をもたない県民性

今、鹿児島では、ようやく市民が立ち上がり、鹿児島城（鶴丸城）の御楼門が復元しました。これは素晴らしい企みです。明治6年の焼失から実に150年後の発議、実現です。私は45年前、大阪から鹿児島に居を移した頃「鹿児島には天守閣が無い」。それは、『薩摩は城を以て守りと成さず、人を以て城と成す』。人材の育成に重きを置いているからだ、と教えられました。でも「門くらいは要るでしょ?」と疑問を持っても、鶴丸城正面の橋を渡ると石垣に突き当たってすぐ右に上る。楼門があったなどとは誰も教えてくれない。その姿が当たり前の姿だと鹿児島の人も思っていたのではないかとすら思えます。

御楼門は廃仏稀釈とは無関係ですが、廃仏毀釈は、たった2、3年の歴史的な愚挙で貴重な仏教関係の文化財を悉く焼き尽くして、「ちょしもた」と思っても復元しようとした活動の記憶もない。京都や奈良を始め歴史ある町は仏像仏閣の復元に町を挙げて取り組んだというに。郷土鹿児島を踏み台にして、中央政権の要人となった薩摩の英傑たちも、そんな薩摩を国の金で支援しようとした記録もない。郷土の文化に愛着をもたない県民性と言われても致し方ない歴史を刻んできたと思えるのです。

誰かが企まなければ伝統も文化も生まれないし、復活もしません。

経済文化の中心が20世紀世代からミレニアム世代に移行する今、事を起こさなければ、鹿児島の将来は無いと言っても過言ではないと思います。

地域のアイデンティティを無視した愚策

また、1962年から施行された住居表示法で、**町の歴史・伝統を伝える由緒ある地名が消えました**。バラバラの表示を整理統合することで郵便や役所の利便を図ろうというものでしたが、人の温もりの欠片もないお役所仕事で、町への愛着や誇りまで消滅させてしまいました。最近では、市町村の統合によって、南さつま市 南九州市 日置市 姶良市 南大隅市 曽於市 伊佐市という新しい市が誕生しましたが、そんな無味乾燥の名称を言われてもピンとこない。目的の街に辿り着ける人は何人いるのでしょうか? 隼人 加治木 蒲生は何処?　松山 有明は?　加世田 坊津 笠沙は? 知覧 川辺は? 菱刈 大口は? 根占 佐多、肝付は?　伊集院 松元は…?霧島市には国分まで含まれ、鹿児島市内でも川上 下田 小野 山田 西別府 岡之原 中山 上下福元 塩屋なんて地名表記まで消えたようです‥。

「戦後の日本が失った最も大きなモノは愛国心」ということを特に外国人からよく耳にするのですが、**愛国心のベースは家族や故郷への愛情**。決して侵略戦争とequalではありません。配送の手間を省こうというのなら郵便番号表示で充分。一部を除いて9時〜5時仕事をモット

ーとするお役所の過剰な利便を図ってどうしようというのでしょう?そのために失われたモノの価値は計り知れません。次代を担う子供たちに郷土の誇りを語り継ごうとしても、出てくる地名が現存せず、味も素っ気もない地番に変わっていてはピンとこないのも当たり前。これはヤバイと心ある人たちが立ち上がって旧町名復活を成し遂げた町(金沢・豊後高田他)もあるようですが、既に住民の関心は薄く、並大抵の事ではないとい言います。せめて商店街の通称(愛称)に残す工夫をすべきかもしれません。

外国人観光客が日本人観光客を上回っています。

2007年(平成19年)観光立国を国の重要な施策に掲げた**観光立国推進基本法**が施行され、翌年の2008年(平成20年)には観光庁が設置され、官民挙げての様々な振興策により、訪日外国人旅行者数は2013年(平成25年)以降急増し、2005年(平成17年)に670万人であった訪日外国人旅行者数は、2015年(平成27年)には、1,973万人を数え、訪日外国人旅行者数が日本人海外旅行者数を上回ることになりました。その要因は、ビザ要件の緩和、免税措置を始めとしたビジット・ジャパン事業の展開、円安基調、近隣諸国の観光旅行の緩和や解禁などがあげられます。鹿児島では、大河ドラマ『西郷ドン』の放映、明治維新150年イベント、更には鹿児島国体の開催による国内観光客の増加、鹿児島空港国際線定期路線の増便や大型客船誘致に伴うインバウンド需要によって経済の活性化に期待が集まっています。

鹿児島に注目が集まる今、何をすべきか?

を検討してみました　　　　　　　　　　　　　〈コロナ感染拡大前の企画案です〉

1. タウンマネージメントの必要性

近年中心市街地の衰退により、**都市においても衰退するエリア、成長するエリアが新陳代謝する状況にあります。**これらのエリアをネットワーク化したり、同化したりして一つの複合回遊性を想定、回遊性向上によって衰退する商店街の再生、つまり**タウンマネージメントを図ろうとする行政ニーズが全国に広がっています。**かの銀座商店街の**銀ブラ**は正に回遊性の元祖と言っても良い路面回遊の原点といえるものです。今、この商店街には高層の垂直回遊性が現れ、既存の回遊性との衝突が問題化しています。しかし、このまま現在の路面回遊性を重要視しすぎると商店街の新陳代謝を遅らせ、他のエリアとの競争力を失い構造的に陳腐化するリスクもあります。回遊行動は単なる余暇の渡り歩き現象ではなく、何か目的の財物を消費しに行くという直接的な行動から進化して、**周辺をサーチし、時に待機し、そして得た選択肢を行使する事によって、より高い付加価値を消費**する行動に変化しています。

2. 複合回遊性を持った街づくり

エリアを性格付けしてみる

日の本一名店街

現在パチンコ店の壁面として、全く活用されていないG3千日街の東面を削り、「日の本一名店街」と銘打った鹿児島の誇る老舗(菓子・食料品・紬)や日本一の農畜産品(鰹節等水産加工品・ハム等畜産加工品)、伝統工芸品(薩摩焼・錫器・木工品・人形)、薩摩焼酎、薩摩料理、全国の人気料飲店の持ち帰り等々、**間口2間、奥行き3間で出店**。一巡すれば鹿児島の魅力が見通せる、鹿児島の銘品が全て集まった専門店街と性格づけます。

更に通りの入り口には、G3(Galaxy the third銀河三丁目)に因み、**天文台を意識した建物をランドマークとして建設。全国規模の有名店を誘致します。**回遊の起点として観光客の目印や地元客の待ち合わせ場所として機能させることが狙いです。

3. 北埠頭イベントサイト

北埠頭1号岸壁、喜界航路フェリーターミナルがデッドスペースになっています。**錦江湾を挟んで桜島が視界いっぱいに広がりイベント会場としては最高の場所。**隔日1便のフェリー発着以外は無人の建物、巨大な倉庫の2/3は空っぽ。このエリアを多目的イベントサイトとして活用できれば新しい路面回遊のエリアとして機能します。勿論、現状の倉庫をそのままイベント対応として供するには無理があります。市民グループや企業が大きな予算組を必要とせず気軽に使用できる**基本設備を常備**することが必要です。

愛称として**North Nose**(北の端・鼻)はどうでしょう。

North Noseはこんな使い勝手のいい場所です。

倉庫を活用したイベント利用。開口部には雄大な桜島が広がります。1300㎡×2面 高さ7m屋根のあるイベント会場。降灰、雨対策も問題なし。楽屋、控室としては旧事務所が隣接しており、侵入、退出路としては、ウォーターフロント活性化事業で開設されたボード・ウォークが利用できます。ボードウォークにイルミネーション、照明で雰囲気を出すと灯台のあるデート道、散歩道としても使って貰えそうです。North Noseを**「こんな場所があったんだ」**と感じさせ、足を向けさせることができればと考えています。

●学校や個人・グループのイベントに対応

ポートサイドで桜島が目の前に見える、という特性を活かして、コンサートは勿論 演劇 学校の文化催事 ブライダルショー ケータリングを利用すれば企業の周年イベント(式典・懇親会)飲食ありのライブ ノエルパーティ 様々に活用できます。プロのミュージシャンのコンサートには、

音響・照明等の追加仮設が必要となりますが、ストリートミュージシャンやアマチュアのコンサートには十分対応できます。ライブハウスに呼びかけ、鹿児島で活躍するミュージシャンを集め、大規模な演奏会も可能。大学短大等の音楽・演劇発表会、音楽同好会グループの演奏会、鹿児島県カラオケ大会、鹿児島県伝統芸能発表会等々。

●企業の周年事業に利用

県内では、地域経済の低迷から企業の周年事業が減少しています。ホテルや既存のホールを使用すれば経費が嵩み、見送るというケースが目立っています。**North Nose**を利用すれば会場費が節減でき「折角の節目だからやってみよう」という企業が出てくると思われます。円卓と椅子をレンタルし、ケータリングで料理を取り寄せれば懇親会も同一会場で十分可能です。更に将来の都市計画を意識すれば、**大型クルーズ船の着岸によるインバウンド対策として、水際で歓迎する施設づくり**も考えられます。つまり、海外からの入境者と鹿児島市民が交流を深められる場所として横浜のレンガ倉庫とまではいかなくても、世界の有名ブランド、日本の伝統ブランドの**North Nose**誘致を図り、これに付随する地元の飲食店、コンビニエンスストアの出店ができれば、倉庫のイベント需要も高まり、**North Nose**の認知度アップに伴い、日常的に市民が訪れるゾーンとなることも期待できます。また、現在北埠頭に接岸している自衛艦や練習帆船の試乗イベントやPRイベントにも「**North Nose**ゾーン」として商店街が協力出店すれば、かなりの動員が期待できます。

更には

●鹿児島産業フェアの会場として

東京のビッグサイトをイメージしてください。鹿児島にブランチや生産拠点を設ける大手企業や先端企業、鹿児島の伝統産業、開発産業（農・林・水産業）新進企業等、会場に業態ごとに分類された企業ブースに各企業がそれぞれに展示。入り口に全企業主力商品のプレゼンテーションスペースを設ければ、大規模な産業フェアにも対応できます。ステージの使用も可能です。

また「健康プロジェクト」としては

●健康・スポーツ施設としてファミリーに開放

人工芝、壁面の敷設を加え、シューズ、ボールをレンタルすれば、コートを取るのに苦労しているフットサル（25m×11m）、バスケットボール（28m×15m）3on3だと（11m×15m）のコートがゆったりとしたスペースで確保できます。簡単なトレーニング機材を貸し出せば、待ち時間に体力作りも可能。また、公園で遊ぶ子供がいなくなった現代。不潔、危険という理由でゲームなど一人の世界に閉じこもる子供たちに遊び場を提供するのはいかがでしょう？**遊ばせてもらう**

のではなく、自分で遊びを工夫できるものといえばシンプルな昔ながらの遊具が一番。長〜い滑り台、広いジャングルジム、清潔な砂場、鉄棒、マットがあれば十分。遊具の下にはウレタンマット等で安全の配慮をします。休日には、遊具のある倉庫の中で飯盒炊飯。全天候型アウトドアイベント「テントで1泊、親子の触れ合いデー」も面白い。

4. 名山堀昭和街

昭和が残る名山堀。県庁、新聞社の移転に取り残され、ほとんどが閉店、廃業しましたが、雰囲気は昔のまま。**名山堀昭和街**と性格づけてして整備すれば個性的な街が蘇ります。寛ぎ空間として、**公衆便所の整備と小さな神社(酒の神)でも作れば、これはもう昭和の楽園です。**市役所前からみなと大通り公園を抜けて10分。路面電車を新設すればすぐ目の前の**North Nose**と一体化した一つのゾーンとして、昭和の香りのする新しい町をコンセプトに、通りを整備、店舗の改装、出店を支援することで回遊エリアのひとつに加えられます。

5. 回遊導線の確保

路面電車路線の整備

回遊性を高めるためには様々な仕掛けが必要ですが、最も大きな要素の一つが**タウンマネージメントに基づく各ゾーンのネットワーク化とデザインコードによる施設の整備**です。

各ゾーンへのアクセス(回遊導線)が確保されなければ回遊は生まれません。**鹿児島市内では、最も重要なのは路面電車路線の整備とレンタサイクルポートの充実**かと思われます。回遊拠点を結ぶ直行バスの運行も考えられますが、自家用、商用車が氾濫し各所で渋滞を招いている現代に在っては、**路面電車とレンタサイクルが最も有効なアクセス**となります。中央駅と天文館、北埠頭を直結(**具体的には、いづろ通りからドルフィンポートを経由し海岸沿いに北埠頭まで延長**)し移動の便宜を図ることによって、飲食、商業、健康、文化、それぞれのゾーンに回遊性が生まれます。合わせて、歩いて楽しい回遊導線としての遊歩道と、いつでもどこでも気軽に利用できるレンタサイクルがその効果を高めます。

高松市の例では、放置自転車1000台を活用したレンタサイクル事業(レンタサイクルポート6か所、1日100円)が回遊の促進に効果的役割を果たし、1日800台が稼働しています。

人を中心とした道路空間づくり

次に重要なのが公共空間。特に不特定多数の人が日常的に利用する駅前や商店街空間の心地よさや、道路空間の快適性向上などが指標になります。道路は様々な機能を持っていますが、交通をスムーズに流す一方で、人が快適性を感じながら回遊できる空間づくりを進める必要があります。そのためには、**それぞれの道路を性格づけ、交通機能を中心とすべき道路以外は、人を中心とした道路空間にしていく必要があります。**

バリアフリー化などを徹底的に推進するとともに、ちいさな公園や神祠、ベンチなど**遊べる空間、待機できる空間としての利用価値**についても検討を加え、**デザインコード**に基づいた各拠点それぞれの人を中心とした道路空間づくりを進めるべきだと思います。

〈例えば〉

●吉祥寺は

駅を起点に大規模店舗や健康イベント施設、文化ゾーンの間を連結する商店街、商業エリアと憩いの空間の連携によって、あちらこちらを巡りながら、まちの楽しさを味わう『人中心のまちづくり＝回遊性』をいかに磨くかを街づくりの主眼に置いています。

●立川は

多摩都市モノレールの開業によるアクセスの改善とともに、駅に近接したエリアに次々と大規模ビルが築造され、核となるテナントを誘致するとともに、**各ビル間を歩行者デッキで連結する**など、まち全体をリニューアルしたことにより、現在では多摩エリアで一番の集客力及び売上高を持つに至っています。

●丸亀町商店街は

商店街全体をひとつに捉えて一体的なマネージメントを行い、商店街とまちづくり会社が、各街区をデザインコードに基づき施設を整備し、段階的に再開発を行っています。平成16年に高松シンボルタワーを始め、企業オフィスや商業施設、国際会議場、文化芸術ホールなどを集約し、新たな都市拠点となるサンポート高松が完成し、交流拠点として大きな役割を果たしています。また、中央商店街では、街区を分ける商店街ごとに形を変え、工夫を凝らしたアーケードで、**回廊のように連なる中央商店街**として高松市の名物となっています。

●中でも松山市は

市全体を屋根のない博物館に見立てた『**フィールド・ミュージアム構想**』を掲げ、回遊性のある街を目指し、市民主体で行った街づくりが特筆されます。小説を軸にした街づくりをテーマとし、小説ゆかりの地だけでなく、それらを結ぶ導線も整備。市内の回遊性を高めました。タウンマネージメントに基づき、道後温泉本館の前の**県道を裏に動かし道路を完全に歩道**にするなど、街並みを変え、歩行者を優先した景観整備まで行っています。

また、さらに回遊性を高めるために、**案内は全市でITを活用。タッチパネルや、映像での案内や、道の案内標識により観光客（歩行者）がスムーズに市内を回れるように設置しました。**

特に**インバウンド**(外国人旅行者)を意識した戦略として、全国的に**AR**による多言語の観光スポットの紹介が、取り入れられつつあります。九州では、長崎、大分が導入、海外からの観光客が自由に使える無料Wi-Fi環境の整備と併せてインバウンドの有効な対策として注目が集まっています。簡単に言えば被写体をスキャンするだけで紙面や建造物、ディスプレイでは伝えきれなかった情報が解りやすい動画で発信できる、ということです。目の前のものについての情報を検索、表示したり、そこにないもの(3Dキャラクターなど)を合成するソフトで、目の前の現実を拡張することから**拡張現実**と呼ばれています。

「**AR**」＝**拡張現実** (Augmented Reality)とは、現実世界とデジタル情報を重ね合わせる技術で、カメラで撮影した現実の映像に、文字や画像を重ねて表示させることができます。**ARはQRコードの進化版**ともいえるもので、QRコードではwebへのリンクしかできませんが、**ARは印刷物や商品、建造物にかざすことで直接画像が現れます。**登録されている画像にかざすと、その画像のデータを読み込んで、登録されている動画や音声が流れる仕組みです。**これは専用の無料アプリをダウンロードしておくだけ**で可能です。

つまり

スマホをかざすだけで動画が再生される。

ということです

ITを核とした広報戦略

いわゆるクロスメディアによる広報展開です。まずNorth Noseというネーミングの周知を図るため、Informationツールとしてテレビ、ラジオ、大型のポスター(B全連貼・JR、市電の駅に掲出)**みなと大通り公園にインスタ映えのする象の鼻(North Nose)のシンボルタワーを設置**します。告知内容は詳細を一切伝えず**「North Noseって何?」**のみでWebへの誘引を狙います。

同時にInternetを活用。専用Webサイトを開設し、情報の受け皿とし「North Noseイベント情報」「North Noseの楽しみ方」といったサイトを開放し、ブログやSNSによって情報の共有拡散を図ります。North Noseへの来客による感想、特に話題性のあるAR立体画像による街の解説は、Shearを煽り、アナログ対策のSales Promotionツールとしてチラシ、ポスター、パンフレットを制作、更に情報誌とタイアップしたイベント等を企画します。

AR事業によるインバウンドへの対応

外国人観光客の激増が期待される鹿児島ですが、その受け入れ体制について課題が山積しています。

① 観光地の魅力づくりや交通環境の整備

② 外国人観光案内所、交流施設・宿泊施設・観光拠点に於ける無料公衆LAN機能の整備、案内表示、デジタルサイネージHPの多言語表記、トイレの洋式化、通訳、ガイド等人材の確保。

③ 空港や港湾施設では、**ストレスフリーの旅行環境**を作るためにインフォメーションやショッピング、飲食、もてなし機能の充実。**言語不安解消のためのWi-Fi環境**や様々な設備、多言語表記、多言語放送の充実、案内機能強化のための人材の確保。

更に、その前に外国人観光客の誘致のためのきめ細かなPRも必要です。定期便就航の仁川や上海、台湾、香港で人海戦術の観光キャラバンも考えられますが、膨大な資金人材を要します。

そこで
AR(拡張現実)が役に立つのではと考えました。

つまり

① 地図や施設の情報を表示させて道案内の手助けをします。

② 屋外看板や観光案内、銅像や建物にかざして関連動画を見せます。

③ パンフレットやチラシ、名刺等紙媒体にかざして動画を見せます。

④ 更に画像を娯楽として楽しむスタンプラリー機能もありイベント会場や観光地での周遊促進が図れます。

⑤ Webにとぶリンクボタンが設定でき、AR画面を見て気に入ったら、Webでより詳しい情報を得たり、商品購入申し込みフォームにとばすこともできます。

ARは新世代の広告と言っても過言ではありません。

2019年5月　三反園訓鹿児島県政への提案「しあわせプロジェクト」

　最近、社会に流通している言葉がさっぱり理解できないのは歳のせいだろうか?

　急激に発展進化したIT。パソコンやスマホを使ったインターネットによって情報は一瞬にして共有、拡散され理解できる人たちの間だけでブームが生まれる。

　「バエ」映え?という言葉をよく耳にするようになった。インスタ映えのするデザイン、色、キャラクターのことを言ってるのだ、とは理解できるが、「誰に何をどう伝えるのか」という広告制作の原点がおざなりにされているような気がする。確かにコミュニケーションの緒として、オーディエンスが関心をもつような「バエ」を重要視するのは解るが、「人に受ける」テクニックだけで広告は成立しない。私の持論は「広告の原点はラブレターだ」ということで、相手の性格、指向、嗜好その他諸々を知り、自分を売り込む。読んでもらうための切り口として、相手が驚く、関心を持つ言葉や絵を考え尽くすことだと思っている。

　AIDMAの法則のDMAがSASに変わっても「!」「?」で始まり商品への興味関心に繋ぎ、欲しいと思わせるまでの道筋は変わらない。訴求対象を明確にして、商品コンセプトをいかに伝えるかという広告の原理を無視して、ただ単に受けを狙う表現に終止しては、如何に面白くても商品の購入には届かない。日進月歩するITソフトによる表現技術を駆使して作品を、かっこよく、面白く仕上げることが広告屋の本義ではない。

　かつてはfilm撮影・現像・編集・音入れ・完パケまで目と手と勘で行っていた作業が、今はモニターもあり、尺数にも制限がない、編集はキーを叩くだけであらゆるソフトが機能し、効果が手元で確認できる。だけど、画像のアングルが、カメラの動きが、カットのつなぎが、どういう意味を持つのか知らなければ映像芸術は生まれてもCMにはならない。勿論最先端のテクニックを学ぶことは必要だが、その前に広告のコミュニケーションの原理を学んで欲しい。

　グラフィックも、レイアウトを決めて写植の級数指定をして、イラスト・写真のサイズをトレスコープで書き写して版下に張り込んでいくという作業が、パソコンでどうにでも修正が効くようになった。だけどホワイトスペースが保つ意味、文字の大きさ、イラスト写真を含めたレイアウトの果たす役割を考えることがなくなった。クリエイティブワークは目まぐるしく進化し変遷したが、その原点を知っておくことも大事だと思う。

　古いなぁ、爺さんたちが何言ってんだか、と無視するのではなく昔話を聞く耳をもって欲しい。新しい表現テクニックだけを追いかけていては、広告は消滅する。

著者プロフィール

深尾兼好 （ふかお・けんこう）

昭和 24 年大阪で生まれ、大阪で育つ。

絵描きを目指し、医者を目指し、歴史学者を目指し

船に憧れ頓挫。行き当たりばったりの人生で、

行き着いたのがコピーライター。

久保宣の養成講座を終了して、何故か

電通鹿児島支局とコピーライター専属契約。

昭和 55 年独立して㈱シイツウを設立。

現在、隠居して仏師修行中。

鹿児島 CM 合同研究会会長

鹿児島広告協会広告賞審査委員長

MBC ラジオ CM グランプリ審査委員長

鹿児島西ロータリークラブ会員

国際ロータリー第 3 地域公共イメージコーディネーター補佐

共著として「博物紀行・鹿児島県」福武書店

「鹿児島市の昭和」樹林舎

俺たっが広告論

2023 年 4 月 1 日　初版発行

著者　深尾兼好
装丁　川畑徹
発行者　向原祥隆
発行所　株式会社 南方新社
　　　　鹿児島市下田町 292-1
　　　　電話　099-248-5455
　　　　振替口座　02070-3-27929
　　　　URL http://www.nanpou.com/
　　　　e-mail info@nanpou.com

印刷・製本　シナノ書籍印刷株式会社
定価はカバーに表示しています。乱丁・落丁はお取替えします。
ISBN978-4-86124-497-1　C0063
ⒸFukao Kenkou